なぜ私は凍りついたのか

ポリヴェーガル理論で読み解く性暴力と癒し

[編著]
花丘ちぐさ
[著]
椹木京子
宮地尚子
周藤由美子
田中嘉寿子
山本潤
中島幸子
松本功
長江美代子
糸井岳史
中村修
＊
S・W・ポージェス
C・S・カーター
R・ベイリー

春秋社

はじめに

花丘ちぐさ

ハリウッドから始まった＃MeToo運動は、日本にも波及し、性暴力被害に光を当て、被害者が一人で苦しむのではなく、みんなで声をあげていこうという動きがみられるようになってきました。日本でも性暴力の被害者をケアするとともに、被害をなくしたいという女性たちがさまざまな活動を行っています。作家の北原みのり氏は、相次ぐ性犯罪の無罪判決に対して立ち上がり、「フラワーデモ」を立ち上げ、一般社団法人Spring《スプリング》は、性暴力の被害者が生きやすい社会の実現を目指す当事者団体として独自の活動を行うとともに、「フラワーデモ」とも協力し合っています。「フラワーデモ」では、＃WithYou（あなたとともに）という気持ちを込めて、当事者や支援者が花を持って集い、性暴力被害の根絶と刑法改正を視野に語り合います。全国四七都道府県に運営組織ができ、二〇二一年はじめまでに一万人を超える当事者や支援者が花を手に集まっています。また、あるタレントが性風俗従事者の女性に対し、ラジオで心ない発言をしたことについて、女性の貧困や性的搾取の問題について彼と共に考えるテレビ番組を制作してほしいと訴える要望に、一週間ほどで三万件を超える署名が集まりました。

日本では、長い間、性について語ることはタブー視され、性暴力被害についても、被害者にも非があるという根拠に欠ける論理がささやかれたり、社会的にも、被害に遭ったことを恥であるとするかのような風潮があるために、被害者が自責の念にかられ、ひとりで苦しんでいるケースが非常に多い状態でした。また、警察に届けても加害者逮捕への道のりが遠く、裁判で加害者の罪を立証するにはさまざまなハードルがあり、精神的な負担も大きいこと、さらに、被害に遭ったことを知られたくないという思いから、被害者が司法につながったり、心のケアを受けたりすることもなかなか実現していないのが現状です。このように困難な中でも、声を上げる女性たちもいましたが、社会はそうした声を真摯に受け止める準備ができていませんでした。こうした背景もあり、日本では性暴力被害者への公的支援や、予防策などが十分に討議されてきませんでした。昨今、この社会問題が多くの人の関心を集めるようになり、今初めて光が当てられようとしています。

二〇一七年七月一三日に改正刑法が施行され、これにより、強姦罪は廃止され、強制性交等罪というかたちになりました。今まで、強姦罪は女性を対象としていましたが、性暴力被害に男性も含まれ、また、性犯罪は非親告罪となりました。かつての強姦罪が一〇〇年あまりも見直されないできたことを考えると、性暴力被害に対する厳罰化は画期的でしたが、「暴行脅迫要件」を残したことが「積み残し」となり、関係者は、再度の改正を求めています。

この「暴行脅迫要件」とは、「著しい恐怖を与えられて、抗拒不能に陥ったかどうか」が問われます。つまり、「なぜ抵抗しなかったのか?」「本当に抵抗できなかったのか?」という司法サイドの疑問に対して、被害者は抗拒不能であったことを立証する必要があります。抗拒不能であったか否かについては、裁判官や裁判員が判断することになります。しかし、性暴力被害の現場の、加害者と被害者の間に圧倒的に力の差があるなかで、被害者が体験する、自分は殺害されるかもしれない、自分の身体がどうなるかわからないという恐怖は、当事者以外には想像できない心理状態と言えます。また、地位や影響力を利用した性暴力においては、被害者は、加害者の意に従わないとキャリアや生活の基盤を失う危険があります。弱い立場にある者が追い詰められたときの心境については、当事者でなければわからない切迫感があると考えられます。それを、こうした体験をもたない、社会的にも高い地位にある司法関係者、またその多くは男性が、「拒否できたはずだ」と判断することは、あまりにも被害者が生きた現実との乖離があると言わざるを得ません。

そこで、この積み残しとなった課題について討議し、さらなる刑法改正について話し合うべく、二〇二〇年六月から性犯罪に関する刑事法検討会が始動しました。

こうした活動を支援したいという思い、さらに広くは、性暴力被害の予防、根絶、被害者のケア、本問題に対する社会的理解を深めることを目的として、性暴力被害について考える討論会を企画することにしました。ソマティック・エクスペリエンシング®トラウマ療法の活動を通じて知り合った博多ウィメンズカウンセリング代表の椹木京子氏に人選を依頼し、刑事法検討委員会のメンバーでもある一般社団法人Spring代表理事（初代。現・幹事）の山本潤氏をはじめ、専門家五名にお声がけし、二〇二〇年三月にパネルディスカッションを行いました。

このディスカッションでは、一九九四年にアメリカの神経生理学者であるステファン・W・ポージェス博士が発表した「ポリヴェーガル理論」に着目しました。「被害者はなぜ抵抗しなかったのか？」「なぜすぐに被害を通報しなかったのか？」、あるいは「なぜ加害者に対して被害後にも迎合するような態度を取ったのか？」という、非常に複雑な問題に対し、ポリヴェーガル理論に多くのヒントがあるのではないか、と考えました。

ポリヴェーガル理論では、自律神経系の働きについて論じています。自律神経系は、安全なときは人と社会的に交わることをサポートし、危機に瀕したときは戦うか、逃げるか、という反応を起こし、生命の危機においては、凍りつきを起こすことが明らかにされています。被害者が凍りつき反応を起こしていたのであれば、声も出せないし、抵抗もできません。そしてこれは神経系の働きによるもので、言ってみれば身体に備わった自動的な反応です。裁判で「なぜ助けを求めなかったのか？」と聞かれても、被害者は、自分に起きたことを明快に説明することは難しいでしょう。ただ、身体に力が入らず、声を出そうと思っても出せず、記憶も定かではないのです。ですから、警察や司法の場で、「なぜ？」という質問に答えたくても、自分でもなぜそうなったのか、よくわからないために、答えることができません。また、「被害後になぜすぐ助けを求めなかったのか？なぜ、すぐに訴えなかったのか？」と問われても、被害後も茫然自失の状態であることが多く、何が起きたかを理解するまでにもしばらくかかり、また、恐怖に駆られていることから、助けを求めることも思いつきません。助けを求めること自体も恐ろしく感じて、じっとひとりで恐怖とショックに耐えています。このように被害者は、警察や司法の場で、「なぜ特定の行動をとらなかったのか？」と聞かれ、それに答えられず、そのために自責の念を深め、自己の健全なイメージを損なう可能性があります。

被害に遭ったときに、声も出せず、身体も動かなくなったとしたら、それはポリヴェーガル理論において言われている凍りつき反応であると思われます。生物の長い歴史の中、凍りついたほうが命が助かる可能性が高いので、神経系の作用機序がそのように設定されており、これは人間に備わった自然な反応であることがわかります。今までは、「なぜ助けを求めなかったのですか?」「なぜ嫌だと言って抵抗しなかったのですか?」「逃げようと思えば逃げられたはずですが、なぜ逃げなかったのですか?」「なぜすぐに警察に駆け込まなかったのですか?」と聞かれても、自分でも理由はわかりませんでしたが、ポリヴェーガル理論をもとにすれば、「それは神経系の自然な働きだからです」と答えることができます。したがって、こうした人間の生理を、法の専門家に理解してもらうことで、性暴力被害問題と刑法改正に関する突破口を開きたいと考えました。

このパネルディスカッションは、各御専門の先生がたになるべく忌憚のないところをディスカッションしていただきたいという趣旨から、非公開で行われました。それもあり、非常に有意義な話し合いとなったので、ぜひ書籍化したいと考えました。そのために、さらに性暴力被害について多角的な視野から検討することとして、各方面からの専門家の皆様に執筆をお願いすることとなりました。

本書の構成としては、まず序章で博多ウィメンズカウンセリング代表でフェミニストカウンセラーの椹木京子氏から、性暴力被害・性犯罪の現状と課題についてご説明いただきます。

第I部では、パネルディスカッションの内容に各先生がたに加筆修正していただいたものをとりあげ、性暴力被害の真実と刑法改正に向けての動きについて論じます。椹木京子氏の導入に続き、トラウマセラピストで本書の編者の花丘が、ポリヴェーガル理論とはなにかを概説します。さらに、一橋大学大学院教授の宮地尚子氏にトラウマという観点から性暴力被害について論じていただきます。とくに、人類学、社会学的視点から、人類の歴史や社会の変遷のなかで、女性の地位や性暴力の認識がどのような変化を遂げてきたか解説していただきます。次に、ウィメンズカウンセリング京都のフェミニストカウンセラーで、京都性暴力被害者ワンストップ支援センターＳＡＲＡスーパーバイザーの周藤由美子氏に、性暴力被害者支援の現場から、実際に日々、どのようなことが起きていて、どのようなケアがなされ、何が必要とされているのかを報告していただきます。さらに、司法の現場から、大阪高等検察庁（現・東京高等検察庁）検事の田中嘉寿子氏に、性犯罪被害者の被害時の反応の実情について論じていただきます。加害者の逮捕、起訴、裁判における公正な審判といった流れに結び付けるために日々奮闘しておられる検事の立場から、性犯罪に対応することの難しさについてもご説明いただきます。そして、一般社団法人Spring代表理事の山本潤氏から、当事者の実情、そして刑法改正についてご説明いただきます。第Ⅰ部の最後の第7章では、パネリストたちが自由に忌憚のないところを討論したものを分かち合います。深夜に至るまで熱い議論を交わした内容をぜひお読みください。

第Ⅱ部は、性暴力とトラウマについて考えます。花丘が、子ども時代の逆境によるトラウマと性暴力被害について概説します。子ども時代に逆境体験があると神経系にどのような影響が及ぶのか、また、成人期に再被害に遭いやすいことなどについて、ポリヴェーガル理論を軸に論じます。次に、当事者でもあり支援者でもある、ＮＰＯ法人レジリエンス代表の中島幸子氏から、親しい関係性の中での継続的な性暴力被害の破壊的な影響、被害者の心の中で何が起きているのか、そして解離とＤＩＤ（自己同一性障害）について論じていただきます。また、赤城高原ホスピタルの精神科医・松本功氏から、性暴力被害とアディクション（嗜癖）について論じていただきます。依存症の治療から、その根底にある発達性トラウマと性暴力被害が明らかになる様子、実際の患者様のインタビューなどをご紹介いただきます。第Ⅱ部の最後には、日本福祉大学教授の長江美代子氏から、被害者に何が起きているのかをポリヴェーガル理論を軸に論じていただきます。性暴力被害における裁判において、ポリヴェーガル理論が果たしうる可能性についても解説していただきます。

第Ⅲ部では、加害者像をポリヴェーガル理論のレンズを通して検討します。本書は性暴力被害者の支援という視点から編まれています。ですから、本書に加害者についての議論を盛り込むことには賛否両論あるかと思われます。しかし、性暴力被害について理解するには、なぜ加害行為が起きるのかという点についても検討する必要があると考えました。トラウマセラピストとして、私は、性加害は犯罪であるとともに、病理でもあると考えています。そこで、性暴力を根絶するには何が必要なのかを検討するための課題を、特にポリヴェーガル理論を視点に提供したいと考えました。

この部では、刑務所で性暴力加害者に対して心理臨床介入を行っている公認心理師・刑務所処遇カウンセラーの糸井岳史氏、中村修氏に執筆をお願いしました。糸井岳史氏からは、性暴力加害者への心理介入を通して知り得た性加害の現実と、加害者が負う発達性トラウマ障害について論じていただきます。また、中村修氏からは、受刑者の成育歴、性格傾向、性加害に至る心理などについて報告していただきます。糸井氏、中村氏共に、刑務所において観察された加害者像を通して、性暴力の根絶を目指すうえでポリヴェーガル理論が希望をもたらすことについて論じていただきます。

第Ⅳ部では、日本の書籍として初めて、ポリヴェーガル理論の提唱者であるステファン・W・ポージェス博士、そして、夫人でオキシトシンの世界的研究者であるスー・カーター博士からのご寄稿をいただきました。特に、ポリヴェーガル理論と性暴力被害について、お二人から日本のセラピスト向けにご講義をいただいた内容を盛り込んでいます。また、オンラインですが、山本潤氏とポージェス博士の心温まる交流についても納めさせていただきました。

さらに、ポージェス博士からご紹介いただいた、レベッカ・ベイリー博士という心理専門家へのインタビューも盛り込みました。ベイリー博士は、米国でポリヴェーガル理論をもとに司法関係者への教育を行うとともに、性暴力被害支援を行っています。博士は、世界を震撼させたジェイシー・デュガード誘拐事件、クリーブランド監禁事件など、長期にわたる監禁、拷問、性暴力を受けた被害者のケアと、被害者が解放されて家に戻った後の、家族の再生に当たる専門家です。ベイリー博士からも、こうした長期にわたる拘禁生活と性暴力被害に関する神経系や心理状態、生き残りをかけた迎合とポリヴェーガル理論について議論していただきます。

一一〇年の長きにわたり、社会に多大な負荷を与えつつも取り上げてこられなかった性被害に関する刑法の問題について、本書は神経系からの理解というまったく新しい視点で論じます。また、被害者像だけではなく、加害者像についても神経系から理解し、性被害の根絶に向けて可能性を探ります。このような趣旨の書籍は、日本ではまだ手がけられていません。また、ポージェス・カーター博士御夫妻、ベイリー博士からご寄稿いただくことも、日本で初めてのことです。ベイリー博士によると、米国でも司法の世界にポリヴェーガル理論を持ち込む動きは、始まったばかりだとのことです。本書が、日本においてもポリヴェーガル理論の持つ潜在力を引き出し、私たちの社会を変え、人類の幸福に資する一助となることを期待しています。

なぜ私は凍りついたのか――ポリヴェーガル理論で読み解く性暴力と癒し　目次

なぜ私は凍りついたのか——ポリヴェーガル理論で読み解く性暴力と癒し

序章　性暴力被害・性犯罪の現状と課題

椹木京子

はじめに

近代から続く女性差別や女性への暴力を根絶するため、日本は一九八五年に女子差別撤廃条約に批准し、一九九九年には男女共同参画社会基本法、二〇〇一年には配偶者からの暴力の防止及び被害者の保護に関する法律を制定しました。しかし依然としてそれは解消されていません。刑法性犯罪もまた男尊女卑や女性差別を近代から継承するものの一つです。

二〇一七年、一一〇年ぶりに刑法性犯罪が改正されましたが、多くの課題を残しています。そのような中、二〇一九年三月、性暴力事件のあまりにも理不尽な無罪判決（後述）が四件続きました。これをきっかけに、性暴力を容認するような無罪判決に異議を唱える人々が手に花を持って集まりました。それが「フラワーデモ」でした。のちにこのデモは日本全国だけでなくバルセロナやロンドンにも広がりを見せ、性犯罪の裁判にも大きな影響を与え現在も続いています。同時に性暴力や性犯罪はメディアでも何度も取り上げられ世の中の注目を浴びるようになってきています。

私は法律の専門家ではありませんが、ここでは性暴力被害者支援の立場から、ジェンダーの視点で性暴力被害、特に性犯罪を中心に現状や問題点を考え、司法界や社会に何が必要とされ期待されているのかを考えてみたいと思います。

性暴力被害の現状

性暴力とは何か

性暴力とは、国連の女性に対する暴力に関するハンドブックでは「身体の統合と性的自己決定を侵害するもの」（国連経済社会局女性の地位向上部『女性に対する暴力に関する立法ハンドブック』）と定義されています。これは「私のからだは私のもの、私は自分の性的なことは自分で決定する権利を持っている。それを侵害するものはすべて性暴力である」ということです。

性暴力にはさまざまなものがあります。レイプやわいせつ行為、セクシュアルハラスメント、性的虐待などだけではなく、痴漢や盗撮、覗き、アダルトビデオ被害、夫婦間や地位関係性に乗じた性的な侵害、性的な侮辱や同意のない接触、JKビジネス、リベンジポルノ、人身売買、また世界に目を向けると性器切除や児童婚等、世の中は性暴力で満ち溢れています。

性犯罪とその現状

「性犯罪」とは強制性交等罪、強制わいせつ罪など性的な自由を侵害する犯罪行為（法令により刑事罰が科される行為）を指しますが、それは多様な性暴力がある中で氷山の一角にすぎません。じつ

	起訴	不起訴	起訴率
2015 年	453	832	35.3%
2016 年	370	656	36.1%
2017 年	354	730	32.7%
2018 年	492	760	39.3%
2019 年	475	837（件）	36.2%

表 1　強制性交等罪の年度別起訴率

は多くの性暴力が性犯罪と認められないまま存在しているのです。

それでは性犯罪となる性暴力はどれくらいあるのか大まかにみてみたいと思います。

令和二年度の内閣府の調査報告（男女間における暴力に関する調査（令和二年度調査）：二〇歳以上五〇〇〇人対象）の強制性交等にあたる「無理やり性交等をされた被害経験の有無」の回答から考えてみます。報告書によると、無理やり性交等をされた被害経験が「一人からあった」または「二人以上からあった」と回答した人は女性の六・九％、男性の一・〇％でした。

日本の人口（総務省統計）から計算すると日本の二〇歳以上の女性の約三七六万人、二〇歳以上の男性の五〇万人に相当し、約四二六万人の人が被害に遭っているということが推定できます（一九歳以下を入れるともっと増えます）。しかし令和二年度の犯罪白書によると令和元年（二〇一九）の一年間に認知された強制性交等の被害例は一四〇五件。そのうち送検されたのは一三一二件で、そのうち起訴されたのはわずか四七五件（三六・二％）となっています（表1）。これは無理やり被害を受けたことのある人（約四二六万人）のわずか約〇・〇一％です。

またこれらの数字を有罪率九九％を誇る検察の現状から考えると、有罪にするためには必ず勝てる事件しか起訴しないということがうかがえます。

性犯罪に係る不起訴事件調査によると、嫌疑不十分となり不起訴になった理由の八九％に、暴行脅迫の認定とそれにかかわる同意に関する理由があげられています。

これらの数字を見ると強制性交等の性暴力被害を受けた人の圧倒的多数は警察にも相談できずにいるということがわかります。たとえ相談をしたとしても十分な証拠や証言（暴行脅迫要件等）が得られなければ被害届も受理されず、「裁判で勝てない」ことを理由に起訴されないという現実があるのです。起訴されたとしても裁判では被害者が立証責任を負わされ、被害者供述の信用性が問われることとなります。それは被害者にとって本被害に加えて幾重にも傷つけられることにもつながります。それを避けるために裁判をあきらめる人もいる中、この状況を超えて被害者は裁判で闘うこととなります。しかしそこでは刑法にある暴行脅迫・抗拒不能などの要件や裁判官の経験則等の壁に阻まれ、自分の身に起こったことを被害として認められることが大変困難な状態です。この状況は加害者を有罪にする可能性を引き下げ、社会に性暴力を温存することにつながっていると考えられます。

被害の状況：男女間における暴力に関する調査（令和二年度調査）より

内閣府の調査では、加害者との関係（複数回答）として、「交際相手・元交際相手」女性三一・二％／男性一一・八％、「配偶者」女性一七・六％／男性五・九％、「職場・アルバイト先の関係者」女性八％／男性一一・八％、「通っていた（いる）学校・大学関係者」女性二・四％／男性二三・五％、「まったく知らない人」女性一一・二％／男性一七・六％などとなっており、その他

（親、兄弟姉妹等）を含めると顔見知りからの被害が八〇％以上であることがわかります。

加害者の性別としては「異性からの被害」が女性九九・二％／男性五二・九％、「同性から」は女性〇・八％／男性五二・九％となっています。

被害に遭ったときの状況として、「相手から不意を突かれ突然に襲いかかられた」「相手から騙された」「相手との関係性から拒否できなかった」「驚きや混乱等で体が動かなかった」が上位を占め、抵抗できない状況にあったと考えられます。

被害後「相談した」人は女性三七・六％／男性二九・四％、「相談しなかった」人は女性五八・四％／男性七〇・六％となり、多くの人が相談しないままでした。

相談しなかった理由として、「恥ずかしくて誰にも相談できなかった」四三・五％、「自分さえ我慢すればこのままやっていけると思った」三二・九％など、性暴力または性に関わる問題を恥と考える日本にあって、誰にも話せないまま、ひとり抱え込んでいる現状がうかがえます。続いて「そのことを思い出したくなかった」二一・二％、「相談しても無駄だと思った」「世間体が悪いと思った」などが続き、相談を回避することで被害が長期化していることがうかがえます。

被害後の生活上の変化に関しても、「加害者や被害時の状況を思い出させるようなことがきっかけで被害を受けたときの感覚がよみがえる」「自分に自信がなくなる」「夜眠れなくなる」「人づきあいがうまくいかない」「異性と会うのが怖くなった」「心身に不調をきたした」などがあり、約六六％の人が心身への影響が深刻化している様子もうかがい知ることができます。

実際の性犯罪事件と判決

このような被害の現状がある中で、性犯罪における裁判は実際にどのような状況になっているのでしょうか。二〇一九年三月、大きな社会的な運動になっている「フラワーデモ」のきっかけとなった四つの性犯罪裁判の事件を次頁で見てみたいと思います（4つの性犯罪事件と裁判の概要）。四件の裁判についてはフラワーデモのホームページより抜粋し加筆修正し記載しています。

このように令和の時代になっても、明治時代からの価値観を踏襲したような現実に即さない無罪判決が続きました。

これらの性犯罪の事件（これまでの過去の事件も同様）では、抗拒不能・心神喪失であったか、暴行脅迫があったかどうかなどが争点の大きなポイントになっています。

①の久留米の事件では、被害者が泥酔して嘔吐して意識がもうろうとしている状況で目が動いた、被害後に近寄ってきた他の男性に「やめて」と言っていたなどを理由に、「被害者は同意していなかったと認められるものの、加害者に同意があると誤信されても仕方がない」と無罪判決が出されました。しかし想像してみてください。泥酔して嘔吐し、意識がもうろうとしている状態の人を見て、介抱することはあっても、同意があったと誤信して性交に及ぶ人はいないのではないでしょうか。このような判決があることは日本社会が性暴力加害を容認・擁護し加害者を再生産しているのと同様であると考えられます。

またこの四件の裁判の一つである③名古屋地裁岡崎支部の事件をもう少し詳細に振り返り、その上で現在の刑法等の問題点を見てみたいと思います。

4つの性犯罪事件と裁判の概要

①　2019年3月12日　福岡地裁久留米支部　準強姦罪（当時）

社会人のサークルの飲み会で、飲酒で意識がもうろうとして抵抗できない状態の女性に対して男性が性交に及んだ事件。裁判では、抗拒不能かどうかが焦点となったが、女性が抵抗できなかった状態であり同意があったとは認めなかったものの、男性が「女性が許容していると誤信してしまうような状況にあった」として一審無罪。

一審無罪の理由：被害者が被告人が性交した際に酩酊していたこと、他の男性から身体を触られた際に「やめて」といったこと等。

（後に福岡高裁で逆転有罪になったが、被告側が上告した。その後最高裁で被告側の上告を棄却。高裁判決での懲役4年が確定）

②　2019年3月19日　静岡地裁浜松支部　強制性交等致傷罪　※裁判員裁判

コンビニの帰りの女性に対して外国人男性が口腔性交させ、もって唇挫傷、顎関節捻挫等の障害を負わせた等の事件。

裁判所は女性が「頭が真っ白になった」などの供述は信用でき抵抗が難しかったことは認めながらも、男性が気付くほど激しく抵抗しなかったとして無罪。

一審無罪の理由：被告人の加えた暴行が被害者の反抗を著しく困難にする程度のものであったが、暴行の程度が強いものであったとまでは認められない。被害者が抵抗できなかった理由は精神的な理由によるもの。被告人から見て明らかにそれとわかるような形での抵抗を示すことが出来ていない。（検察は控訴せず無罪確定）

③　2019年3月26日　名古屋地裁岡崎支部　準強制性交等罪（※詳細後述）

実父が19才の娘に対し、2回（会社の会議室、ホテル）性交を強制した事件。

実父は被害者に対して5年以上にわたって性的虐待をしていた。

裁判所は性虐待を認めながらも「娘は父親に逆らうことができた」として無罪。

一審無罪の理由：被害者は抗拒不能な状態ではなかった。

（後に名古屋高裁で逆転の有罪判決となったが、被告側が上告した。その後最高裁で上告を棄却され有罪が確定した。懲役10年の実刑）

④　2019年3月28日　静岡地裁　準強制性交等罪

実父が、当時12才の娘に性交していたということで起訴された事件。

事実認定として「狭い家の中で他の家族が気が付かなかったのは不自然」、ＰＴＳＤテストで被害を誇張して申告することはあり得る、被害者が性的知識がなかったとは言い切れない、いつ被害を受けたのかについて被害者の証言が変遷している→被害者の証言は信用できないとされた。

一審判決無罪の理由：犯罪事実（強姦）を裏付ける証拠がない。

（東京高裁で一審の判決は不合理だとして逆転の有罪判決が確定。懲役7年の実刑）

〈二〇一九年三月二六日　名古屋地裁岡崎支部　準強制性交等罪〉について

一九歳の長女（以下、Ａ）に対して加害者（実父）が長年にわたる虐待、性虐待を行っていた。加害者はＡが中学二年生頃から寝ているときに陰部や胸を触り口腔性交を行うようになり、その年の冬から性交を行うようになった。加害者による性交はＡが高校を卒業するまでの間、週一、二回程度の頻度で行われた。Ａは「服を押さえる」「やめてと言う」などして抵抗したが、加害者の行為を制止するには至らなかった。加害者はＡが高校卒業後も加害行為を継続しておりその頻度は週三、四回程度となっていた。Ａは弟に父からの性虐待のことを相談し、弟と同じ部屋で就寝するようになった。その間加害行為はしばらく止んだものの、再び加害者はＡの寝室に入り込んで性虐待を繰り返した。事件になった加害行為の前にはＡが抵抗した際に加害者からこめかみの辺りを数回拳で殴られ、太ももやふくらはぎを蹴られたうえ、背中付近を足の裏で二、三回踏みつけられたことがあり、ふくらはぎには大きなアザができた。またＡは専門学校入学後に学費や生活費について加害者から多額の借り入れをする形を取らされ、その返済を求められ経済的な負い目を強く感じていた。

二〇一七年八月、加害者の勤務先の建物で、また九月には車にＡを乗せてホテルに行き、そこでＡに加害行為を行ったという二つの事件で裁判は争われた。（※起訴されたのは加害者からの長期に及ぶ虐待・性虐待のうちの一部でしかありません。）

この裁判の中で、精神科医などの鑑定が行われ「性虐待等が積み重なった結果、Ａは加害者には抵抗できないのではないか、抵抗しても無理ではないかといった気持ちになっていき、加害者に対して心理的に抵抗できない状況が作り出された」「支配状況が強まっていた」とし、心理的に抵抗できない状況が作り出され抗拒不能の状態にあたるとした鑑定意見が出されている。

〈事実認定〉　被告人の供述より被害者の供述のほうが信用できるとし、五年以上にわたる性的虐待や各性行為は被害者の意に反するものであったことを認定。被害者が心理的に抵抗できない状況であった旨の精神科医の意見書につき高い信用性が認められる。
〈判決〉　地裁の判決ではAの虐待・性虐待被害を認めながらも「被告はAに長年、性的虐待等を行って精神的な支配下に置いていたといえるが、強い支配従属関係が形成されていたとは認めがたい」「抗拒不能の状態（抵抗が著しく困難だったかどうか）にまで至っていたと断定するにはなお合理的な疑いが残る」として無罪判決を言い渡した。

判決の「合理的な疑い」は次のとおりです。

・心理的抗拒不能の解釈について「暴行脅迫が用いられた場合と同程度に被害者の性的自由が侵害された場合に限る」とし「抗拒不能には身体的抗拒不能と心理的抗拒不能とがあるところ、このうち心理的抗拒不能とは、行為者と相手方との関係性や性交の際の状況等を総合的に考慮し、相手方において、性交を拒否するなど性交を承諾・容認する以外の行為を期待することが著しく困難な心理状態にあると認められる場合を指すものと解される」
・Aが本件各性交時において抗拒不能の状態の裏付けとなるほどの強い離人状態（解離状態）にまで陥っていたものとは判断できない。
・被害者が家を出て一人暮らしをすることも検討したこと等に照らし、被害者が被告人に逆らうことがまったくできないとまでは認めがたい。

・被告人は被害者を精神的な支配下においていたものの、被害者が服従・盲従せざるを得ない強い支配関係にあったとまでは言えない。
・一定度の自己の意思に基づき、日常生活を送っていたこと、弟や友人に被害を相談していたこと、第二の被害事実の前に被告人に勧められその車に乗ったこと等からして、性交に応じる他には選択肢が一切ないと思いこまされていた場合（心理的抗拒不能の場合）とは異なる。

この裁判は、のちに名古屋高裁で逆転の有罪判決となりましたが、被告側が上告しました。その後、最高裁で上告を棄却され有罪が確定し、懲役一〇年の実刑となっています。

最終的には有罪になったからよいのではないかと考える方もいらっしゃるかもしれませんが、検察が控訴しなければそのまま無罪判決が決定し、被害者が救われないばかりか、その判決がそれ以後に踏襲され、性暴力や性犯罪が日本社会に温存されることにつながるのです。一つの裁判の判決が持つ意味を考えると重要な裁判であったことは間違いないと思います。

暴行脅迫要件、抗拒不能のハードル

岡崎地裁判決では、これだけの虐待・性虐待であっても、暴行脅迫はあったが、「(抗拒不能＝解離状態になるほどの）生命・身体に重大な危害を加えられる恐れがあった」とは認められず、「性交に応じる他には選択肢がなかった」とはいえないとされ、無罪とされました。加害者は罪に問われないのです。

この事件をみてわかるように暴行脅迫要件や抗拒不能のハードルはかなり高いといえます。この高いハードルを越えなければ加害者の加害行為を認めることができないというのが現在の司法の基本的なあり方を示しているといえます。

この暴行脅迫要件と抗拒不能が証明され裁判官に理解されなければ「同意はあった」、または「同意はなくても加害者に（被害者が）同意していたと誤信されても仕方なかった」と判断されてしまうのです。

精神科医の鑑定などについてもこれまでの裁判と同様に「Aが抗拒不能であったかどうかは、法律判断であり、裁判所がその専権において判断すべき事項」とされました。

しかし、ここで疑問がわきます。抗拒不能を法律判断やその専権での判断とするなら、裁判官は抗拒不能＝解離状態になるような暴行脅迫とはどの程度のものと考えているのでしょうか。解離状態をどの程度理解しているのでしょうか。脅威に対する人間の神経生理学的な反応は理解されているのでしょうか。また迎合という状態を理解しているのでしょうか。Aがとった選択肢は長年性暴力を受け続けた結果、Aが生きのびるためにとった選択肢であったという考え方はなかったのでしょうか。理解に苦しみます。

加えて「完全に抵抗できない状態で性交に及んだのではない以上、処罰すべきではない」という考えや「女性も本当は嫌がっているわけではないのではないか」という強姦神話が根強く裁判の中に存在して、それが暴行脅迫要件、抗拒不能を判定する目を曇らせたのではないかとも考えられます。

刑法と歴史的背景

二〇一七年、一一〇年ぶりに大きく刑法性犯罪が改正されました。何がどう改正されたのかを知る前に、旧刑法性犯罪とその歴史的背景をみたいと思います。そうすることで現在の刑法改正における問題点が見えてくると思います。

旧刑法性犯罪と歴史的背景

はじめに姦通罪を説明したいと思います。姦通罪を知ることで当時の社会的背景と旧刑法性犯罪がより理解しやすくなるのではないかと考えるからです。

明治時代、富国強兵政策と国家の統制のために民法の中で家制度が規定されました。家制度は家長を男性とし、その他の家族は家長の所有物と認識され、妻は夫に対する服従義務を有し、男尊女卑的思考が優先されるようになりました。特に妻は「無能力者」とされ、また家の血統を守るために「貞操」を負わされ、家長以外の男性との性交を厳しく禁じられていました。それを遵守するための刑法が姦通罪です。姦通罪は妻だけを処罰し、夫の姦通が処罰されることはありませんでした。また戦時中、姦通罪は出兵兵士の士気昂揚の目的で内地に残る妻に貞操を強要し、警察による取り締まりなどが強化されました。妻の性はプライベートなものから公的に管理されるものとなっていったのです。家父長制を前提とし、保護法益（法律によって保護されるもの）は妻個人の性的自由ではなく「貞操」という社会的法益でした。また姦通罪は親告罪で家長の告訴が必要でした。それは妻への配慮ではなく、その所有者である家長の名誉を汚したことへの配慮からでした。

既婚女性を対象とした姦通罪と同様に未婚女性も家長の所有物と考えられ、その権限は家長にありました。家長のモノである娘に他者が許可なく性行為をすることは家長の所有物を傷つけたとされました。

このような時代背景がある中で施行された旧刑法性犯罪は次頁のとおりです。

戦後、日本は家族法が改正され、家制度はなくなったものの、男尊女卑的な価値観は今も残り続けています。多くの国が刑法性犯罪を改正する中、日本の刑法性犯罪は二〇一七年の改正まで一一〇年間そのままでした。そのため家父長制度の考えや貞操観念は残り続けました。また殴ったり蹴ったりするのは合意の上での性交にもつきものであるから、家の血統と貞操を守るためには妻（女性）は死ぬほどの抵抗をしなければいけないという考えが戦後も踏襲されました。

それゆえに旧刑法一七七条強姦罪の客体は女性のみであり、女性器への男性器の挿入が必要とされ、「死ぬほどの抵抗」と「（解離するほどの）抗拒不能になるほどの暴行脅迫が必要」とされ厳しく評価をされるのです。

それでは二〇一七年改正の現在の刑法性犯罪はどうでしょうか。

「強姦罪」が「強制性交等罪」となり、法定刑が引き上げられ、客体が女性だけではなくなりました。また「姦淫」が「性交、肛門性交または口腔性交」となっています。監護者からの性暴力も新しく加わり、大きな前進といえます。しかし、性交同意年齢が一三歳以上であることや、暴行脅迫要件、抗拒不能や心神喪失などの、被害者がどれだけ抵抗したか、抵抗することが著しく困難な状況であったか、などが要件として依然残り続けています。

他に地位関係性を利用した性犯罪や配偶者等の性行為に関する処罰規定、盗撮やアダルトビデオ

〈旧刑法性犯罪〉

旧刑法第 176 条　強制わいせつ罪

13 歳以上の男女に対し、暴行又は脅迫を用いてわいせつな行為をした者は、6 カ月以上 10 年以下の懲役に処する。13 歳未満の男女に対し、わいせつな行為をした者も、同様とする。

旧刑法第 177 条　強姦罪

暴行又は脅迫を用いて 13 歳以上の女子を姦淫した者は、強姦の罪とし、3 年以上の有期懲役に処する。13 歳未満の女子を姦淫した者も、同様とする。

（客体は女性、姦淫に暴行・脅迫を用いること、被害者が 13 歳未満の場合、同意のうえでも罪は成立する、親告罪　※告訴が必要）

旧刑法第 178 条 第 2 項　準強姦罪

女子の心神喪失若しくは抗拒不能に乗じ、又は心身を喪失させ、若しくは抗拒不能にさせて、姦淫した者は前条の例による。

〈2017 年改正刑法性犯罪〉　※改正部分は下線

刑法第 176 条　強制わいせつ罪

13 歳以上の者に対し、暴行又は脅迫を用いてわいせつな行為をした者は、6 カ月以上 10 年以下の懲役に処する。13 歳未満の者に対し、わいせつな行為をした者も、同様とする。

刑法第 177 条　**強制性交等罪**

13 歳以上の者に対し、暴行又は脅迫を用いて**性交、肛門性交又は口腔性交（以下「性交等」という）**をした者は、**強制性交等**の罪とし、**5 年以上**の有期懲役に処する。13 歳未満の**者に対し、性交等を**した者も、同様とする。（※親告ではなくなった）

刑法第 178 条　**準強制わいせつ及び準強制性交等罪**

第 1 項　人の心神喪失若しくは抗拒不能に乗じ、又は心身を喪失させ、若しくは抗拒不能にさせてわいせつな行為をした者は、第 176 条の例による。

第 2 項　**人**の心神喪失若しくは抗拒不能に乗じ、又は心身を喪失させ、若しくは抗拒不能にさせて、**性交等を**した者は、前条の例による。

刑法第 179 条　監護者わいせつ及び監護者性交等罪

第 1 項　18 歳未満の者に対し、その者を現に監護するものであることによる影響力があることに乗じてわいせつな行為をした者は第 176 条の例による。

第 2 項　18 歳未満の者に対し、その者を現に監護するものであることによる影響力があることに乗じて性交等をした者は第 177 条の例による。

などについての課題も残っています。

刑法改正の問題点とその解決に向けて

暴行脅迫要件・抗拒不能や心神喪失

　改正刑法性犯罪に至っても暴行脅迫要件、または抗拒不能や心神喪失が残っています。この要件が残り続けることで被害者はとても高いハードルを越えねばなりません。この要件をこのまま残すことは、これまでの裁判のあり方を現状維持することにつながり、今までと同様に相談した先の警察や検察でこれらの要件を証明することが困難と判断されれば門前払いされてしまいます。たとえ起訴されても裁判で加害者を有罪にすることは難しいと考えられます。

　内閣府の調査からもわかるように、顔見知りからの性暴力が八〇％以上とされる中、激しい暴行まで至らない事件や驚愕のあまり声が出ない、抵抗できないなどもあります。その場合も今まで同様に「同意があった」「同意はなかったが、相手が同意していたと誤信しても仕方がない」とされてしまい、被害は認められず加害を容認する結果になります。

　このままでは実態がまったく反映されていない刑法になってしまうため、暴行脅迫の他に、「有形力の行使、脅迫、威迫、不意打ち、偽計、監禁などを用いて行為を行ったものは前項の例による」などとする案が出されています。

　抗拒不能に関しても要件を明確にするために網羅的に列挙するなどして、少しでも実態に合わせたものになることが必要です。しかし、項目を加えても、多くの人がそこからこぼれ落ち救われません。

そこで「不同意性交等罪」という「同意」を基準にした刑法が求められています。国際社会では、一九九〇年代から不同意性交を処罰する方向に動いています。多くの国で性犯罪の成否を決定する枠組みが「暴行脅迫の有無」から「同意の有無」へと転換されています。「同意のない性交・わいせつは犯罪である」と定めることは、性暴力・性犯罪の根絶を目指す日本社会にとって大変重要であり、また必要不可欠なことだと思います。

ポリヴェーガル理論を用いることで「不同意性交等罪」の創設の一助になるのではないかと思います。またその運用面においても、人が脅威によって起こす神経生理学的な反応や、自分の命を守るために加害者に迎合していくこと等を司法関係者が理解することで、結果も変わってくるのではないかと思います。

性交同意年齢のあり方

現在は性交同意年齢が一三歳以上となっています。一三歳という考えは初潮を迎える時期ではないかといわれています。しかし現在の性教育も受けていない一三歳が、性的自己決定権を発揮し自己決定できるでしょうか。一三歳では、妊娠出産するには心身ともにリスクが高いと思われます。これらのことを勘案して先進国は性交同意年齢を引き上げています。最低でも義務教育で保護されるべき年齢の一六歳以上に引き上げるべきだと思います。

公訴時効のあり方

時効については強制性交等罪は一〇年、強制わいせつ罪は七年であり、時効が過ぎると加害者を罪に問えません。時効の延長または撤廃が求められています。特に幼少期の性暴力は解離を伴うことが多く、後年になって思い出し、症状が出ることもあります。また日本では性教育も行われていないため、自分が何をされているのかも認識できない状況に置かれています。被害者が、自分の身に起こったことが性暴力・性犯罪であったと認識するまでに相当な時間を要するため、性暴力の裁判に至るまでは相当の時間が必要となります。海外では公訴時効が撤廃された国もあります。

地位関係性を利用した犯罪類型のあり方

親などの監護者だけではなく、教職員や雇用関係、コーチ、施設職員など、立場や関係性などを悪用し、相手が反抗できないような状況に追い込み、性暴力を振るうことを規制する必要があります。これに関しても教職員や施設職員、親族、同居する親の恋人などと具体的に列挙することなどが必要だという案がでています。また障がいのある人に対しても同様です。

強制性交等罪の対象となる行為の範囲

強制性交等罪は性交が前提になっています。たとえば女性器に男性器を挿入するだけではなく、指やモノを挿入されたとしても性的侵害行為ですが、現在それは対象になっていません。対象となる行為の範囲を広げる必要があります。

配偶者間等の性的行為に関する処罰規定のあり方

夫婦または親密な関係にある間柄であっても性的自己決定権はそれぞれにあります。その性的自己決定権を侵害する行為は性暴力です。ＤＶなどの相談現場において話を聞いていくと、性的暴力は少なからずあります。しかし「結婚しているから仕方がない」などとして被害者があきらめているのが現状です。「婚姻関係の有無にかかわらず」等の文言を入れることが必要です。

性的姿態の撮影行為に対する処罰規定のあり方

強制性交等の犯行場面を撮影する行為、盗撮など被害者に気づかれずに撮影する行為、アダルトビデオへの出演の強要等についても検討されており、性的自己決定権を守る法律の創設が期待されます。

その他にも性交・わいせつな行為をする目的で若年者を懐柔する「グルーミング」を罰する法律も求められています。

その他の問題点

裁判官の経験則

裁判官は裁判の中で出た証拠で事実認定していきます。この事実認定で裁判の結果も左右されます。裁判官はこの事実認定をする際に裁判官自身の私的経験や知識から導かれる一般通念など＝経験則を使ってそれが合理的であるかどうかを判断することになります。しかし現在の司法界ではジェンダーの視点を学ぶ機会も少なく、裁判官の多くは男性です。本人も知らぬ間に男尊女卑思考や強姦神話などが私的経験の中で刷り込まれており、それを経験則として裁判に反映させてしまう恐れがあります。

前述の四つの第一審の無罪判決はそれを如実に表していると考えられます。被害者の現実の経験からも精神医学の観点からもかけ離れたものとなっています。二〇一七年の刑法性犯罪の改正の際に被害者心理や精神の状況を司法関係者が学ぶようにと附帯決議がつきましたが、それに加えて司法の中にあるジェンダーバイアスに気づき、男性による支配構造を変える必要があります。また神経生理学的な視点等を裁判官の常識として身につけてもらいたいと思います。

強姦神話とジェンダーバイアス

強姦神話とは、性暴力に対して持たれている本当でないこと、間違った信念のことをいいます。たとえば「性暴力とは若い女性が暗い夜道を歩いているときに起こる」「嫌なら必死に抵抗するはずだ」「女はレイプをされたがっている」「肌の露出の多い服を着ているから性被害に遭うのだ」など多くの強姦神話があります。これを多くの人が内面化しているため、落ち度もない被害者を責めたり、被害者自身も自責の念に駆られてしまいます。

またジェンダーバイアスによって男性は○○なもの、女性は○○なものという偏った価値観も内面化しているため、裁判官だけでなく司法関係者もまた人権意識に偏りができていると考えられます。刑法を変えるだけではなくその運用も実態に即したものにするためには司法関係者、そして社会全体のこういった間違った信念や価値観を修正する必要があります。

レイプシールドの規定

これまで裁判の中で加害者側によって、被害事実とまったく関係のない被害者の過去の経歴や素行（不良行為や職業など）を論《あげつら》い、「被害者はこういった素行の悪い人物であり、その証言は信じるに値しない」「性的な行為に奔放であったのであるから同意があったと思われても仕方がない」など と被害者を貶める方法が使われてきました。これは裁判の中であっても重大な人権侵害です。海外では事件とは関係ないことを論うことを禁止するレイプシールドという法律があります。日本にもこの法律があるべきだと思います。

おわりに

刑法性犯罪の改正は私たちの生活にとって関係がないように感じている人も多いと思います。しかし、これまでの数えきれないほどの理不尽な性犯罪の判決は私たちの生活の中で性犯罪や性暴力を温存させ、被害を増産するというトラウマ環境を作り出しています。

この状況を変えることは今、そして未来を生きるすべての人に安心で安全な生活をもたらし、またメンタルヘルスの向上を意味します。司法関係者は最優先ですが、社会全体がジェンダーの視点を持ち人権感覚を養うこと、それとともにトラウマへの知識や被害者心理を理解するだけでなく、神経生理学的な反応にも理解を深めることが必要だと思います。ジェンダーの視点とポリヴェーガル理論が今必要とされていると思います。

参考文献

・浅倉むつ子・角田由紀子編（二〇〇七）『比較判例ジェンダー法』不磨書房刊／信山社
・伊藤和子（二〇一九）『なぜ、それが無罪なのか!?：性被害を軽視する日本の司法』ディスカヴァー・トゥエンティワン
・上村貞美（二〇〇四）『性的自由と法』成文堂
・江原由美子（一九九五）『装置としての性支配』勁草書房
・ジェンダー法学会編（二〇一二）『ジェンダーと法　第九号　刑事司法／自己決定権』日本加除出版
・島岡まな（二〇一七）「性犯罪の保護法益及び刑法改正骨子への批判的考察」『慶應法学＝Keio law journal』第三七巻、一九‐三七頁
・性犯罪に係る不起訴事件調査「性犯罪に関する刑事法検討会」第五回会議（令和二年八月二七日）資料
・内閣府男女共同参画局「男女間における暴力に関する調査」（令和二年度調査）
・フラワーデモホームページ　https://www.flowerdemo.org/blank
・法務省（二〇一九）「検察統計調査：被疑事件の罪名別起訴人員、不起訴人員及び起訴率の累年比較」
・法務省　法務総合研究所編（二〇二〇）「令和二年版犯罪白書」

第Ⅰ部　性暴力被害の真実——刑法改正に向けて

肩書きや機関、団体名等はすべてシンポジウム開催当時のものである。

第1章　刑法改正に向けて

椹木京子
ＮＰＯ法人博多ウィメンズカウンセリング代表／フェミニストカウンセラー

はじめに、今日お集まりいただいたみなさんを、お話しいただく順にご紹介させていただきます。まず私は福岡市で女性と子どもの心理支援をしておりますＮＰＯ法人博多ウィメンズカウンセリングという団体で活動しています。また福岡でのフラワーデモの呼びかけ人などもしています。認定フェミニストカウンセラー、公認心理師です。私からは刑法性犯罪の課題などについてお話しさせていただきます。

私の後に話をしていただく花丘ちぐささんは国際メンタルフィットネス研究所の代表です。公認心理師や専門健康心理士でもあり、ソマティック・エクスペリエンシングのトレーニングのオーガナイザーや、トラウマ研修のオーガナイザー等もされています。Ａ級英語同時通訳者です。ポージェス博士の質問にも細かく答えてくださると思います。今日は花丘さんから「ポリヴェーガル理論とは何か」というテーマでお話しいただきます。

その後に、宮地尚子先生にお願いします。宮地先生は一橋大学大学院の社会学研究科の教授をされておられます。今日は「性暴力被害とトラウマ」というテーマでアカデミックでもあり、また精神科医療の視点からの日本の性被害とか法的な風土とかそれに対する課題といったものをお話ししていただくことになっています。

次が周藤由美子さんです。認定フェミニストカウンセラーで、京都性暴力ワンストップ相談支援センターＳＡＲＡでスーパーバイザーをされておられ、また「性暴力禁止法をつくろうネットワーク」の共同代表をされて積極的に刑法改正について活動されておられます。周藤さんのほうからは、「性暴力被害支援の現場から」というテーマで、現場で直面されている問題などをお話ししていただこうと思っています。

その次が田中嘉寿子先生です。田中先生は大阪高等検察庁の検事をされておられます。「性犯罪被害者の被害時の反応と実情」というテーマでお話ししていただきます。なぜ加害者を有罪にできないのか、抗拒不能ということも含めて、どこにその難しさがあるのかなどをお伺いしたいと思っています。

そして最後は山本潤さんです。性暴力被害者支援看護師をされていて、一般社団法人Spring《スプリング》の代表理事でもあります。法務省の「性犯罪に関する刑事法検討会」の委員でもあり、精力的に活動されておられます。山本さんのほうからは「当事者の声が社会を変える　今、何が最も必要なのか」というテーマで、刑法改正について、当事者の声や今何が最も必要なのかということをお話ししていただきたいと思っています。

*

私はＤＶや性暴力被害の支援を一五年ぐらいしています。その間にトラウマ反応に苦しむ多くの女性と出会ってきました。しかし、そこでトークセラピーをやっても、限界があるということをすごく感じていました。そのような中、身体志向のセラピーがあることを知り、六年ほど前から学んでいます。それがソマティック・エクスペリエンシング（ＳＥ™）とかハコミセラピーというものでした。ＳＥ™やハコミはポージェス博士のポリヴェーガル理論が基礎になっていて、それがクライアントの理解と回復にとても有効だと実感しています。

はじめてポリヴェーガル理論を知ったとき、性犯罪の暴行脅迫要件で被害者が「固まる」とか、それが「同意」につながってしまうという考え方をこの理論なら覆せるのではないかと直感的に思いました。

二〇一九年三月、性犯罪の理不尽な無罪判決が次々と続き、日本の裁判では「固まる＝同意だ」というふうに勘違いされるということについて、花丘さんとＳＮＳ上でやりとりしていく中で、性犯罪の裁判に関わる司法関係者がポリヴェーガル理論を知ることで判決が覆っていく可能性があるのではないか、多様な角度から専門家の方々の話を聞いて、もう少し議論をする必要があるのではないかという話になりました。そして花丘さんからポージェス博士が二〇二〇年三月に来日されることを教えていただいて、ぜひポージェス博士に直接お話を聞かせていただきたいと思いこの企画を共に考えました。新型コロナウイルスの影響で実際には実現しませんでしたが、このようにオンラインというかたちで専門知識のある先生方と議論が進められることをとてもうれしく思っています。

性犯罪事件の理不尽な無罪判決

この性犯罪の理不尽な判決についてはみなさんもご存じだと思いますが、その中でも名古屋地方裁判所岡崎支部判決というのがあり、これが「抗拒不能」ということとの捉え方、つまり抗拒不能の裏付けになるほどの強い離人状態が証明されてない等ということが理由で、一審で無罪判決が出されました（※控訴審では有罪）。この一件で、「フリーズする」「迎合する」という反応が裁判官に理解されていないということが決定的になったと思います。これまでもその問題はずっとあり続けていたのですが、岡崎支部の判決でより強く感じました。（性暴力被害の現状や課題については序章もご参照ください。）

抗拒不能とは

この抗拒不能というのはどんな状態かというと、「相手の年齢や関係、性交の際の状況などを総合的に考慮して、物理的または心理的に抵抗が著しくなるような困難な状態」（刑法一七八条二項）とされています。抗拒不能の明確な基準があるのかを調べると、「単にそれのみを取り上げて観察すれば、相手方の抗拒を著しく困難ならしめる程度には達しないと認められるものであっても、その相手方の年令、性別、素行、経歴等やそれがなされた時間、場所の四囲の環境その他具体的事情の如何と相伴って相手方の抗拒を不能にしまたこれを著しく困難ならしめるものであれば足りる」（最判昭和三三年六月六日裁判集計一二六号、一七一頁）とする判断基準があり、はっきりと確立されてないということがわかりました。じゃあどの程度の事態が抗拒不能と判断されるのかというと、裁判官の裁量に委ねられているということでした。

今まで抗拒不能の暴行脅迫要件があるとき、「フリーズする」とか「迎合する」というのは「心理的に被害者はそうなる」と説明されてきたと思います。しかし、「心理的」というのがどうも曖味で、裁判官を説得できていないのではないかと思いました。だからポリヴェーガル理論を知ったときに、このポリヴェーガル理論で神経生理学的に説明すれば司法関係者を説得できるのではないかと思いました。

フリーズと迎合

このフリーズと迎合ということについて、年齢や発達等の関係があるのではないかと私は考えています。中長期で長く暴力を受けていた千葉県野田市の事件（二〇一九年一月、小四女児が両親により継続的な虐待を受け死亡した事件）や東京都目黒区の児童虐待の事件（二〇一八年三月、度重なる虐待を受けていた五歳女児が死亡し両親が逮捕された事件）など、中長期の虐待やＤＶがある中でのフリーズや迎合と、単回性の被害でのフリーズや迎合との違いといったことはまだよくわからないことも多いと思いますので、そのあたりのこともポージェス博士に教えていただきたいところです。

私はフェミニストカウンセラーですのでジェンダーの視点でものごとを捉えるのですが、日本の社会は、女性は「貞淑であれ」、「従順であれ」、「感情を出すな」とか、子どもに関しても「反論しない」「良い子」が求められる傾向があると思います。これは女性や子どもに限ったことではありませんが、日本は女性に対してより強くそういう要求のある社会だと思います。それゆえに女性は生まれたときから女性らしさの規範を押し付けられ、抑圧されています。その規範から外れると暴力を受けたり責められたりするため、女性はおかれた環境で安全に生きるために無意識の中で常に警戒しながら生きていると思います。安全に生きるために警戒しながら生きているということは、「Ｎｏ！」とか自分の意見が言えなかったりする。だから何か困難に直面したときには、自ら固まり、そしてその場に迎合していくということを習慣にさせられてきていると思います。そうすることが女性にとってより安全に生きのびるための策だったのではないかと思っています。日本の社会の中で女性として生きるということは、先ほど申し上げた中長期の被害と同じように、それよりソフトにですけれど習慣化されている、そういうこともこの「フリーズ」と「迎合」に関係しているのではないかなと思っています。このことについては、ポージェス博士が言われているニューロセプションという考え方に匹敵するのではないかと考えており、性暴力とは少しずれるかもしれませんが、時間があればそこも考えていきたいと思っています。

オレゴン州での研修から

最後になりますが、二年ほど前にアメリカ・オレゴン州に研修に行きました。マルトノマー郡の裁判所（Multnomah County Courthouse）で裁判官に話をうかがうと、被害者心理、特にトラウマについて裁判官は何度も学習するということでした。性犯罪だけではなくて殺人や事故などでも同じような反応が起こるわけですから、それを理解せずして裁判はできないといわれていました。当然だと思います。二〇〇九年に性犯罪の裁判員裁判が始まる前に被害者のプライバシーの保護などを求めて裁判所に申し立てに行った際、裁判所の方に性暴力の研修の実施について質問をしました。「研修はしています」ということでしたので、「どれぐらいしてますか」と聞くと、「年に一回していま す」と。「年に一回、どれぐらいの時間ですか」と尋ねたところ「二時間です」ということでした。年に二時間の研修ではトラウマについての理解はできないと思います。このような状況があって、二〇一九年三月に続いた四つの無罪判決の裁判につながっているのではないかと思います。二〇一七年の刑法改正時に司法関係者は被害者心理と精神の状況を学ぶようにと附帯決議がつきましたが、その効果は現時点では現れていないように思います。

また静岡の一二歳の子どもへの性虐待の裁判での無罪判決（控訴審で有罪）についても同様です。これは裁判官だけの話ではなく被害者支援をするシステムの問題でもあると思います。

アメリカ・オレゴン州での研修でチルドレンズ・センター（次頁参照）という虐待や性虐待にあった子どもたちを支援する施設にも行きました。そこではMedical Examinationという医療チェックと診察やForensic interviews（司法面接）などを実施しています。

司法面接は被害児童に安全で安心できる環境が用意され、発達年齢に合わせて行われています。インタビュアーは子どもとスムーズに話をし、理解するために、記憶の知識、子どもがどのような伝え方をするのか、自己開示についての知識、子どもの発達レベル、知的レベル、理解力、言語レベルなどの知識を持ち、また十分な訓練も受けています。子どもへのインタビューと診察の記録は裁判所の命令で開示するという流れで進めているようでした。犯罪を犯罪と認定するための準備や専門家の知見や聞き取ったものを証拠として採用する準備を整えていました。こういった設備や手順が整った施設があり、裁判所や検察が連携をするシステムが整えられ、また充分に機能していれば、一二歳の子どもが実父から性虐待を受けていた静岡の裁判でも無罪が出されることはなかったのではないかと思います（この裁判でも被害児童の証言等が提出されましたが、一審では信用性がないとされました）。

チルドレンズ・センター（Children's Center）

この施設は虐待を受けた一八歳未満の子どもを守るセンターです。運営は民間団体（非営利団体）がしています。こういった施設はオレゴン州に二〇か所程度あります。ここを含め、行政や警察、検察、医療など多機関が子どもを守るために「協力」しています。それぞれの機関の支援には限界がありますが、小さなことを丁寧に重ねながら愛情を注いだり（たとえば診察のときに本人に必ず確認をしながら進めていくなど）、関係機関と連携することで子どもをたらい回しにせず、再体験を防ぐこともできます。このセンターでは主に四つのことを提供しています。

その四つとは①Medical Examination（医療チェックと診察）、②Forensic interviews（司法面接を子どもの発達年齢に合わせて行う）、③Family support services（保護者本人の申し出によって専門家により感情的なサポートや教育、地域でのサービスにつなぐなどを行う）、④Prevention & Education（地域への啓発活動や情報発信）です。これにカウンセリングの治療もあります。カウンセリングを加える理由としては、今アメリカでは若年層の自死率が高く[*1]、子どもたちの治療が必要だからです。

またアメリカでは、Erin's Law[*2]という性虐待の防止教育をする法律があります。オレゴン州は二四番目に制定されました（二〇一八年現在は三五州で制定）。幼稚園から高校卒業まで一人につき年四回その教育プログラムを受けることになっています。

また子どもに理解してもらうだけではなく、もちろん大人にも理解してもらうためのプログラムも行っています。そのプログラムはサバイバーが

体験を語るビデオを見たり、ワークブックを使用して話し合う等、三時間のワークショップを実施しています。大人たちが子どもたちの性的な行動を理解し、性虐待と健康的な性行動との違いを学びます。大人が性虐待の知識を得るだけでなく、そういった会話ができる、そこで使う言葉を知るということは、社会を変える要素にもなるからです。

＊1　ＡＣＥ（Adverse Childhood Experiences）研究によって、小児期の逆境的体験がその後の人生に大きな影響を与えることや、一〇代の自殺率が高いことにも関連していることが判明した。それゆえに子どもの治療が必要とされ、チルドレンズ・センターでもその対応としてカウンセリングを導入している。

＊2　http://www.erinslaw.org/erins-law/

第2章　ポリヴェーガル理論とはなにか

花丘ちぐさ
国際メンタルフィットネス研究所代表／トラウマセラピスト

ポージェス博士が提唱するポリヴェーガル理論については、日本でも以前から主にインターネット上でさまざまな情報が飛び交っていましたが、正式には二〇一八年に、著作である『ポリヴェーガル理論入門――心身に変革を起こす「安全」と「絆」』（春秋社、拙訳）によって、日本に紹介されました。これはまだつい最近のことです。私は、みなさまより少し先に「ポリヴェーガル理論」を学んだというだけで、ポリヴェーガル理論を長年研究してきた専門家というほどではないのですが、それでも、概要をお話ししてみなさまのお役に立てていただければと思いました。特に二〇二〇年は性暴力被害に関する刑法改正のチャンスの年とのことなので、ぜひよい材料を提供したいと思います。

私は、トラウマ療法に携わっている中で、ポージェス博士のポリヴェーガル理論と出会いました。先にも述べましたが、私はSE™というトラウマ療法のトレーニングの運営をしています。そこで、海外の講師たちが、口々に「ポリヴェーガル理論」のことを語り、それがトラウマの機序の理解にも大いに役立っていたことから、「これは何か、きっと重大な理論なのだ」と直感しました。

そこで、少しずつ書籍や論文を読み、学びを進めました。また、大学院で修士論文および博士論文を執筆するにあたり、ポージェス博士が開発された迷走神経の働きを計測するシステムを使わせていただきたいと思い立ちました。あれこれインターネットを検索し、ポージェス博士の研究室にたどり着き、担当者の方から直接ご指導をいただく機会がありました。

担当の研究者は、ヘイルマン博士という方で、オンラインで機器の使い方や分析の仕方を教えていただきました。かなり難解な部分もあり、苦労しながらマスターし、ヘイルマン博士からはしばしばメールでご指導をいただきました。ポージェス博士のポリヴェーガル理論は、すばらしいものなのですが、研究者でないものが論文を読もうと思っても、難しくてとても理解できません。そんな中で、ヘイルマン博士に、もう少しわかりやすいポリヴェーガル理論の概要が書かれた本があったら、日本でも多くの方の手に取っていただける、とお話ししました。すると、「ポージェス博士は、ちょうど今、平易な言葉で書かれたポリヴェーガル理論の本を執筆中ですよ！」とおっしゃるのです。だったらぜひ日本語にも翻訳させていただきたいとお願いしてみました。すると、ポージェス博士からも、「自分の研究室のシステムを使っている日本人はテレサ（花丘のニックネーム）だけだから、ポリヴェーガル理論のこともよくわかっているだろう。だったら翻訳も頼みたい」とおっしゃっていただきました。ということで、春秋社より『ポリヴェーガル理論入門』が出版される運びとなりました。

生理学的状態に着目するポリヴェーガル理論

ポリヴェーガル理論は、学術的には自律神経系を中心としている理論ですが、これが心理臨床にとても大きな影響を与えています。たとえば、いつもイライラしているというのは生まれつきの性格でしょうか？　失意に陥りやすく、元気が出ないのも性格でしょうか？　人間はいろいろな気分の状態を味わいますが、じつは身体のレベルで、特定の生理学的な状態があって、それに自律神経系が反応して、ある特定の気分状態が起きる、また、気分状態が自律神経系に影響を与え、そしてそれが生理学的な状態を変化させる。こんなふうに、心と身体というのは、お互いにつねに影響し合っており、切り離して考えられないのだ、というわけです。ポージェス博士は、こうした複雑な神経系の働きをわかりやすく、神経系の進化の過程にのっとって説明し、ポリヴェーガル理論を一九九四年に発表されました。

ポージェス博士は、ポリヴェーガル理論を発表した当初、心臓に与える迷走神経の影響を計測する方法を考案されたので、専門家にそうした技術が受け入れられて、機器も売れるとよい、というくらいに考えていらっしゃったとご著書にも書かれています。ところが、博士の予想に反して、ポリヴェーガル理論はトラウマセラピストたちに注目され、セラピーの世界に紹介されました。

トラウマを抱える人たちは、まず身体的な不調を抱えますし、気分状態もとても苦しいものになります。こうした心身の不調がなぜ起きてくるのか？　トラウマは過去の出来事で、今は大丈夫なのだと何度言い聞かせても、あいかわらず不調なのはなぜか？　そして、人とうまくかかわれず、人間関係が破綻していくのはなぜなのか？　こうした問題に、ことごとく答えを出してくれたのがポリヴェーガル理論だったのです。

心身二元論から心理・神経・内分泌へ

今までの「科学」は、デカルトの心身二元論をもとにしているともいわれています。つまり、理性が主人公で、理性が身体をコントロールしている、あるいは、理性で身体をコントロールしなくてはいけない、という風潮です。つまり、人間にとっては、考えることが一番正しくて立派なことで、身体の反応や感情などというのは、理性によって制御されなくてはならない、下位にある状態であるというわけです。

それは、やがて西洋医学の基礎にもなっていって、臓器をターゲットとして捉え、そのターゲットに問題が生じたら、投薬や手術で治す、というアプローチが取られるようになりました。ターゲットごとに専門分野がどんどん細分化していき、病院にもたくさんの診療科があります。そして、トラウマを抱える人は、あちこちに不調があって、こちらの診療科から、次の診療科へ、と病院の中をぐるぐる回らされ、そして、原因がはっきりしないために、最後は、不定愁訴といわれてしまったりします。

しかし、最近は心理の世界でも、心理・神経・内分泌を理解しないと、人間というものはわからない、という流れになってきています。つまり、身体の状態が気持ちに影響を与えるし、また気持ちが身体の状態に影響を与えます。そして、内臓感覚も含めた自分の感覚をもとに、人間はいろいろなことを判断したり、決定して実行していくということが理解されはじめています。

かつては、「人間は考える葦である」ということでしたが、どうもその「考え」は、身体感覚であったり内臓感覚であったりもするわけです。そういう意味で、人間は「考える葦」だけではなくて、「感じながら相互作用する神経系」でもある、といったほうが正確かもしれません。このように、私たちは頭も身体も心も、そしてお互い同士も切り離せないものです。このようななかで、身体に着目する流れが生まれ、ソマティック（身体）心理学という分野も熱心に研究されるようになってきています。

そのなかで、ポージェス博士が、ポリヴェーガル理論を提唱しました。「多重迷走神経理論」ともいわれており、ポリヴェーガルのポリは「複数の」、ヴェーガルは「迷走神経」を意味します。迷走神経は副交感神経系の主要な神経ですが、これが二種類ある、という理論です。なんでこれが大事なのかというと、あとでお話しする、トラウマ的な出来事に遭遇したときに起きる「凍りつき反応」に関して、どんな神経が働いているのか、ということが、このポリヴェーガル理論ではっきりとわかったためです。そこが、トラウマや性暴力被害について考えるときに、とても重要なところなのです。

私たちは交感神経系と副交感神経系という言葉はよく聞きます。交感神経系は活発に運動したり、話をしたり、スポーツをしたり、仕事をするときに優位に働いています。一方、副交感神経系は休んだり消化吸収をしたりするときに優位になります。自律神経系とは、この二つの神経系のことと考えるのが、今までは主流でした。しかし、ポージェス博士は、今まで副交感神経系といわれていた神経回路の中に、じつは二つの神経枝があるのだと提唱しました。そして、それは進化の過程に沿って発達していったものだというのです。

神経系の発達の歴史

では、少し神経系の発達の歴史を振り返ってみましょう。太古の昔、深海魚のような、古い種の魚類が地球に姿を現しました。その魚に、初めて迷走神経ができました。これは、のちの背側迷走神経系にあたる、一番古い迷走神経です。これは海の中でもあまり呼吸しないで生きていけるように酸素を節約します。

次に素早く泳ぐ魚が出てきたところで、交感神経系が発達しました。交感神経系は、活発に運動することを可能にする神経です。それからずっと生物が進化していって、哺乳類が出現したときに、今度は脳幹の腹側から出ている新しい神経枝である腹側迷走神経系というのができました。これは、同じ種の生物の間で社会的交流をすることを可能にするものです。古い迷走神経枝は脳幹の背中側から出ているので背側迷走神経系と呼ばれ、新しい迷走神経枝は腹側から出ているので、腹側迷走神経系と呼ばれています。ポージェス博士は、進化の過程で、このように三つの異なる神経系が出てきたこと、そしてこの三つはそれぞれ異なる働きをしていることを説明してくれました。

この自律神経系の三つの構成要素は、進化的に古い順に、背側迷走神経系、交感神経系、腹側迷走神経系となっています。背側迷走神経系は、太古の無顎魚類で初めて発達した神経です。進化の過程では、一番古くて、消化や吸収、休息、それから危機に瀕したら酸素を使わないでなるべくじっとしてるという特徴があります。これが凍りつき反応を引き起こす原始的な温存モードの神経系です。次に交感神経系ができました。進化の過程で二番目に古いものです。硬骨魚のあたりでこの交感神経ができてきて、素早く動いたり、危機に瀕したら戦うか逃げるかの反応をします。そして、最後に、哺乳類で腹側迷走神経系が発達しました。腹側迷走神経系は、声の韻律を調整したり、人類においては豊かな表情を作ることなどでお互いの思いを伝えあい、安全の合図を出し合い、交流することを可能にします。

太古の昔、ネズミのような生物がいて、はじめは卵を産んでいたらしいのですが、しばしば蛇や恐竜などに卵を食べられてしまい、子孫を残すのが大変でした。そこで、卵として産み落とすのではなく、お腹の中で育てたほうが子どもの生存率が高いということで、胎生といって、お腹の中で子どもを育てるようになっていったという説があります。

このように、お腹の中で赤ちゃんを育て、生まれたら授乳して育てるのが哺乳類ですが、だんだん進化するにつれて、脳も大きくなっていきました。頭があまり大きくなりすぎると、お母さんの産道を通ることができません。ですから、ある程度未熟な状態で身体の外に産み落とさなくてはならなくなりました。そうすると未熟な状態で生まれてきた赤ちゃんは、長い間お母さんのおっぱいをもらわないと生きていけません。小型のネズミが性成熟するまでには一、二か月、人間では、乳離れして、ある程度自分で食事がとれるようになるまでに、一年三か月以上かかります。人間は、長い期間、おっぱいをもらったり、離乳食を食べさせてもらったり、世話をしてもらわなくてはなりません。

このため、お母さんも子どもも、お互いに心を通じ合わせ、愛情を感じ合っていくことがとても大切になってきました。母子が互いに顔を見合わせて交流し合うために腹側迷走神経系が発達してきたともいわれています。トカゲのお母さんが、大切にわが子を育てているというのは見たことがないですよね？　トカゲのお母さんがやさしく微笑んでいるのも、ついぞ見たことはありません。これは、トカゲには、背側迷走神経系と交感神経系はありますが、にっこり微笑んで子育てをするのを助ける腹側迷走神経系がないからなのです。

特に人類は腹側迷走神経系が発達しています。爪も牙も持たない弱い私たちが、なぜここまで世界に広がっていったか、さらに言えば、食物連鎖の頂点に立ったかというと、助け合ったり愛し合ったりして、社会を形成していってお互いの生存を図っていったからだといわれています。

ポージェス博士は、腹側迷走神経系はオーケストラの指揮者のようだといっています。消化吸収をする背側迷走神経系と、活発に動くための交感神経系のバランスをうまく取り合って、健康を維持するような状態をつねに作り出します。そして愛しあうときは、闘争／逃走反応を抑制しなければなりません。基本的に、他者が傍に来て、身体をタッチしたりすることは危険を伴います。ましてや、非常に敏感で、粘膜という柔らかい組織で作られている生殖器に触れられたりしたら、通常であれば、とっさに交感神経系が働いて、戦うか逃げるかして、接触を避けようとするでしょう。しかし、お互いの愛情を確かめ合い、親密なときを過ごしたいと思いセックスするときに、この人だったらタッチしてもいい、されてもいい、と思ったときには、自分のガードを緩める必要があります。そのときに活躍するのがこの腹側迷走神経系なのです。ちなみに、狩猟採集民の中には、セックスをすることと妊娠することとの関係性を認識していない民族もあることから、「子孫を作るためにセックスする」という概念は、必ずしも全世界共通ではありません。

生き残るためのシステム

人類は、比較的安全だったジャングルを出てサヴァンナで生きるようになりました。そうすると、肉食獣に子どもを奪われる危険も高くなります。人類は、シカのように素早く走ることもできませんし、サイのような角もありません。ですから、子どもをたくさん産まないと子孫を残せないのです。人類に発情期がなく、つねに生殖可能なのは、こうした太古の時代の知恵がそのまま生きているからのようです。子どもをたくさん産み育てるには、集団で子育てをする必要があります。チンパンジーの雌は、死ぬまで生殖可能であり、人間のような更年期はないといわれています。一方、人間の女性は、生殖可能年齢を過ぎてもかなり長い間生存します。これは、孫の世話を引き受け、生殖可能な女性たちがより多くの子どもを産めるように手伝うためとも言われています。また、余談ですが、生殖可能年齢を過ぎた女性も、孫に乳房を吸わせることで、再度母乳を分泌するようになります。狩猟採集民の間では、祖母が孫に授乳する習慣のある民族もあります。生殖可能年齢にある女性は、母乳の分泌を止めれば、再度月経サイクルが始まり、妊娠可能となります。母乳の分泌には、神経伝達物質のオキシトシンが関わっています。オキシトシンのオンとオフも使い分けているようです。このように、人類は、子孫を残すために非常に大掛かりな仕組みを作っていったのです。その鍵は、集団による子育てです。

そこで、相手の友好の合図を読み取り、またこちらも友好の合図を相手に送る必要がますます高まりました。こうして、友好の合図を出し合う社会交流システムを司る腹側迷走神経系が発達していきました。哺乳類のなかでも特に、霊長類では社会交流システムが盛んに使われるようになっていきました。このように人類は、オキシトシンと迷走神経を駆使して、生き残りのための複雑なシステムを構築していきました。

二つの迷走神経

私たちは交感神経系が優位だと、ストレスが高い状態であるとか、好戦的になると考え、交感神経系はあまりよくないものだと思っていないでしょうか。一方、副交感神経系はリラックスするから身体によいのだというイメージを持っている方も多いでしょう。では、副交感神経系は本当に身体によいことづくめなのでしょうか。副交感神経系の中には、背側迷走神経系と腹側迷走神経系という二つの迷走神経回路があります。ポージェス博士は、この二つの迷走神経枝に着目しました。背側迷走神経系は、消化、休息、回復を司っています。しかし、いよいよ生命の危機に瀕したときは、酸素をできるだけ使わないという太古の生き残り術を使います。これが凍りつき反応です。凍りつきが起きているときは、声も出ないし、身体も動きません。凍りつきは究極の生き残り術なのです。呼吸も心拍も非常にゆっくりになります。そうすると、肉食獣に捕食されそうになっても、出血があまりないために、うまく逃げられたときは失血死を免がれ生存の可能性が高まります。

さらに、肉食獣は、捕食動物を噛んだときに、筋肉の抵抗があると、食べ物であると認識し、捕食本能が刺激され、獲物を食べるという行動が引き起こされます。しかし、獲物の身体が動かなくなってぐったりすると、食べ物ではない、と認識されます。死んで雑菌が繁殖している動物の肉を食べたりすると病気になってしまいます。ですから、肉食獣は、獲物がぐったりしているのであれば、食べるのを止める可能性もあります。そうすると、捕食された動物は、うまくすれば逃げおおせることができます。さらに、もしすべての生き残りの可能性がなくなり、捕食されても、凍りつき反応が起きていれば、意識を失い、痛みの閾値もずっと高くなりますから、苦しまずに命を終えることができます。弱肉強食という厳しいサヴァンナの掟の中にあって、この凍りつき反応は、神の恵みかもしれません。

もう一方の腹側迷走神経系は、友好の合図を出し合って協力し合い、愛し合うことを可能にする神経系です。ポージェス博士によると、私たちは、まず、お互いの意見の食い違いとか、ちょっとした問題が起きたときは、まず腹側迷走神経系を使い、お互いに「私は敵ではないですよ」という友好の合図を出し合って、話し合って物事を解決しようと試みます。それがうまくいかず、危機に陥ったときには、まず交感神経系が戦うか逃げるかを試みます。そして、それもうまくいかないと、背側迷走神経系が優位になり、究極の生き残り戦略に入ります。つまり凍りつきです。この背側迷走神経系は、新生児の無呼吸症候群や突然死を引き起こします。ポージェス博士は、副交感神経系は身体によいはずなのに、なぜ副交感神経系が優位になりすぎると、赤ちゃんが死んでしまうのだろう、と考えました。これが迷走神経パラドクスです。そこからポリヴェーガル理論ができていったといわれています。

「凍りつき」は無意識に起こる神経系のブレーキ

私たちは、性暴力被害の問題を検証するにあたっては、この凍りつき反応に注目しています。凍りつき反応は、進化的に一番古い背側迷走神経系によって引き起こされます。これは、太古の無顎魚類にも備わっていた神経系だといわれます。この無顎魚類ですが、まるでマカロニのような、一本の管のように見えます。こんな原始的な魚類からすでに備わっていた、とても古い迷走神経が、最後の生き残りをかけて発動するというわけです。交感神経系がどんどん興奮していって、もうこれ以上興奮したら身体に悪い。コルチゾールなどのストレスホルモンがたくさん分泌されて、身体を害してしまう。心臓も、ずっとバクバクと激しく鼓動していたら、とても持たない。さらには、生命の危機においては、じっと動かないでいると、生き残れる可能性が高まります。そこで、凍りつき反応を起こしましょう、ということで神経系がブレーキをかけるわけです。

それは、「私はできない」「I can not」という状態です。手も出ない、逃れられない攻撃にあったときに、凍りつき反応が出るといわれています。この凍りつき反応に関して大切なことは、これは自分で選択するのではないということです。仏道修行を極めた道元のような高僧や、宮本武蔵のような武道の達人なら、危機に瀕しても冷静でいられるかもしれません。しかし、通常、私たちは生命の危機に瀕したときは凍りつき反応を起こします。

なにか音を聞いたり、ものを見たり、匂いを嗅ぐとか、つかまれた力を感じるなど、さまざまな状況の中で、神経系が「はい、もうこれまでです」と感じたときに、神経系のスイッチが切り替わります。たとえば、昔であれば、猛獣が吠える声が身近に迫り、獣のにおいがして、牙で足を噛まれる感じがする。現代であれば、交差点でいきなり対向車がこちらに迫ってくるのが見え、車が衝突する衝撃を感じ、大きな音を聞く、というような状況です。凍りつきが起きるときは、意図的に「では今から凍りつきます」と判断するわけではありません。凍りつかないようにしようと思っても、生命の危機を感じたときには、私たちは凍りついてしまいます。自分の意思とは関係なく起きてくる現象です。

互いに影響しあう神経系

ポージェス博士はポリヴェーガル理論で、私たちの自律神経系には三つの神経回路があると教えてくれました。こうした神経系というのは、生きている間はつねに働いています。どれか一つだけが働いているわけではなく、互いに複雑に影響し合っており、片時も同じ状態ではありません。ちょうど海の波のようなものだと思うとわかりやすいと思います。たった一つの波だけがあるのではなく、時には向こうの波が高くなったり、こっちの波が高くなったり、寄せたり引いたり、引いてきた波の上に、次の波が崩れていったり、縦横無尽に動いています。このように神経系は、アップしたりダウンしたりを繰り返しています。

たとえば、小さな子どもがお父さん、お母さんに見守られて楽しそうに遊んでいたとします。子どもが好奇心に目を輝かせて、「わぁーい」と楽しそうにしているときは、子どもの神経系は安全を感じています。こういうときには副交感神経系の中でも社会交流システムを支持している腹側迷走神経系が優位になります。さらに、身体を動かして遊ぶためには、適度に交感神経系も働いています。そして、腹側迷走神経系は、オーケストラの指揮者のように、交感神経系と背側迷走神経系のバランスを取っています。ですから、こういう状態であれば、好奇心をもって人と関わり、身体も適度に動かし、消化や吸収も背景で的確に行われているわけです。

子どもが石につまずいて転びそうになったとします。すると、一瞬で神経系の状態が変化します。危険を察知しますので、まず、交感神経系が優位になります。即座に心拍が上がり、筋肉にたくさんの血液を送り込み、必要な動きが取れるようにします。呼吸も早くなり、たくさんの酸素を吸い込んで、運動に備えます。大事な逃げ道を見失わないように、瞳孔を狭めて集中視野にします。

もし、このときにお母さんが急いで子どもを支え、転ばなくて済んだとします。すると、この転びそうだった体験は楽しい神経交流の「あそび」の一部となり、母子で、転んだり助けたりする動きを再現して「あそぶ」かもしれません。こうしたやりとりは、ポージェス博士によれば、お互いの神経系を調整し合い、安全を感じ合う神経エクササイズであるということです。一方、このような「一時は危なかったが、すべて大丈夫だった」という体験ではなく、大きな危険に発展するとどうなるでしょうか。もちろん、あってほしくないことですが、遊具から転落して怪我をするなど、大きなショックや痛みを伴う体験をすると、子どもの身体はそれを生命の危機として捉える可能性があります。そのようなときは、凍りつき反応が起きてきます。

生き残るための凍りつき反応

性暴力被害についても、この凍りつき反応が起きることが多くあります。サヴァイヴァーの方たちは、被害にあったときは、声が出せなかった、身体が動かなかった、頭の中が真っ白になって、何が起きているのかわからなかった、あるいは、まったく記憶がない、と報告します。これは、背側迷走神経支配による凍りつきが起きていた、という何よりの証拠です。このようなときには、脳の言語野の血流も低下するといわれています。言語野は、物事を時系列で整理する部位でもあります。そこに十分な血液が行っていないということは、「いつ、どこで、なにがあった」ということを記憶し、時系列で説明することが難しくなります。神経系が安全であると感じている場合には、私たちは物事を時系列で整理して記憶することができます。危機に瀕しているときは、まったく違う神経系がオンになっていますので、理路整然とした記憶が構築されないことがしばしば起こります。裁判などで、被害者の証言が食い違ったり、時系列が錯綜しているために、信頼性がないとされることがあります。言っていることが食い違っているということは、凍りつきが起きていた可能性があります。凍りついていたために、記憶が断片化し、うまく説明できないのかもしれません。ということは、こうした断片的なナラティブというのは、神経系のメカニズムから考えると、性加害があったことの有力な手がかりともいえます。

回復には時間がかかる

また、私たちの神経系は、危機に瀕したときには素早く交感神経系がオンになりますが、通常の状態に戻っていくときはとてもゆっくりです。私たちは身を守るためにすぐに興奮しますが、落ち着くまでには時間がかかります。したがって、被害直後に、何か理性的な行動をとることを期待するのは、神経系の特徴から言っても不可能です。また、すでに恐ろしい体験をした人は、その直後は恐怖を感じていますので、すべての人や状況を怖いと感じ、助けようと思って声をかけてくれた人にも、話をすることができず、逃げてしまったりします。これも、ショックを受けるような体験をした人には、しばしば起きる現象です。ある程度安全な場所にいて、社会交流システムが働いている人にとっては、「なぜそこで助けを求めないのだろう？」と思いますし、こうしたサヴァイヴァーの行動は理解できないものです。しかし、強烈な恐怖の中にいる人は、人の善意を信頼し、助けを求める神経系の回路（腹側迷走神経系）がオフになっています。戦ったり逃げたりする回路（交感神経系）がオンになる人もいますが、多くの場合、じっと静かにして、相手の言いなりになる神経回路（背側迷走神経系）がオンになっています。

性暴力被害においても、抵抗しなかったことから自分を責めるサヴァイヴァーの方も多いのですが、凍りつき反応は自然なものであるうえに、私たちを守ってくれるメカニズムです。「なぜ助けを求めなかったのか」と聞かれたり、自問自答したりするかもしれません。しかしそのときにはすでに、凍りつき反応が起きていた、ということなのです。「なぜ？」と聞かれて、説明できるような性質のものではなく、身体の無意識の反応です。

また、人間の神経系は複雑ですので、一部凍りつき反応が起きていても、受け答えをしたり、歩いたりといったことができることもあります。ですから、凍りついていたということがわかりにくいのですが、相手の言いなりになったとか、助けを求めなかった、というときには、凍りつきが起きていた可能性が高いと考えられます。こうした反応は、先に説明したサヴァンナでチーターに襲われたシカのように、無抵抗であるほうが生存の可能性が高い、という自然界に備わった生き残りを最優先する神経系のなせる業です。

神経系の、興奮するのは早いが落ち着くまでには時間がかかるという特徴について、個人的なエピソードを紹介します。突然マンションのエレベーターが故障し、二時間ほどエレベーターに閉じ込められてしまった経験があります。救助を待つまでの間は、落ち着こうと思っても、不安がこみあげてきました。パニックにならないようにするだけで精一杯でした。救出されてから、これは神経系を理解する絶好のチャンスだと思い、すぐに自分で心拍と血圧を計測しました。いつもの数値よりも、両方とも三割くらい高いことがわかりました。私はこの間、走ったり叫んだりしたわけではなく、自分に「落ち着け、落ち着け」と言い聞かせて、エレベーターの床に座っていました。ですが、私の身体は、エレベーターに閉じ込められている二時間の間、ずっと、いつでも戦ったり逃げたりできるように、アイドリング状態に入っていたようです。

家人に迎えられて、家でお茶をいれてもらい、ほっと一息つきましたが、まだ心拍と血圧はもとに戻りません。一時間ほどは高いままでした。それから少しずつ下がっていって、約二時間後に、通常の数値に戻りました。このように、ケガをしたわけでもなく、痛みや苦しみも経験せず、比較的早期に救出された私のような場合でさえ、落ち着くまでに二時間かかっています。

このように、私たちの神経系というのは、そんなにすぐに落ち着くものではないのです。ましてや、性暴力被害という、恐ろしい体験をしたなら、何日も、何か月も、あるいは何年も通常ではない状態が続いても当然です。また、そこからPTSDに発展していくことも、十分あり得ます。そうなると、時が止まってしまったような感覚にもなります。被害体験後に、まるで別人のようになってしまったと感じることがありますが、これは、神経系の状態が今までとまったく違ってしまった、ということです。一部凍りついた状態が続いていれば、以前のように活動的にはなれません。これは、ダメな自分になったのではなく、神経系が安全を感じられない状態が続いている、ということです。また、被害後に穏やかに落ち着かせてくれる人が傍にいたか、あるいは、孤独だったり、誰かに逆に責められたりしたか、といったことも、その後の回復に大きく影響します。

「安全な領域」には個人差がある

では次に、私たちの神経系の個人差について少し説明します。私たちの神経系は、興奮したり落ち着いたりという流れの中にあります。そして自分は大丈夫だと感じられる領域があります。この「大丈夫だと思える領域」、専門的には「耐性の窓」とか、「耐性領域」といわれていますが、この中だとだいたいどんなことが起きても、私たちは臨機応変に対応できます。この領域の中であればびっくりするようなことが起きても、あるいは悲しいことが起きても、うれしいことがあってもだいたい大丈夫です。そして、腹側迷走神経系が豊かに働いていて、人と人とのかかわりの中で自分の神経系を落ち着かせ、幸せを感じることができる状態の人は、この大丈夫な領域は広くなります。

それに対して、トラウマ的な出来事が起きてくると、神経系の波は乱高下し、この大丈夫な領域も狭くなります。これが、いわゆるトラウマを抱えている人の神経系で、大丈夫なところにとどまっている時間が短くて、ひどく怒ったかと思うと、ひどく落ち込んで、「死にたい」と言ったまま動かなくなったりします。興奮したり落ち込んだりというところを行ったり来たりするようになります。

これは、単回性のトラウマ的出来事、つまり一回だけ大変なことが起きたときどうなるか、というモデルです。もう一方で成育歴、つまりその人の、両親や兄弟など親族との関係や、子どものときの出来事なども、私たちの神経系の性質に影響を与えますし、大丈夫な領域の大きさにも影響を与えます。虐待とか不適切養育を受けてきた場合、一回では死に至ることはなくても一〇年、二〇年も「お前はダメだな」とか「バカ」「ブス」「役立たず」「そんなことではやっていかれないぞ」などといった言葉かけを受けたり、無視されたり、嘲笑されたりといった不適切な働きかけをされてきた人、家庭の中に安全がなかった人、ましてや暴力や性的虐待を体験してきた人は、やはり神経系の穏やかな波を作ることができなくて、神経系の乱高下を体験します。あるいは、過覚醒のまま高止まりの状態にあったり、低覚醒のまま、下げ止まりの状態に留まることもあります。このように、大丈夫と感じられる領域は、人によって異なりますし、トラウマ的な出来事を体験した後、興奮気味に推移する人もいますし、落ち込みに入る人もいます。さらには、興奮と落ち込みの間を乱高下する人もいます。

成長の過程で、そもそも周囲からの安全の合図がなかった人もいますし、その受け取り方を学ぶこともできなかった人もいます。このような場合は、周囲からの安全の合図をうまく受け取ることができず、攻撃されたと感じたり、世界は非情なところだと認識します。そうすると、周囲からも、身体の中からも危険の合図をつねに察知することになりますので、ますます、恐怖を感じ、無力感に打ちのめされ、孤立します。ポリヴェーガル理論は、このような状態に陥ったときは、落ち着いた神経系を持っている人と、共に安心、安全な体験を共有し、神経系を一緒に調整していくことが、回復への道であると論じています。身の回りに、落ち着いた神経系を持っている人がいない場合は、セラピーを受けることもよい選択です。子ども時代の逆境体験が私たちにどのような影響を与えるか、また性暴力被害とどのような関係があるかについては、章を改めてご紹介したいと思います（第8章）。

「迎合」という反応

最後に危機に瀕したときの迎合反応について説明します。今までは、安全なときは社会交流、危険を感じたら、闘争／逃走反応、そして、生命の危機に際しては凍りつき反応が起きるということを論じてきました。さらに、生命の危機を感じたとき、特に暴力被害などを受けたときには、迎合反応が起きることがあります。迎合とは、加害者からさらなる加害行為を受けないようにするために、加害者の要求に応え、加害者の意に沿うような行動や発言をすることです。これは、虐待を受けた子どもにも起きます。虐待を受けている子どもは、虐待する人をかばい、その人の気に入るような行動をとろうとし、助けようとする人に対して怒りを示すこともあります。また、性暴力を含む暴力被害や、パワハラなどでも迎合は起こります。このときは、自らの嫌悪感を抑えて、社会交流システムを使い、声の抑揚や表情で、相手に敵意がないことを伝え、相手の言いなりになります。これは女性だけの反応のように思われますが、男性も迎合します。職場での忖度やゴマすりも、広い意味では迎合に入ります。これは、抵抗するよりも迎合したほうが生存の可能性が高まるという神経系の判断によって起きてきます。ポージェス博士は、迎合は社会交流システムを司る腹側迷走神経系の働きによるといいます。それも、お互いに安全の合図を交わし合って自然に腹側迷走神経系が豊かに働くのではなく、生き残りをかけて、自らの恐怖や嫌悪感を抑えて、相手に心地よい合図を送る、「機能的社会交流システム」が働いていると述べています。この点は、後の章（第14章）で博士御自身から語っていただきます。

性暴力被害においては、加害者に迎合したことを被害者が悔やんだり、自分を責めたりすることがあります。また、社会的にも責められたり、法的な場でも不利になったりします。しかし、性暴力被害において、加害者に迎合したことは決して悪いことではなく、生存可能性を高めるための神経系の判断です。迎合させるようなことをした加害者こそ、その罪を問われるべきです。ただし、その加害者も、過去に圧倒的な力の差で無力感を味わわされていたり、自らが迎合して命をつなげざるを得なかった体験をしていたりします。その無力感を払拭するために加害行為に走ることがあります。こうした加害者像については、後の章（第Ⅲ部）で専門家に語っていただきます。いずれにしても、特に性暴力被害の場においては、闘争／逃走反応よりも生命の危機を感じて凍りつき反応が起きやすい、また、それだけではなくて、迎合も起こることがあります。

おわりに

本章では、性暴力被害について考えるにあたり、ポリヴェーガル理論の概要をご説明しました。私たちの自律神経系は、生命の危機を感じたときには凍りつくということと、危機に対する反応が個人個人で大きく違うということは大切な点だと思います。成育歴やトラウマ履歴などによって、人それぞれの凍りつくポイントが異なります。ですから、安全な場にいる人が、「通常、危険を感じたら、人はこう行動するはずだ」と想像したとしても、恐怖のただなかにあるときの現実とは相当乖離している可能性も高いのです。また、被害体験後にさまざまなトラウマ反応を体験することも、十分理由があってそういう事態が起きている、ということです。今まで、このような神経系の理解がなかったので、被害者がさらに責められたり追い詰められたりすることがありました。早く回復しなさいとか、忘れなさいなどといっても、身体に刻まれたトラウマの記録は、消せるものではありません。身体への適切なアプローチを行い、脳のシナプスの組み換えをしていかなければ、時は止まったままになってしまいます。これからは、もっと神経系の反応についてよく理解した上で、被害者のケアや法的判断を行っていくことが大切です。また、小児期逆境体験の視点からいくと、加害者も、子どものときには被害者であったことも多いのです。安心、安全な社会を作るためには、誰もが加害者にも被害者にもならない仕組みを作っていかなくてはなりません。これらの点は、本書の後半で、専門家のみなさまに論じていただきます。いずれにしても、ポリヴェーガル理論にのっとって、神経系の理解を深めていくことは、今後非常に重要になってくるでしょう。

（参考文献は340ページ参照）

第3章　性暴力被害とトラウマ

宮地尚子
一橋大学大学院社会学研究科教授／精神科医

今日は性暴力被害とトラウマについてお話しさせていただきます。内容としては、1―自己紹介、2―性暴力が性暴力として語られるまで、3―性暴力とPTSD、4―同意の有無、加害者の錯誤、5―学術が目指すべきこと、6―ポリヴェーガル理論の可能性と課題、です。今日お話しすることは、二〇一九年一〇月に日本学術会議のシンポジウムでお話しした内容と一部重複しています。

1　自己紹介

私は一九八六年に医学部を卒業し、精神科医としての臨床を開始しました。一九九〇年代の後半から、性暴力被害者の支援グループなどから被害者の方を紹介されて診るようになりました。実際に被害者の方とお会いして、自分は何もわかっていなかったなということを感じることも多く、また、性被害のことは医学部の学部教育でも卒後研修でも教わることがなかったことに気づきました。今は、トラウマや性被害の専門家と見なされていますが、もともとそうなるつもりはなく、他にやる人もあまりいなかったからというのが現実です。何も知らなかったところから、被害者の方たちの話を聞き、それと海外の文献、たとえばジュディス・ハーマンの本[*1]などを読んで、内容を重ね合わせながら、だんだん理解していったという感じです。二〇〇三年に「性暴力とPTSD」という論文を法律の専門雑誌『ジュリスト』に依頼されて書いたのですが[*2]、そこでは被害者側から見える性暴力のリアリティと後々まで残る心の傷、なぜ逃げられないのか、またなぜ被害を訴えにくいのか、そして当時の法曹界における「常識」や「経験則」とのズレを指摘しました。さいわい、性暴力被害の事件に関わる弁護士さんや法学研究者たちに関心を持って読んでいただけたようです。また二〇一三年には新書で『トラウマ』[*3]を出しました。そこでも、被害者はそのときどうして逃げられなかったのかといった、性暴力被害に関して誤解されやすい点を、わかる範囲で詳しく書いています。ポージェス博士（表記をポルヘスとしてしまいましたが）やポリヴェーガル理論のこと、不動反射（フリーズ反応）のこともそこで紹介したのですが、みなさんそこに大変興味を持たれて、詳しく聞きたいといわれることが増えています。

2　性暴力が性暴力として語られるまで

性暴力が性暴力として語られるまでには、非常に長い歴史があります。

それまではどうだったかというと、性暴力は、被害女性を所有する市民男性への権利侵害と見なされていました。人類史の中では最近まで、女性は父親や夫の所有物とされており、女性自身の人権はありませんでした。したがって、性暴力は持ち物を壊されるというような、市民男性に対しての犯罪とみなされました。もしくは、被害者の所属する共同体の名誉や誇りに関わる侮辱として見なされていました。ですので、父親や夫など所有者を持たない女性（たとえば孤児や寡婦など）への性暴力や、所有者や権力者による性暴力、国家や権力の後ろ盾を持たない女性（たとえば難民など）への性暴力は当たり前に起こっていて、それらは性暴力とさえ見なされていませんでした。そのあたりのことは、『性的支配と歴史』[＊4]という本の中で詳しく書いていますので、関心があれば読んでみてください。

同様に、児童虐待についても、虐待と見なされるのは一九六〇年代で、こちらも人類史の中では最近の話にすぎません。子どもは親の所有物とみなされていて、やはり子どもの人権はなかったのです。

女性に参政権などさまざまな人権が認められるようになったのは、国によって違いますが、二〇世紀に入ってからのことです。そして、一九七〇年代以降になってようやく、被害者の内面の傷に注意が向けられるようになったことが、フランスの歴史家のジョルジュ・ヴィガレロの本[＊5]（『強姦の歴史』）などで指摘されています。レイプ被害については、一九七三年にレイプ・トラウマ・シンドロームという言葉がようやく使われるようになりました。ＰＴＳＤ（心的外傷後ストレス障害）という診断名が米国の精神医学において正式に導入されたのは一九八〇年で、日本では一九九五年あたりからようやく知られるようになり、まだまだ歴史は浅いという状態です。

近年、被害者の苦悩を軸にして、性暴力の問題を糾《ただ》すようになってきました。それは、私たちにとっては当たり前のことですが、じつは非常に画期的なことであり、最近までは、そういう視点がまったくなかったのです。

3　性暴力とＰＴＳＤ

性暴力被害のＰＴＳＤ発症率の高さ

ロナルド・ケスラーが一九九五年に、ＰＴＳＤの発症率をいろんな出来事によって分けて、また、男性と女性とに分けて調べています[*6]（表1）。レイプ、モレステーション（レイプ以外の性暴力）による発症率が高いのと、身体的暴行や武器による脅迫において女性のほうが男性よりＰＴＳＤの発症率が高いことがわかります。このようにＰＴＳＤの発症率には、性差もあり、出来事によっても差が出ます。しかし、性的な被害は男性でも女性でもＰＴＳＤの発症率が高いということが明らかです。残念ながら日本ではこういう大規模な調査はありませんが、性被害後のＰＴＳＤの発症率が高いことは、さまざまな研究調査から明らかになっています。

ＰＴＳＤ

ＰＴＳＤとはPost Traumatic Stress Disorderの略で、心的外傷後ストレス障害というものです。診断基準には、ＤＳＭ-5という米国の精神医学会のものが使われることが多く、その中では、心的外傷的出来事の基準は「死、重傷、性的暴力、もしくはそれらの脅威に曝露されること」と定義されています。その前のバージョンのＤＳＭ-Ⅳまでは性的暴力という言葉は明記されていなかったのですが、調査研究などから性的暴力のＰＴＳＤの発症率が高いということがわかり、これが明記されるようになりました。

ＰＴＳＤの四症状群としては①過覚醒（覚醒亢進）、②再体験（侵入）、③回避、④否定的認知・気

外傷的出来事の種類	男性	女性
レイプ	65.0	45.9
モレステーション	12.2	26.5
身体的暴行	1.8	21.3
戦闘	38.8	—
武器による脅迫	1.9	32.6
生命的危険を伴う事故	6.3	8.8
自然災害、火事	3.7	5.4
目撃（傷害、殺人現場）	6.4	7.5
幼年期のネグレクト	23.9	19.7
幼年期の虐待	22.3	48.5

表1　PTSD発症率（%）　(Kesslerら, 1995)

分、というものがあります。

PTSD以外の反応や症状

性暴力被害は、PTSD以外の反応や症状を起こすこともあります。抑うつ症状、不安障害、パニック発作、恐怖障害、強迫症状、幻覚・妄想などの精神病様症状、身体表現性障害、摂食障害、アルコールや薬物への依存、自傷行為、自殺企図、肩こりや頭痛、下痢や胃痛などの身体的不調、免疫・内分泌系への影響、身体疾患への罹患の増加、肯定的自己イメージ構築の困難、安定した対人関係構築の困難、解離など、じつに多様な反応や症状が起きえます。このあたりも、ポージェス博士のポリヴェーガル理論とどうつながっているか、交感神経と背側迷走神経、腹側迷走神経という三つの分け方で整理ができたらいいのですが、三つが複雑に絡み合っており、また短期的な反応と長期的な反応ではその絡み合い方が異なるので、今後の課題かと思います。

性暴力の長期的影響

性暴力というのは、恐怖や無力感、戦慄、おぞましさを被害者にもたらし、深刻なトラウマ体験となります。身体的レベルでも心理的・象徴的レベルでも、社会的なレベルでも、その影響は強く長引きます。そして被害内容を打ち明けにくく、打ち明けても理解されづらいために、ＰＴＳＤの発症率の高さや重症化、遷延化に影響を及ぼしています。

被害時と直後の反応

被害者の回復支援をしていて、つくづく思ったのが、被害の最中や直後の反応については、誰もあまりきちんと理解してこなかったということです。性被害によるＰＴＳＤについてはだいぶ知見も増えましたが、ＰＴＳＤとは、起きた後しばらくしてからの反応であって、被害の最中や直後について、専門家はほとんどなにも知らずにきました。被害者は、「自分がどうしてあのときに動けなかったのか」とか、「なんでああいうふうに相手のいうことに従ってしまったのか」とか、そういうふうに悩むことが多く、自分を責めがちです。それが回復の妨げにもなっていることを実感しますので、そこを知りたいと思うのですが、文献があまりありませんでした。研究をするわけにはいかない（動物実験はできますが動物とも違いますし）ので、そこには、一つの大きな空白がありました。

では、実際に被害者に何が起きているのでしょう。まず第一に、本人には今何が起きているかわからない、今から何が起きるかわからないということですよね。最初は自分が性暴力の被害を受けるともわかっていないことが多い。混乱が一番大きいと思います。

コロナ禍に関しても、コロナ感染そのものの恐怖よりも、何が起きているのかわからない、今後何が起きるかわからない、という先の見えなさとか、どちらに動いたらいいかわからないという混乱があったと思います。そういう混乱がおきるということ、混乱していると次にどのように行動すればいいかわからないということが、被害者を理解する上で、一番重要なことだと思います。

混乱のほうは、どのようにポリヴェーガル理論とつなげればいいか難しいところがあるんですけれども、一つ言えるのは、Fight or Flight（闘争／逃走反応）というのは、誰が敵で誰が味方かわかっているから戦うか逃げるかできるわけです。今目の前にいる人が敵なのか味方なのかわからないときには、近寄っていいか遠ざかっていいかもわからないので、動けなくても当然ではあるんですね。養育者や知人・友人などそれまで信頼していた人から被害を受ける場合、その人が敵だとは思ってもみなかったわけです。信じられないという気持ちや、自分の勘違いであってほしい、という思いから、逃げるのが遅れることも多々あります。

次に、恐怖反応があります。加害者に接近されると、非常に強い恐怖に陥ります。逃げると殺すぞと脅されることもあります。手が震えるとか足に力が入らないとか、金縛りになるとか、そのつもりはないのに相手の命令に自動的に従ってしまう、といったことが起こりえます。このあたりに背側迷走神経の反射が起きているということです。現実感がなくなり自分に起きていることと思えない、といった麻痺反応もおきます。

FFFP理論

私も医学教育の中で、自律神経反射としてFight or Flight（闘争／逃走反応）のみを教わってきたんですが、これは交感神経系の亢進だけの説明で、「古いオス」モデルです。以前は「強いオス」モデルと書いていたんですけれども、「強い」ということが皮肉だと理解してもらえず、褒め言葉のように勘違いされるので、最近は「古いオス」に修正しています。

このFight or Flightに、Freeze（固まり反応）とParalysis（麻痺反応）を加えたものが、「FFFP理論」と呼ばれています。同じ動けないという状況でも、固まるだけとは限りません。凍りついたように固まって動けないのと、だらんとして動けない（筋肉に力が入らず立てなかったり、失神するなど）のでは、神経系で起きていることは微妙に違います。

いずれにせよ、「なぜ逃げなかった／抵抗しなかったのか」というのは、闘争／逃走反応のみを想定した、「単純で古いオスの生物学的モデル」に基づく指摘です。より新しい知見を学び、緊急時において人間（に限らず、動物もです）は複雑な反応をするのだということを、ぜひ知っていただきたいと思います。ポリヴェーガル理論はここで重要になってくるんですけれども、興味深いことがあります。それは、ポージェス博士はトラウマに関心があって研究を進めていたわけではなく、研究内容を見たトラウマの治療者から、これは大事だ、被害者の経験を理解するのに役に立つといわれて、「そうだったのか」と気づいたということです。研究者として非常に控えめで、言うべきことはきちんと言うけれど、主張が先にあってそれに合わせて説明するのではなくて、あくまでも神経生理学者として誠実だなと感じます。そしてポリヴェーガル理論は、実際に被害者の回復を促すセラピーにつながっています。背側迷走神経の不動反応に陥っていた被害者が、人との安全なつながりを取り戻し、腹側迷走神経系の働きを活性化させて、再び動き出すことをサポートするわけです。

トラウマ反応の性差

トラウマ反応に性差があることは先ほどのケスラーらの研究でも示しました。これらについては、オランダのミランダ・オルフさんらが研究をしています。[*7] 日本トラウマティック・ストレス学会で招聘して、日本で講演をしていただいたり、学会誌にも論文を書いていただいたりしてきました。彼女の研究によると、女性の場合、Tend and Befriend（いたわって仲間になる反応）が多いということがわかっています。また、Fight or Flight（闘争／逃走反応）は、多くの女性にとって適応的ではないといいます。自分より筋力や体力が強い相手に闘っても勝ち目はないし、逃げようとしたらよりひどい暴力を受けることもあります。特に妊娠中は動けないし、お腹の子どもにも危険だし、小さな子どもを抱えているときも同様です。そして、弱いもの同士は Tend and Befriend（いたわって仲間になる）ことで、生存確率が高まります。これは、ポリヴェーガル理論における腹側迷走神経系による社会的サポートの希求とつながっています。絆ホルモンともいわれるオキシトシンもそこには関わっているでしょう。

このように、Fight or Flight（闘争／逃走反応）が女性にとっては適応的ではないという理由はいくつもあります。たくさん理由をあげるほうが説得的であるように思うのですが、裁判の場では、このうちの一つだけを説明したほうがシンプルで、裁判官にわかってもらいやすいかもしれません。とはいっても、実際には複雑なことが起きているので、シンプルな説明自体が難しいところがあります。たとえば、敵を懐柔させるために、Tend and Befriend（いたわって仲間になる反応）が起きることがあります。それは緊急時の生物学的な反応として起きているのかもしれないし、弱者の側にある女性が日頃から意識せずに社会規範としておこなってきたふるまいが表にでたのかもしれません。

もしくは、冷静に状況を判断してそれしか自分の身を守る方法はないという意思的な判断を被害者がしたということもありえます。いずれにせよ、外から見ると「迎合」にしか見えないかもしれません。けれど、それは「同意」でも「誘惑」でも「媚び」でもないのです。背側迷走神経や交感神経は比較的単純ですが、腹側迷走神経系は非常に複雑で、自律神経だけでなく、大脳の他の部分、辺縁系や皮質ともつながっています。単純に生物学的な反射だけではなく、より高度な人間としての判断や社会・文化的規範なども密接に関わってくるのです。

長期的な関係の中での支配

事件の最中や直後の短期の反応から、長期的な関係の中での反応に話を移します。児童虐待やDVなど、長期的な関係の中で、被害者がなぜ逃げないのか、なぜ抵抗しないのかについては、いろいろな理論によって説明がされてきています。一つはマインドコントロール（心理的支配）です。加害者は被害者に対して圧倒的な権威を持ち、逃げても無駄だ、ほかに行くところなどない、と思わせがちです。次に、実際に逃げようとするともっと大変な目に遭うという場合や、逃げると失うものが多すぎるという場合もあります。生活基盤や、家族や住居、職や学校、友人関係などを失う可能性が高ければ、今逃げるのは得策ではないと判断せざるを得ないことも多いでしょう。第三に、抵抗や拒否をし続けるのにはとてもエネルギーが必要で、最初は抵抗していても、その効果が得られないとエネルギーがどんどん奪われ、学習性無力感（learned helplessness）に陥ってしまいます。

いじめやパワハラ（パワーハラスメント）などにたとえるとわかりやすいかもしれません。いじめの被害者と加害者は外からは仲良く見えることがよくあります。いじめの被害者も、抵抗するときもあれば屈服せざるをえないときもあり、長期的にはさまざまなことが起きています。上司がパワハラをするからといって、簡単に大声を出して助けを求めたり、訴えたり、離職できないのも同じです。離職すると生きがいを奪われたり、人間関係を失ったり、生活困難になることもあります。そもそもなぜ被害者が逃げなくてはならないのかということも考えてみる必要があるでしょう。

こういう長期的な関係の中での「不動」や「無抵抗」の中には、それまでの恐怖が体に染み付いたための背側迷走神経の瞬間的な反射によるものもあれば、先ほど説明したような心理的支配や実際的判断によるものもあり、簡単には区別がつきづらいです。区別がつきづらいというより、そのどれもが起きていて、時期によっても異なっているということです。長期的な時間経過の中で、一つだけの対処方法が用いられるということのほうが不自然です。逃げられなかったのはあくまでも生理的な反応、反射なのだと説明することが、被害者が自責の念から解放されたり、裁判官が説得されたりするのに有効なときもあるかもしれません。これまで注目されてこなかった不動反応や迎合反応については、動物にも人間にも起きるサバイバル本能だということが周知されるのは大切です。同時に、人間は社会の中の生き物であり、権力関係の中で弱い側であってもなんとか生きのびようとします。いじめやパワハラなどの例を用いて、自分が被害者側になったときにはそんな簡単に逃げられるものじゃないよね、抵抗できるものじゃないよねということを、多くの人が理解できるようになるとよいと思います。

4 同意の有無、加害者の錯誤

同意の有無

ここからは、「同意」について整理したいと思います。

まず同意というのは、表面的な言葉や行動だけで測ることができるのでしょうか。

性暴力被害に遭遇しそうになったときの反応というのは、特異な状況下で生じる反応です。日常的な常識や社会規範に基づいて想定される行動とは異なります。すでに述べたように、混乱や恐怖に陥った被害者は、不動や服従などの反応を容易におこします。何が起きているかわからないうちに、被害が進んでしまうということも少なくありません。

また、加害者に対する被害者の感情というのも、一つとは限りません。性的行為には恐怖や嫌悪をもちつつも、愛情や依存心、敬意などを加害者に持っていることもあります。一人の人に対して相反する感情は、同居し得るのです。たとえばスポーツのコーチに対して、敬意や感謝の気持ちも強いために、性的ハラスメント行為に嫌悪をもちつつ、断りきれないということがあります。この場合も、被害者は自分を責めたり、自分の気持ちを整理しきれず混乱しがちですが、相反する感情は同居し得るということを知っておくのは重要です。そして、加害者はしばしば、そういう被害者の気持ちを悪用するのです。

「性暴力とＰＴＳＤ」の論文に引用した世論調査では、「多くの場合、女性はふしだらだと思われたくないため、セックスを望まないふりをするが、強要されるのを望んでいる」という項目で、「まあそう思う」と答えた人は一六・四％でした。当時とは認識も大きく変わり、また認識の男女差や世代差は大きく、推量に基づく双方の了解というのはもはや成り立ちません。けれども、加害者はそのズレを自分の都合のいいように解釈したり、巧みに利用したりしています。これは加害者側の「錯誤」の問題で、加害者の錯誤のほうをこそ問題視すべきだと思います。

加害者側の錯誤

加害者の錯誤とは、たとえば被害者が表立った抵抗をしていない場合、同意していると思ったという場合です。これまでは、こういった加害者側の弁解が受け入れられて、無罪放免にされがちでした。しかし、性暴力ではない暴力事件や事故の場合、加害者に故意がなく、身体的な傷を与えるつもりではなくても、傷を与えたり死なせたりしてしまったら、過失傷害・過失致死という判断をされます。性暴力においても、それが適用されたらよいのではないかと思います。スウェーデンなどでは「過失強姦罪」というのが新設され、「不同意性交罪」などの言葉も使われるようになってきているのですが、日本でもそういう考え方を刑法や民法に取り入れていただきたいと思います。

また、同意ではなかったことを被害者が証明するのではなく、同意だったという証明を加害者側がするというように、立証責任を被害者から加害者側に移していくのも重要だと思います。

そんなことをしたら、たくさんの人が罪に問われてしまうのではないかと思うのであれば、それは同意をめぐる社会全体のコンセンサスが成り立っていないからかもしれません。加害者側の誤認を、しかたがないねと認めてしまうのであれば何でもありになってしまいます。起きてしまった性犯罪をどう罰するかも重要ですが、たくさんの人を罪人にすることが目的ではありません。最も重要なのは性犯罪を減らすことです。そのためには、同意リテラシーを社会で高めていく必要があります。錯誤や誤解、誤認をしないように学習する努力が、社会の成員みんなに求められます。子どもたちにも同意リテラシーを高める教育機会が必要です。誰もが被害者にも加害者にもならないですむような社会を作っていく必要があります。

冤罪を防ぐのは大事だけど…

性犯罪や痴漢などへの対策を求めると、冤罪のおそれに気をつけないと、とよく言われます。たしかに冤罪を防ぐのは大事です。刑法においては、「疑わしきは罰せず」という原則があります。もちろん、それも大事ですが、ここでは少し科学的な分析をしたいと思います。

冤罪とは科学的に言うと「偽陽性」のことを意味します。たとえばがんや感染症などの罹患のスクリーニング検査については一〇〇パーセント確実なものはありません。罹患していても、真の陽性の人と偽陰性の人がいます。一方、罹患していなくても、検査で陽性となる偽陽性の人が出てきます。これが冤罪に当たります。検査の精度を上げることができれば、偽陽性と偽陰性が出てくる確率は下がります。ですが、精度が変わらないとすると、検査の陽性と陰性の境目の値（カットオフポイント）をどこにおくかで、偽陽性と偽陰性の率は変わります。がんの場合は、見逃し（偽陰性）を防ぐため、疑わしきはがんの疑い、ということでカットオフポイントを低くし、偽陽性も含めて次の精密検査に移っていきます。一方、司法において、偽陽性（冤罪）を減らそうとすると、カットオフポイントを高くせざるを得ず、偽陰性（犯罪不処罰）は増えるという問題があります。性犯罪加害の疑いがあっても、確実でなければ、捜査や立件、起訴されないわけです。これが現在の司法の状態だろうと思います（表2）。

実際に罹患	あり	なし
検査で陽性	真の陽性	偽陽性（冤罪）
検査で陰性	偽陰性（犯罪不処罰）	真の陰性

表2　偽陽性と偽陰性

ではどうしたらいいのか。一つの方法としては検査精度を上げることです。これには性犯罪の可能性があったとき、的確な証拠収集をすることが重要です。性暴力というのは密室で起きることが多く、目撃者がいなかったりして、客観的証拠収集は難しいとされがちですが、ワンストップセンターや子どものための司法面接などが役に立ちます。被害者が事件直後でも安心して相談でき、安全な状態で証拠を提供したり、証言をしたりできる環境を作ることで、客観的証拠や正確な情報の収集を充実させることができます。これは、冤罪を防ぐことにも大きく役立ちます。

もう一つは、カットオフポイントを適切に定めるということです。警察や司法関係の方たちには、加害者側が勝手に言う「錯誤」を認めないでいただきたいし、ぜひ不動反射など生物学的な反応についての知識を得、被害者の心理を理解した上で、「不同意」や「抗拒不能」について検討していただきたいです。

被害を減らすことが最も大切

精神科の臨床現場からの素朴な意見としては、被害を減らすことが一番大事なことです。一度被害に遭ってしまうと回復が難しかったり、長い期間を要したりするので、被害に遭わないですむ対策が重要です。それには加害を減らすことが何よりも大事です。加害者が処罰されないから、性暴力が蔓延しているのだとしたら、加害者の処罰は必要でしょう。ただ、加害者が処罰されたとしても、被害者は被害前の状態に戻ることはできません。回復のためにまず被害者本人の安全や安心の確保は大事です。もちろん、被害者の回復支援への政策や予算措置も必要です。正義が果たされることは、回復にはもちろん重要ですが、裁判は被害者にとっても負担が重く、症状も悪化しがちなので、治療者としては、できれば避けたいくらいです。警察や検察、裁判所などとの関わりの中で二次被害が起きたり、情報漏洩のおそれや、報道被害などもあるので、多くの被害者が訴えないという状況が続いています。

5　学術が目指すべきこと

性暴力と学術的に向き合う上でのチャレンジ

性暴力についての認識は、どうしてこれほど社会において低いのでしょう。性暴力についての研究はようやく近年進んできましたが、まだまだ情報や知識の共有も、大学でのカリキュラムへの組み込みや専門家の養成も限られています。

その理由の一つに、性的なことは低次元なことだというふうにいまだに学術的に思われていて、性暴力に関する研究も低くみられるということがあります。アカデミズムにおいては、形而上学的なもののほうが形而下的な現象よりレベルが高いと思われがちです。本能より感情、感情より理性のほうが高等だとみなされ、身体よりも精神のほうが価値が高いとされ、私的なことがらよりも公的なことがらのほうが重要だとされます。性暴力のような具体的で生々しいことがら、私的だとみなされることがらは、低く見られがちなのです。そして性暴力の研究も低く見られがちなのです。

こういうことが、研究職についたり、研究助成金を得たりする上で、まだまだ妨げになっているように思います。

理由の二つ目に、公的な場所では、性的なことを話さないのがマナーだということです。天気の話をするようには性的な話はしないし、職場などで性的な話をするとセクハラになります。性暴力は暴力であって、性的なことではないと主張することもできますが、実際に起きていることを率直に話そうとすれば、そこには性的な内容を含まざるを得ません。そのため、性暴力に関して安全に話せる場所や相手は限られます。

これと関連して、理由の三つ目に、性暴力に関しては、被害者や関係者のプライバシーを守る必要があります。裁判は公開が原則ですが、性犯罪については一定の留保が必要なのも、そのためです。学術も公開が原則なのですが、性暴力についてのシンポジウムなどでも裁判資料や判決内容をシェアすることには制限があり、他の領域の学術研究と違って公開の原則が成り立ちません。公開だと、性的なことにしか興味のない人が忍び込む可能性もあり、実際に傍聴マニアや、シンポジウム荒らしなどによる、二次被害の危険性もあります。

理由の四つ目に、性的なことについてはユーフェミズム（婉曲語法）が使われやすいということがあります。たとえばセックスという言葉の使用を避けるために、「関係を持つ」といった言葉が使われることがあります。けれども関係にはいろんな種類のものがあり得ます。学術的に精密な議論や分析をするには、正確な用語が必要なのですが、上品な言い換えをすることによって、情報の共有さえままならなくなったり、別の意味合いを持ち込んでしまったりします。有名なフロイトの理論においても、性的な関係があったことを婉曲的に「誘惑」という言葉で表現していますが、誘惑には「誘い惑わせる」という意味もあります。被害者側と加害者側のどちらが誘い惑わせたのかということを考えると、きわめて不正確な用語といわざるをえません。

理由の五つ目に、セクシュアリティに関する話題というのは時として非常に強い感情や反応を呼び起こすということがあります。性への嫌悪感や、羞恥心、女性憎悪（ミソジニー）などが混ざり合って、拒否反応を起こす人は少なくありません。さりげなく回避したり、敬遠したり、何か別の話題にすりかえたりということもよくおこり、それでも相手が性暴力の話を続けようとすると、感情を爆発させてしまう人もいます。私自身も、正直なところ、性暴力の話題から離れたくなるときはしょっちゅうあり、研究テーマを別のものに変えたいとよく思います。性的な内容にさらされることは、心理的、身体的負担をもたらすということも知っておきたいことです。

学術的に目指すべきこと

今後の課題としては、性暴力・性被害に関しての事実の解明を進めていくこと、そのために学術の中で資源および場所や時間を確保する必要があります。性暴力についての知識の集約や、共有、継承も重要です。私自身被害者に会うまで、何も知らなかったわけですが、そういう無知や、無知であっても許される状態自体が問題なので、そこから変わっていかなければならないと思います。そして、教育カリキュラムへの導入や人材育成も行う必要があります。啓発活動としては、正しい理解、知識の普及、法整備・政策への提言などが重要になります。被害者の回復の道のりは大変なので、生活を含めた支援策の検討なども不可欠です。また、性暴力の予防策としては、性教育の在り方なども議論し、見直していく必要があります。

理論的には、性暴力の中でも、ある性暴力が取り上げられ、ある性暴力が無視される現象があり、それ自体を分析していく必要があります。これは、社会の構造的な問題への取り組みともつながっていきます。たとえば、被害者が男性や少年の場合はどうかといったことも議論していく必要があります。以前リチャード・ガートナーの『少年への性的虐待』[*8]の翻訳をしたのですが、フリーズ反応や迎合反応は男児や男性にも起きえます。もちろん性暴力の被害者は女性が多いのですが、ジェンダーですべてが説明できるわけではなく、むしろ社会的な「男らしさ」が足かせになって、被害者が逃げられなくなることもあります。このほか、私の元ゼミ生はアカデミズムで起きているけれども表面化されづらいハラスメントについて、博士論文をもとに『アカデミック・ハラスメントの社会学』[*9]を書きました。別の元ゼミ生は、性風俗従事者の性被害について、『不可視の性暴力』[*10]という本をまとめました。まだまだ議論されていない性暴力の深い闇の部分もこれから見ていく必要があると思います。

最後に、憲法第一三条を紹介して、まとめとします。

「すべて国民は、個人として尊重される。生命、自由及び幸福追求に対する国民の権利については、公共の福祉に反しない限り、立法その他の国政の上で最大の尊重を必要とする」

憲法第一三条の幸福追求権は、これまで存在しなかった権利を主張するために使われてきたそうです。性暴力は、被害者から幸福を追求する権利を奪いかねません。これまで言葉にされていなかった傷つきを法の言葉で記述し、人権侵害として捉え直す必要があります。私は法律の専門家ではありませんが、被害者と多く接してきた人間としてそう主張したいと思っています。

6　ポリヴェーガル理論の可能性と課題

追加で、ポリヴェーガル理論との私の出会いについて説明しておきます。二〇一四年だったと思いますが、ヨーロッパのトラウマと解離の学会（European Society for Trauma and Dissociation, Congress 2014）に参加しました。イタリアの精神科医ジョバンニさん（Tagliavini Giovanni）とガブリエラさん（Giovannozzi Gabriella）という方が「ポージェス博士とハイド氏（Dr. Porges and Mr. Hide）」（「ジキル博士とハイド氏」のもじりです）というタイトルで、三段階の自律神経システムの説明をしていました。それまでは、交感神経と副交感神経の天秤型のバランスしか知らなかったのが、ポリヴェーガル理論の三段階の説明を聞いて、驚くと同時に、非常に納得ができたので、その後ジョバンニさんから情報を得たり、ひとりでそれに関するものを読んだりしていました。

そんな中、たまたま、一橋大学大学院出身の津田真人さんがポリヴェーガル理論の解説書を執筆しているという話を聞き[*11]、お会いして話を伺って、より関心が深まりました。二〇一八年にはニューヨークで、アタッチメントとトラウマのシンポジウムがありました。そのときにポージェスさんも来られていました。発表そのものもすばらしかったのですが、パートナーのスー・カーターさんとお会いできたのもよかったです。スー・カーターさんとは、ご挨拶をしたときから気が合い、翌日の懇親会で一時間ぐらい話をすることができました。スー・カーターさんはオキシトシンの研究者なので、オキシトシンとポリヴェーガル理論の関係を根掘り葉掘り聞いて、彼女もおもしろがって図を書きながら詳しく説明してくれました。とにかくお二人ともとても素敵で、今回本当に再会できるのを楽しみにしていましたので、延期になってしまって残念です。

ポリヴェーガル理論については、生物学的反応の社会構築性をより深く探る必要があります。「被害者が逃げられないのは生理学的なのだ」という背側迷走神経の反応は比較的シンプルで重要です。が、長期的な心理的支配や「迎合」には社会的に構築された部分もあります。腹側迷走神経系は、自律神経反射と大脳皮質の思考の両方を含んでおり、生物学的反応と社会的応答の重なる部分です。腹側迷走神経系は、いろんなことを説明できるけれども、単に自律神経だけの話ではないので、非常に複雑になっていきます。また個人差も増えます。ただ腹側迷走神経系は、回復においてなぜ人との安全なつながりが重要かということを説明しており、それがポリヴェーガル理論の魅力でもあります。

ポリヴェーガル理論が広がっていくのは非常によいことだと思います。理論としては複雑なものをはらんでいるので、詳しく勉強すればするほどわからなくなっていくところもあります。医学系ではあまり注目されていないので、トラウマの研究者と神経生理学者が手を組んで研究を進展できるといいなと思っています。

参考文献
＊1　ジュディス・ハーマン（一九九六）『心的外傷と回復』中井久夫訳、みすず書房
＊2　宮地尚子（二〇〇三）「性暴力とＰＴＳＤ」『ジュリスト』第一二三七号（大幅に改稿したものが以下に

所収）宮地尚子（二〇二〇）『トラウマにふれる：心的外傷の身体論的転回』金剛出版
＊3 宮地尚子（二〇一三）『トラウマ』岩波書店
＊4 宮地尚子編著（二〇〇八）『性的支配と歴史：植民地主義から民族浄化まで』大月書店
＊5 ジョルジュ・ヴィガレロ（一九九九）『強姦の歴史』藤田真利子訳、作品社
＊6 Kessler, R.C., Sonnega, A., Bromet, E., Hughes, M., & Nelson, C.B. (1995). Posttraumatic stress disorder in the National Comorbidity Survey. *Archives of general psychiatry*, 52 (12), 1048–60.
＊7 Olff, Miranda（二〇一〇）「トラウマ反応における性差」『トラウマティック・ストレス』第八巻第一号、三–七頁
＊8 リチャード・ガートナー（二〇〇五）『少年への性的虐待：男性被害者の心的外傷と精神分析治療』宮地尚子ほか訳、作品社
＊9 湯川やよい（二〇一四）『アカデミック・ハラスメントの社会学：学生の問題経験と「領域交差」実践』ハーベスト社
＊10 田中麻子（二〇一六）『不可視の性暴力：性風俗従事者と被害の序列』大月書店
＊11 津田真人（二〇一九）『「ポリヴェーガル理論」を読む：からだ・こころ・社会』星和書店

第4章　性暴力被害者支援の現場から

周藤由美子
ウィメンズカウンセリング京都／フェミニストカウンセラー

私はもともと「性暴力を許さない女の会」という民間の性暴力被害者支援をしている市民団体での活動からカウンセラーになりました。椹木京子さんと同じく、ジェンダーの視点で心理的支援を行っている「フェミニストカウンセラー」として活動しています。フェミニストカウンセリングでは、個人的な悩みが社会的な問題に関係しているのではないかという社会的な視点でカウンセリングをしているので、DVや性暴力の被害者の相談をたくさん受けます。「それは被害者の問題ではなく、社会の問題だよね」という形で支援をしていますと、「やっぱり社会を変えていく必要があるのではないか」「法律を変えていく必要があるのではないか」といろいろ活動をすることになり、二〇〇八年に「性暴力禁止法をつくろうネットワーク」という全国的な組織のメンバーになり、今は共同代表をしています。

二〇一七年の刑法性犯罪の改正時にもロビー活動をしていましたが、そのときに山本潤さんも当事者として活動されていました。二〇一七年に刑法改正が実現した後も「これでは不十分である、再改正が必要である」ということで、山本潤さんが代表を務められている一般社団法人 Spring さんが事務局で、たくさんの市民団体が集まっている「刑法改正市民プロジェクト」に参加して、一緒に活動しています。

私自身はフェミニストカウンセラーとしてカウンセリングだけではなく、二〇一五年に京都に開設された「京都性暴力被害者ワンストップ相談支援センター 京都SARA」でスーパーバイザーをしています。カウンセリングでは、被害に遭って何年も経ってから相談に来られることが多かったのですが、ワンストップセンターに関わるようになってからは、被害直後の方たちの相談をたくさん聞いています。その中で触れてきた性暴力被害の実態をお話しできたらと思っています。

京都SARA

京都性暴力被害者ワンストップ相談支援センター（愛称：京都SARA）は、京都府が設置主体で、民間のフェミニストカウンセリンググルームであるウィメンズカウンセリング京都が運営している公設民営のセンターです。公設民営の場合、全国のワンストップセンターの中には、犯罪被害者支援センターなど警察と関係が深い支援機関が運営している場合も多いのですが、民間のフェミニストカウンセリンググルームが運営をしているというのは珍しく、特徴といえます。

ワンストップセンターといいますと、産婦人科などの医療機関で、被害直後の診察や緊急避妊の処置、性感染症の検査や証拠採取などをして、警察にも来てもらって連携して支援する「病院拠点型」のセンターが本来のものであるといわれています。しかし、京都SARAはフェミニストカウンセリンググルームに相談センターを設置して、病院や警察などさまざまな関係機関と連携して支援をしている「相談センターを中心とした連携型」センターです。

センター自体は二四時間ではないですが、コールセンターなども利用して夜間の対応も行い、また三六五日電話を受けて、京都府在住、在学、在勤の方であれば、来所していただいて、必要があれば病院や警察、弁護士会の法律相談などの同行支援をします。京都府のセンターなので、産婦人科、精神科、心療内科の医療費は初診に限定されますが（性感染症の検査は一種類につき結果を聞く再診も含め二回）公費負担があり、無料で受けていただけます。被害者がなぜ医療費を自己負担しなければならないのかということがあるので、これは必要なことだと思います。

警察とも連携して警察に同行支援もしていますが、警察に被害届を出しに行ったけれども受け取ってもらえなかったということもあります。そういったところで刑事手続きがどのようになっているのかというお話もしようかと思うのですが、その前に二〇一七年の刑法性犯罪改正についてざっとおさらいをしようと思います。

刑法性犯罪の主な改正点

それまで刑法強姦罪などの性犯罪は、被害者のプライバシー保護のためなどということで被害者が加害者を処罰してほしいと表明しなければ事件化されない親告罪だったのですが、改正で親告罪ではなくなりました。告訴しなくても被害申告をすればすぐ処理してもらえるようになったのです。

強盗罪と強姦罪の法定刑の下限は、強盗罪のほうが重かったのですが、同じ五年以上に引き上げられました。

また、それまでは強姦罪は、男性が加害者で女性が被害者に限定されていましたが、加害者、被害者とも性差がなくなり、それに伴って膣性交だけではなく肛門性交や口腔性交も同等の罪になって、名称も「強制性交等罪」になりました。

ただ、強制性交等罪、強制わいせつ罪ともに、暴行・脅迫要件という、暴行・脅迫を用いて性的な行為をしたということが立証されなければ罰せられないという規定がそのまま残ってしまったのですが、親などの監護者が影響力を利用して一八歳未満の子どもに性的なことをすれば、暴行・脅迫がなくても罰せられる「監護者わいせつ罪」「監護者性交等罪」というのが新設されました。

最高裁で無罪判決

刑法が改正されたことで、性犯罪が警察で取り扱われやすくなり、被害申告すればすぐに捜査をしてもらって、起訴されて裁判になり、加害者が適切に処罰されるようになるのではと期待されました。しかし、残念ながら実際はそうなっていません。それに関連して、私たちが重要だと思っている裁判を紹介したいと思います。

二〇〇六年に千葉県で起きた強かん事件について、二〇一一年に最高裁が無罪判決を出しました。一八歳の女性が夜道で知らない二〇歳以上年上の男性から声をかけられ、「ついてこないと殺すぞ」と脅されてビルの踊り場に連れていかれてレイプされた事件です。

被害者が加害者の後ろからついて行った、つまり、捕まえられたとか後ろからナイフを突きつけられて「前を歩け」と言われたわけではなく、後ろからついて行ったのだったら逃げられたんじゃないか、被害に遭っているときに警備員が通りかかったのに助けを求めなかった、立った状態で被害に遭ったので抵抗すれば挿入が避けられたのではないか、などという点が被害者の行動としておかしいとされ、被害者の証言が信用できない、暴行・脅迫が立証できないということで、無罪判決が出されてしまいました。恐怖のあまり声を出すことができない、助けを求めることができないという被害者の気持ちが考慮されなかったのです。この判決が最高裁で確定したので、下級審の地裁や高裁の裁判官が影響を受けているのではないか、裁判官がそういう影響を受けているのであったら、検察や警察に影響があるのではないか、などと思っています。

また、この判決の中で、被害者心理が理解されなかったということに加えて、被害があったことを立証するのに被害者の証言だけではダメだと、被害者の証言に加えて補強証拠が必要だと書かれています。これが最高裁で言われたことは大きいのではないかと思っています。というのも、性暴力被害を申告したときに客観的な証拠があるかどうかを必ず訊かれ、客観的な証拠がないと事件化は難しい、ということを警察の現場で言われるという実感があるからです。

事件化されない性暴力被害

それでは、実際に被害者が警察に被害申告したときの流れについて、被害者の話を聞いたり、警察にも同行したりしてきた経験から、こんな感じではないかと思っていることを説明します。

被害者がまず警察に申告に行きます。被害に遭って、「これは犯罪だろう」「警察に行ったほうがいいんだろう」とか、「加害者が許せない」「加害者が怖い」など、いろいろな理由で警察に行って、「こういう被害に遭いました」と言うと、警察官がどういう状況だったか話を聞いて、できる範囲で捜査をします。たいていは防犯ビデオがあるので、それを確認する、ということになります。確認して被害者が加害者と一緒に自分の足でホテルに入っているとか、コンビニで加害者と被害者が仲良さそうにしゃべっている場面が映っているなどとなると、「無理やり引きずり込まれているわけではないよね」「暴力を受けているわけではないよね、仲良さそうじゃないか」ということになったりします。また、加害者と被害者がメールやLINEのやりとりをしていて、そのやりとりの中にいわゆる迎合的なやりとりがあると、「こういうやりとりがあるんだったら、嫌じゃなかったんじゃないの」ということになることも少なくありません。この初動捜査の段階で、暴行・脅迫を立証するような客観的な証拠がなかったり、同意があったのではないかというような客観的な証拠があると、事件化されません。それを「被害届が受理してもらえない」という言い方をすることもできるんですけれども、「被害届の受理」というのがはたしてどういうことなのか、私たちも今ひとつわかっていないところがあります。

事件化される場合にも、初動捜査で「これはいけそうだな」となると、さらにさまざまな捜査をした上で、これは本当に立件できるとなったら「被害届を出してもらえますか」と言われたり、あるいは被害届を出さなくても、こういう捜査をしてほしいですとか、加害者を処罰してほしいですといった調書を作って、それにサインすることに〝あとで〟なったりします。そういったことから、イメージとして「被害に遭いました」→「被害届を出しました」→「捜査」という順番ではないようです。

被害者は警察に被害届を出したつもりだったけれどそうではなかったとか、出そうと思っても受理してもらえなかったりして、「事件化できないですよ」と判断されたものは、警察的には「相談」として扱われるようです。そして、犯罪の「認知件数」の中にはカウントされていないんじゃないかと思います。

被害届が受理されない場合

どういう場合に被害届が受理されるのかというと、ちょっと感覚的なところですが、被害に遭ってすぐ一一〇番通報すると、すぐに捜査されて事件化されるという印象があります。しかし、先ほど宮地先生もおっしゃったように、被害直後で「何が起こったのかわからない」「どうしたらいいのかわからない」「これは性犯罪なんだろうか、性暴力なんだろうか、よくわからない」と思っている状態ではなかなか警察には行けません。しばらくしてから誰かに相談して「それは警察に行ったほうがいいよ」と言われて警察に行ったときには、被害から一定期間が経っていることがよくあります。しかし、数日あるいは一週間以上経っていると、被害後すぐに届けていないということで「事件化は難しいね」とされてしまうことも多いです。

あとは、加害者との出会い方がＳＮＳや、マッチングアプリなどで知り合った場合、そこでやりとりがあって約束をして会っていると、性的なことも含めて、そういうつもりで会ったのだろうと判断されてしまうこともあります。また、相手の個人情報をほとんど知らないことも非常に多くて、警察が捜査してくれたら特定できたりもしますが、本当に相手がどこの誰かわからないという場合もあります。それと「迎合メール」があるとそれが相手にとって有利な証拠になってしまいます。

そしてやはり「暴行・脅迫要件」の壁があります。実際、警察に同行しても、被害者が事情聴取を受ける部屋に私たち支援者は入れず、被害者とは別に「どんなふうに被害者から話を聞きましたか」という形で話を聞かれることもあります。そのときに、「抵抗したと聞きましたか」「傷はありましたか」「服が破れてませんでしたか」など、客観的な証拠があるかどうか聞かれます。

それだけでなく、車の中で被害に遭った場合などは、「止まっている車だったら逃げられたのではないか」と責められてしまうという実態もあります。

先ほど言いましたように刑法性犯罪が改正されて親告罪ではなくなっているのですから、本来は被害届を出したいと言ったら受理されて当然のはずなんですが、いまだに最近でも「被害届を出します」と警察に行っても受理されないことがあります。

そういう場合には、弁護士に相談して告訴状を書いてもらいます。そして、弁護士と一緒に警察に行って告訴状を受理してもらうのです。告訴状が受理されても、それでも起訴には至らないということは多いのですが、事件を捜査した上で検察に送致はしてもらえます。これで一番大きいのは、事件が捜査されないと、加害者に事情聴取をしてもらえないということです。警察は証拠が固まっていない段階で加害者を呼び出すと、証拠の隠滅や冤罪の恐れがあるということで、よほど確実に事件化できるとなってからしか加害者の事情聴取はしません。被害者にとっては、自分の話だけは聞いてもらえるけれども、加害者が警察に呼び出されない、自分は事件によって生活が一変するような影響を受けているのに、加害者は何事もなかったようにのうのうとこれまでと同じような生活をしている、というところは納得できないし、許せないという方も多いです。警察から呼び出されて「お前はこういうことをしたのか」と聞かれれば、「これは犯罪行為にあたることなんだ」「いわゆる〝警察沙汰〟なのだ」と加害者にわからせることができるのではないか。そういう意味で、捜査をしてもらうことの意味はあると思います。

告訴状に基づいて検察まで送致されると、検察で起訴するか不起訴かを判断されます。もちろん起訴されたらよいのですが、不起訴になったとしても、きちんと捜査されて結論を出してもらえるということは大きいと思います。親告罪ではなくなり告訴する必要がなくなったのですが、その後も、告訴状を書いてもらうケースが多いという印象があります。ちなみに弁護士に依頼すると費用がかかるのではと心配されるかもしれませんが、日弁連の弁護士費用援助制度もあります。

被害者の語る被害時の状況

実際のところ、被害者が被害に遭ったときどうだったのかということは、たとえば次のように語られます。

加害者と被害者のLINEのやりとりで、被害後も被害に遭う前と同じように仲よさそうにしていたり、親しげなやりとりをしているのは、「態度を変えたら何かされそうだと思ってそうしていました」とか、「本当にびっくりして怖くてどうしていいかわからなくて笑ってごまかしていました」とか、「怖いので作り笑いをして、『座れ』と言われたら座り、『誰にも言うなよ』と言われたら『わかった、わかった』とうなずいていました」というふうに語られます。加害者に対して理由をつけてコンビニに行くように仕向けることができたのに、いなくなった間に逃げられず、戻ってきた加害者から被害に遭ってしまったということもあります。

また、襲われたときに、嫌とか、やめてくれと言えるかということについては、次のように語られています。ストッキングを脱ぐように言われて「ここで?」と言った。被害者はそれを「嫌だ、やめて」という意味で言ったんだけれども、聞いてもらえずに被害に遭った。挿入されたときに「痛い、痛い」と言った。これは複数の被害者が話していますが、「痛い、痛い」というのは被害者にとっては「やめてほしい」という意思表示なんだけれども、話を聞いた弁護士さんからも、「痛い、痛い」と言ってるだけでは拒否の意思表示ではないとして、「なんでやめてと言わなかったの？」と言われてしまうことがあります。けれども、「痛い、痛い」という拒否の意思表示をすることは結構多いのではないかと思います。

また、信頼していたので相手の部屋に入ったら、「こういう状況で被害に遭っても、警察に行ったって無駄だよ」と言われてあきらめたとか、相手がその気だなとわかった瞬間、相手は男の人だしあきらめた、と語る被害者も非常に多いです。

相次いだ性犯罪無罪判決

先ほど椹木さんも触れられた最近の性犯罪無罪判決について、簡単に触れたいと思います。これは二〇一九年三月に相次いで報道された四件の無罪判決です。

三月一二日に判決が出された福岡地裁久留米支部の事件は、飲食店で行われたサークルの飲み会に初めて参加した女性が、テキーラを一気飲みさせられるなどして泥酔し、店内のソファで眠り込んでいるところを、男性が性行為に及び、準強姦罪に問われたものでした。判決では、女性が抵抗できない状態だったことは認めたものの、女性が許容していると被告人が誤信してしまう状況にあった、と判断しました。検察側が控訴し、二〇二〇年二月五日に福岡高裁が一審判決を破棄して懲役四年の判決を出し、二〇二一年五月に最高裁が加害者側の上告を棄却し、有罪が確定しました。

三月一九日の静岡地裁浜松支部（裁判員裁判）の事件は、メキシコ人男性が女性に対する強制性交等致傷罪に問われたものです。女性が「頭が真っ白になった」ために抵抗できなかったことについて、「被告人が、自身の暴行が反抗を著しく困難にする程度のものだと認識していたと認めるには合理的な疑いが残る」として「故意」を認めませんでした。検察側は控訴せず、無罪が確定しています。

三月二六日の名古屋地裁岡崎支部の事件は、一九歳の長女に以前から性的虐待をしていた父親が、二〇一七年八月と九月の二回の性交について、準強制性交等罪に問われたものです。判決は、長女について「抵抗する意思や意欲を奪われた状態」であり、「性交は意に反するものだった」とは認めたものの、「被害者の人格を完全に支配し、強い従属関係にあったとまでは認めがたい」として、「(長女が) 抗拒不能の状態にまで至っていたと断定するには、なお合理的な疑いが残る」と判断しました。二〇二〇年三月一二日、名古屋高裁では、一審判決を破棄して懲役一〇年の判決が出され、二〇二〇年一一月四日、最高裁が加害者側の上告を棄却して、二審判決が確定しました。

三月二八日の静岡地裁の事件では、一二歳の長女に対する強制性交などで起訴された男性について、裁判所は「唯一の直接証拠である被害者の証言は信用できない」と判断しました。検察側は、長女が約二年間にわたり、週三回の頻度で性行為を強要されていたと主張しましたが、長女の証言が変遷しているうえ、狭い家に七人暮らしなのに「誰一人気づかなかったというのはあまりに不自然、不合理」などと退けたのです。男性は携帯に児童ポルノ動画を所持した罪では罰金一〇万円の有罪となりました。二〇二〇年一二月二一日に東京高裁では、一審判決を破棄し懲役七年の判決を出しました。二〇二一年九月一五日、最高裁が加害者の上告を棄却して、やはり二審判決が確定しました。

これら一連の無罪判決の衝撃により、刑法性犯罪の再改正が必要であるという声がフラワーデモという形で全国に広がりました。

刑法性犯罪についてさらに改正が必要な点

先ほども言いましたように二〇一七年に刑法性犯罪が改正されたのですが、残念ながら現場の感覚としては、被害者が警察に被害届を受け付けてもらいやすくなったとか、裁判で有罪にできるようになったというような効果は感じられません。「性暴力禁止法をつくろうネットワーク」でさらに刑法性犯罪の改正が必要だと考えているのは、特に暴行・脅迫要件の緩和です。暴行・脅迫要件を撤廃して、同意していない性行為については犯罪化するということが望ましいところであります。しかし実際のところそれが難しいのであれば、もう少し実態に即した要件を加えればよいのではないかというところです。たとえば威嚇、強制、不意打ち、偽計、威力など、もっとあるかもしれませんが、暴行・脅迫に要件を加えることを要望しています。

この暴行・脅迫要件にどういう項目を追加すればいいのかということを考えるときに、ポリヴェーガル理論によって説明できることがあるのではないでしょうか。たとえば不意打ちにあったら被害者がフリーズしてしまって抵抗ができないことが生理学的に証明できるということであれば、不意打ちを入れる根拠になるなど、そういうふうな形で暴行・脅迫要件の緩和にこのポリヴェーガル理論が使えるのではないかと思います。

継続した性暴力の被害者心理と対処行動の実態

これまでのところ刑法の性犯罪改正の話をしていましたけれども、ここからは、私が日本フェミニストカウンセリング学会の会員として「継続した性暴力の被害者心理と対処行動の実態」という調査報告書を仲間と一緒にまとめたことについて紹介します。

セクハラ性暴力被害が一回で終わらずに一定期間にわたって継続しているというケースについて、私たちフェミニストカウンセラーはたくさん相談を受けています。

理解されにくい「迎合メール」

そういう中で先ほどの「迎合メール」についてですが、被害に遭ったときや被害直後の「迎合メール」もありますし、それ以降長期にわたって「迎合メール」を送るケースも非常に多いのです。被害直後にどうしていいかわからず相手に調子を合わせて「今日はありがとうございました。また誘ってください」と送ってしまったり、怒らせてしまったのではないかなど相手の反応が怖くて、機嫌をとるように「尊敬しています」「応援しています」などと送ってしまうこともあります。継続した被害による苦痛に耐えきれず「解離」の状態でラブレターのような文面を送っているけれど、それを書いた記憶がない、という場合もあります。

これらはどちらかというと刑事事件よりは労災申請や民事裁判において、「これはセクハラだった」「労災や損害賠償を認められる必要がある」などと主張したことについて判断されるときのポイントになることも多いです。セクハラ労災に関しては「心理的負荷による精神障害の認定基準」について、厚生労働省の通知の中にも「迎合メール」があることで、セクハラではないと判断してはいけない、というような趣旨が書かれています。

さらに、迎合メールだけではなく、加害者に対してまるで交際相手に送るようなプレゼントを送ったりすることもあります。たとえば、加害者に借りを作りたくないのでもらったものと同じ程度のお返しをしたり、不審に思われないようにこれまでと同じようにバレンタインのチョコを贈ったりということもあります。ある例では、マフラーやネクタイを贈ることで、加害者の妻に不倫を疑わせて、結果としてセクハラが止まればいいと考えたというケースもありました。

それだけではなくて、加害者から呼び出されているわけではないのに、被害者が自分のほうから出かけて行ったり、加害者から連絡がないのに「会ってほしい」と被害者のほうが加害者に働きかけたりすることもあります。

これらは継続した関係性がある中で、本当は逃げたいし、そういう関係性は本当に不本意なんだけれども、でもそういう中でなんとか穏便に関係を維持したまま相手にセクハラ行為をやめさせたいということなのです。あとから客観的に見ると、また第三者が見ると「なんでそういう行動をとってしまうのか」というような行動なのですが、全体的に迎合的な対処行動をとってしまうということが実際にあるのです。

そういうようなことを考えますと、長時間、長期間にわたって迎合してしまうことについて、ポリヴェーガル理論でどのように説明がつくのかというようなことや、先ほどからみなさんの話にもありましたように、年齢やジェンダーによる違いや関係性による違いなどについて説明していただけるとありがたいなと思います。

第5章　性犯罪被害者の被害時の反応の実情

田中嘉寿子
大阪高等検察庁検事

大阪高等検察庁の検事の田中と申します。周藤さん、山本さんお久しぶりです。宮地先生の著作の大ファンです。今回一緒に参加させていただいてとてもうれしく思っております。

自己紹介を簡単にしますと、私が地方検察庁で捜査をしていた頃はまだ女性検事が少なく、検察庁が女性被害者に配慮するようになった頃、集中的に性犯罪事件を担当しました。当初は一般的な性犯罪でしたが、のちに性虐待を担当しました。私が一件性虐待を起訴すると、警察が次々に送致してくるようになりました。その後、決裁官や高検勤務（控訴審担当）になり、捜査の現場から離れ、約七年前に法科大学院に派遣されて執筆時間が取れた際、『性犯罪・児童虐待捜査ハンドブック』を書きました。その際、性虐待の子供の供述の信用性立証に難渋し、文献を探し、仲真紀子先生の司法面接の本も参考にしました。ただし、仲先生は、虚偽記憶症候群に関するアメリカの実験心理学者ロフタスの『抑圧された記憶の神話――偽りの性的虐待の記憶をめぐって』（誠信書房）の翻訳もされており、被害者の供述について否定的な鑑定をされることが多かったのです。そこで、被害者の供述につき、本当に年少者は被暗示性が高く、記憶が汚染されやすく、信用性が乏しいのか疑問を抱き、これに反論して信用性を立証する方法がないか模索し、宮地先生を含め精神科医の先生がたの著作を読み、法科大学院に派遣されている間の時間の余裕を使って武蔵野大学の心理学の通信講座を修了して学位を取得し、司法面接について仲先生のＮＩＣＨＤプロトコルと認定ＮＰＯ法人チャイルドファーストジャパン（ＣＦＪ）が研修を行っているチャイルドファースト（Child First®）プロトコルの研修を受けました。それと同時に、トラウマ記憶のメカニズムについて勉強し、性犯罪の無罪判決を集めて研究し、性犯罪における被害者への負担が少なく、より正確な供述を聴取する方法を検討し、公判で無罪とされやすい要因とその対策に関する分析を進めました。

被害者の五つの不作為：無罪の原因

性犯罪の主な無罪要因は、被害者が、「回避」「抵抗」「逃走」「援助要請」「直後開示」の五つができていないことに起因します。これは裁判所の経験則の問題です。一般的な犯罪、たとえば、ひったくり（窃盗または強盗）の被害者は、回避する暇もなく被害に遭い、回避できるなら回避しています。抵抗、逃走、援助要請はできなくて当たり前ですし、ひったくられた直後に通行人などがいれば、「助けて、泥棒」と大声を出して援助要請しておられます。そして、被害後すぐに一一〇番するか、交番に駆け込みます。それが、裁判官が見ている九八％くらいの「ふつうの被害者」の行動なのです。

ところが性犯罪の被害者は、この五つができていません。そのため、警察官は、被害者に対し、まず最初に、「なぜ、抵抗しなかったのですか」と聞いてしまいます。被害者支援をしている方が代弁されていますが、「被害者は、『なぜ何々しなかったのか』と聞かれると、すごく二次被害を受けます」。

私は、性犯罪について勉強しはじめた最初の頃、この点がなかなか理解できませんでした。なぜなら、私たち捜査官は、被疑者に対し、つねに「なぜ、あなたは〜したのか」と聞くよう指導されているからです。捜査をする警察官も検察官も、真相を解明するには、被疑者に対し、たとえば、「なぜ、あなたはこの現場を選んだのですか」と聞き、「通勤していて土地勘があるからです」とか、「あそこに行ったらひと気のないところに行けるんです」とか、「ここは一人暮らしをしている女性が多いんです」とか言うのを聞いて、それが本当か裏付け捜査をします。「なぜ、あなたはこの時間帯に被害者を襲ったんですか」と聞き、「仕事帰りで〜だから」「この時間帯に女性が終電でよく通るから」などと聞いて裏付け捜査をする。そのとおりであればその自白は正しい。そういうかたちで捜査をして事実を一つひとつ解明していくのが捜査の常道です。

その習慣で、被害者にも、被害者の話していることが理解できないと、「なぜあなたは〜したんですか／〜しなかったんですか」と聞いていくわけです。警察にも検察庁にも、被害者の取調べ方法という研修項目はありませんでした。日頃やっている圧倒的多数の被疑者に対する聴取方法を、つい被害者にも悪気なくやっているのですが、その結果、すごく二次被害を与えてしまうわけですね。

私がそういうことをよく理解できるようになったのは、司法面接のプロトコルの中に、「子どもには『なぜ』と聞いてはダメです」ということが出てきたからです。

子どもに「なぜ」と聞くのがなぜダメなのか、「なぜ」はなぜ非難的に響くのか、「なぜ」はなぜ答えにくいのか？　一所懸命考えました。

「なぜ」という質問は、その答えが人の心の中にある、人の選択の結果であるという前提があります。「なぜ抵抗しなかったのか」という質問は、「あなたは、抵抗できたはずだから、抵抗するという選択肢があったにもかかわらず、なぜ、あなた自身の選択によって、抵抗しなかったのか」という意味になります。だから、非難的に響くし、被害者にとっては、抵抗できなかったから抵抗しなかっただけなのに、なんと答えていいかわからなくなるから、答えられず、二次被害を受けるのです。

司法面接では、「なぜ」の代わりに、「どういうことから」と質問します。

英語で言えば、「why（なぜ）」の代わりに、「what made you（何があなたをそうさせたのか）」を使うのです。つまり、あなたが抵抗しなかった「外部的事情」を質問しています。これには、性犯罪に関する判例でも抗拒困難の認定基準としていわれているものと類似しますが、「年齢、性別、体格、腕力、時間・場所等周囲の事情（逃げたり、助けを求めたりすることが可能な環境の有無など）」などや、地位利用型性犯罪の場合の「相手との関係性」などを含みます。

また、司法面接では、確認すべき5W1Hのうち、「中核的事実（誰が何をした）」を先に質問し、「周辺的事情（場所、方法、頻度、日時等）」は後から聞く、子どもが答えやすいことから聞く、ということも重視しています。答えやすい順番というのは、五感を通した記憶で、かつ、視覚的に認識したものが一番答えやすいです。子どもは、犯人を見た「who」、自分の体で体験した「what」、目で見た場所「where」は答えられますが、時計やカレンダーを見ながら被害に遭う子どもは稀ですから、目で見ていない日時はそもそもあまり覚えていないし、答えづらいのです。日時については、司法面接では「一番最後に、日時特定の手がかりになる情報を聞きましょう」とされています。日時を無理に特定させようとすると、よく間違えます。無罪判決を見ると、成人も子どもも、被害者が日時を間違えていることが後から客観証拠と不整合であるとわかって無罪とされていることが非常に多いのです。

しかし、人間の「心理的時間」は、「物理的時間」とは異なっており、ふだんと違う体験や恐怖体験時には長く感じることが、時間に関する心理学の研究によってわかっています。また、トラウマティック・ストレスに遭遇した人の多くは、周トラウマ期解離状態に陥り、その症状の一つとして時間感覚が変容します。したがって、性犯罪・性虐待の被害者に対し、時間を質問すること自体が不適切な推測の強要であり、日時特定はあくまでも刑事訴訟法上「可能なかぎり」でいいのであって、無理な推測はさせるべきではありません。そういうことを、聴取する捜査官も理解し、日時は特定の手がかり情報を聞くことを徹底し、公判では、精神医学や心理学の専門家に法廷で証言していただき、裁判官を啓発していただく必要があると思います（すでに幼児に対する性虐待事案で、三か月間の幅のある訴因でも有罪となった例［大阪高判令２・８・27（公判物未登載）］もある）。

心理学と司法面接の勉強の結果、性犯罪の被害者が、一般犯罪の被害者に期待される五つの行動ができていないこと（不作為）について合理的説明がなされていないために、被害者の供述の信用性が否定されやすいことがわかってきました。かといって、被害者に配慮しすぎて五つの不作為の合理的理由を聞かずに起訴すると、被害者が法廷で弁護士と裁判官から質問されて法廷で立ち往生して無罪になってしまいます。

警察官は、五つの不作為を聴取するのが難しいです。なぜなら、警察官は、事実を解明するのが仕事です。被害者から事情聴取するときには、「何がありましたか」ということを聞きます。「あったこと」を聞くのが仕事なのです。「なかったこと」は聞きません。被害者は、聞かれないことには答えません。でも、裁判で争点になるのは、この「なかったこと」、五つの不作為なんです。

私がこの点に気づいたのは、交通部で自動車事故の捜査をたくさんしたからです。交通事件を扱う際、警察官の調書には漏れが多いなと思っていました。なぜなら、警察官は、「事故がどのように起こったか」という「あったこと」だけを供述証書や実況見分調書にまとめて送致してきます。しかし、過失犯における「過失」とは、すべきことを「しなかった」結果回避義務違反です。ですから、私は、警察官が聴取した「あなたはどういう運転操作をしましたか」に加え、「あなたが道路交通法上、当該道路状況において、本件事故を回避するためにすべきであった運転操作は～でした。なのに、あなたは、なぜ～をしなかったのですか」と、「あなたの過失は何ですか」を特定するための聴取・捜査をして警察の捜査を補充しなければならないことが多かったのです。

それで、性犯罪でも、同じだと思いました。警察は、被害者から、「あったこと」を聞いて事実を解明して送致してくる。検察官は、公判で争点になることを想定し、被害者から、「なかったこと」の合理的事情を補充しなければなりません。

性犯罪の被害者は、裁判官から実質的に作為義務を課されているのと同じなのです。五つの作為をすることが、あるべき被害者像として期待されています。作為義務ができていない（不作為）と、「あなたには作為義務違反の落ち度がある。こんな落ち度を甘受しているというのは、同意していたのではないか、または、まったくの嘘ではないのか」というかたちで疑われるという構造的な問題があると思いました。

刑法の不作為犯（不作為が犯罪になるもの）であれば、前提として作為可能性が必要です（たとえば、養育義務を負う母親が子どもを餓死させれば保護責任者遺棄致死罪になり得ますが、その母親が病気や障害のため養育不能であり、福祉の援助を求めることもできない状態であれば、作為可能性がないため犯罪は成立しません）。そこで、性犯罪の被害者には、作為可能性がなかったのだということを立証する必要があることがわかりました。

周藤さんや山本さんたちが一所懸命、法改正の運動をされているのはとてもすばらしいことだと思うのですが、たとえばイギリスのように不同意性交罪のように法改正をしても、なお全部有罪にはなっていません。不同意であったことを立証していくときに結局この五つができていないと被害者供述の信用性を疑われてしまうと思います。そこの構造的な無理解が社会的にあるということを踏まえた上で捜査していかないと、どんな法改正がなされても被害者の供述を適切に理解してもらえないと思います。

「なぜ」を使わずにどうやって被害者から聴取するのか、「不作為の合理的理由」「作為不能性」の原因について次の図1で検討していきます。

性犯罪被害者の5F反応

イギリスの警察官にも研修しておられる臨床心理士ゾーイ・ロドリック氏（Zoe Lodrick）の「心理学的トラウマ――すべてのトラウマ・ワーカーが知るべきこと」（Psychological Trauma - What Every Trauma Worker Should Know）という論文に、性犯罪被害者の「5F反応」が解説されています。5Fは、「Friend（友好）、Fight（闘争）、Flight（逃走）、Freeze（凍結）、Flop（迎合）」です。「凍結」の根拠にポリヴェーガル理論が引用されており、「友好」でもポージェス博士の理論が引用されています。

友好 Friend	他者の友好的反応を引き出そうとする被害回避反応（Porges, 1995）
闘争 Fight	脅された被害者は、公然と攻撃するか、消極的に「嫌」と言うなどして「闘争的態度」を取る
逃走 Flight	被害者は、走って逃げるか、隠れるなどして危険から逃げる
凍結 Freeze	友好・闘争・逃走が困難な場合、凍結反応が惹起される
迎合 Flop	凍結メカニズムが失敗するとき、迎合が生じ、最悪の被害（殺害・重傷、妊娠等）を回避（常態化⇒性虐待順応症候群）

図１　性犯罪被害者の5F反応（英国・臨床心理士 Z. ロドリック）
5F responses of sexual violence victims by Zoe Rodrick, 2007.

私は、これが自分が見てきた性犯罪の被害者像にすごくマッチしていていいなと思ったので、あちこちでお話をしています。先日、児童虐待防止学会で、精神科医で被害者支援でも高名な白川美也子先生や菊池祐子先生にお会いした際、両先生は、３Ｆの「Fight」「Flight」「Freeze」の話はよくされていて、被害者が凍結して抵抗できないことをよく説明してくださるのですが、ぜひ、そこに「友好」と「迎合」も入れてくださいとお願いしました。なぜなら、被害者は、凍結しているだけではなく、友好・迎合反応を示している方も多く、そのせいで自責感を深めたり、警察官や家族にも被害時の言動を理解してもらえず苦しんでいる方が多いからです。また、性虐待については、性虐待順応症候群*の理解が非常に重要なんですけれども、性虐待順応症候群は、迎合が常態化した状態なんですね。

ある性虐待の被害児は、加害者のお父さんから毎夜のように性被害に遭うにもかかわらず、「ママ、パパいつ帰ってくるの」と父親が仕事からいつ帰るか何度も聞いて、父親が帰ってきたら「おかえりなさい」って玄関に走ってお迎えしていたので、母親は、性虐待にまったく気づかず、この子はとてもパパが大好きなんだとずっと

*被虐待環境下で生き延びるための正常な反応であって病名ではない

思っていたそうです。ところが、子どもが、あるとき、もうパパといるのは限界だといって母親に開示したため、刑事事件になり、子どもにどういう気持ちでパパの帰りを待っていたのか聴取すると、「パパからの嫌なことが終わらないと眠れない。眠る前に必ず嫌なことをするから、いつパパが帰ってきて、いつ終わるか早く知りたい、早くゆっくり眠りたい。疲れてたから」と答えたのです。パパが帰ってきたら走って迎えに行って、必死にパパに迎合しないとパパの機嫌が悪くなって被害が悪化するから、毎日毎日パパの機嫌を伺ってパパが機嫌よくなるように一生懸命笑顔でパパ大好きってふるまっていたそうです。まるでＤＶの被害妻の話を聞いているみたいでした。被害児は、被害の始まった四歳頃から、母親に対し、「私、何のために生きてるの」と言い、七歳頃に「もう限界」と言って疲れきっていました。疲れきるでしょう。物心ついてからずっとこれですから。そういうことを裁判所に理解してもらうためには、性虐待順応症候群について、もっと広めていかなければいけないなと思いましたし、被害者の「迎合」反応が、被害者が無意識に行う生存のための行動なんだということを理解してもらう必要があります。

災害避難所におけるポリヴェーガル理論

最初に花丘先生からこのシンポジウムの話があってポリヴェーガル理論の本を読んだときに、ぱっと思ったのはこの図です（図２）。日本でポリヴェーガル理論を説明するのに一番わかりやすいのは、災害の避難所ではないでしょうか。震災の災害避難所を見てみましょう。そこでは、「絆が大事だよね」と言ってみなのためにがんばっている人もいれば、エコノミー症候群になるくらい完全にじっと動かずに「もう死にたい」とつぶやくおばあちゃんもいれば、ものすごくイライラしてち

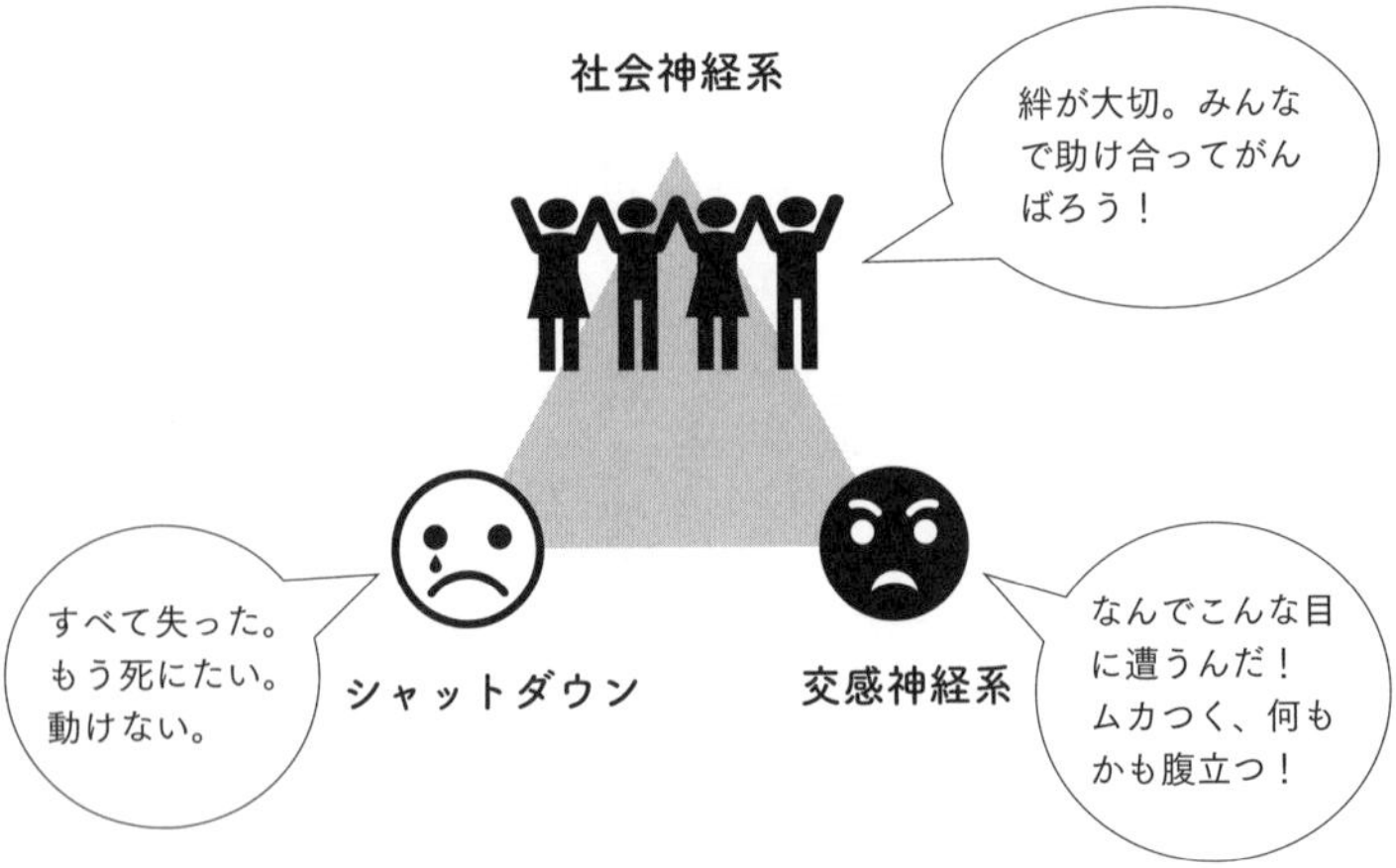
社会神経系
絆が大切。みんなで助け合ってがんばろう！
すべて失った。もう死にたい。動けない。
シャットダウン
交感神経系
なんでこんな目に遭うんだ！ムカつく、何もかも腹立つ！

図２　災害避難所におけるポリヴェーガル理論

ょっとしたことで怒りっぽくなっている人もいるでしょう。この三つが入れ替わることもあります。人間のありようとして全部あるわけです。社会神経系が発達している人も、じつはイライラしたり、自分のブースに戻ったらシャットダウンしたりしているかもしれません。まさに人間が危機に対して反応するのに三種類があるというのが一番日本人にわかりやすいのが、震災の避難所の様子だと思うんです。

私がなぜこの被災者について話すかというと、以前ジェンダー学会にお招きいただいたときに、災害の被災者には誰も「死にたかったの」とは聞かないのに、性犯罪の被害者には「同意してたんじゃないの」と聞くのはジェンダー・バイアスじゃないですかというお話をしたからです。ＰＴＳＤの罹患率は、被災者は低く一〇％弱くらいですが、性犯罪の被害者は五〇％くらいです。ＰＴＳＤの発症要因には、①被害の深刻さ、②被害者の資質、③被害後の状況（支援・二次被害の有無等）があります。被災者は、自分が被害に遭ったことを最初から公にして最初から支援を受けられるのに対し、性犯罪の被害者は、被害に遭ったことを誰にも言えず、ひとりで疲れきるまでどこにもつながれずに支援を受けられないことが多い。それでは、ＰＴＳＤの罹患率や回復力がまったく違うと思います。被害者支援をしている精神科の先生が、「一人でもいいから、最初から被害者に寄り添ってくれる人がいると、予後がとてもいい」とおっしゃっていました。

被害時のストレス反応↓被害後のトラウマ反応

まず、「回避」が困難なのは、防災心理学における正常性バイアスが性犯罪の被害者にも生じているからです。防災心理学は、災害大国の日本において、すでに疫学的に証明されていますので、被害者が被災者と同じ心理状態なのだということを理解してもらえれば、回避の困難性について理解してもらえると思います。

防災心理学の課題の一つに、「人はなぜ警報が出ているのに逃げないのか」という問題があります。その原因は、正常性バイアスにあります。正常性バイアスとは、「まさか津波はここまで来ないだろう、私はきっと大丈夫だ」などと、異常なリスクを過小評価し、正常範囲内だと誤認して避難行動が遅れる心理状態をいいます。そのほうが、日常生活では、心のエネルギーの節約になって、楽に生きられるからです。毎日毎日、「もうすぐ地震が起きるんじゃないか」「コロナウイルスに感染して死ぬんじゃないか」と心配していると、とてもしんどいですから、人は楽観的になるようにできているそうです。

性犯罪被害者も、「私はきっと大丈夫」と思っていて回避が遅れることが多いのです。

性犯罪被害者も、加害者が性加害をしてきそうな予兆があっても、「まさか、レイプしたりしないだろう。私はきっと大丈夫」とリスクを過小評価し、まず友好反応で対応するのが普通です。セクハラ上司に夕食に誘われても、いきなり闘争反応むき出しに「セクハラですよ。セクハラ相談室に訴えます！」と言う人はまずいなくて、笑顔で婉曲的に「今日は都合が悪くて……」と社会関係を維持しながら友好的に対処するのが普通です。そして、多くの社会人に対し、友好反応は有効であり、脈なしと理解して無理押しを止めてくれます。この友好反応が先行することが、性加害者が同意誤信を主張する素地になってしまいます。

次に、「抵抗・逃走・援助要請」が困難なのは、この友好反応が通じずに、実際に加害行為に出られた瞬間、被害者が凍結することが多いからです。闘争／逃走反応よりも、闘争も逃走も無理だと瞬間的に悟って一気に凍結が先に来る人が日本では多いのではないかというのが私のこれまでの実務上の感覚です。

凍結すると、抵抗も逃走も不可能になります。凍結している間に被害者の方は身体的・心理的に反抗抑圧状態に陥ります。また、その間に、携帯電話や鞄を取り上げられたり、どこかに連れ込まれる、縛り上げられる、裸にされる、押さえつけられたりして物理的にも反抗抑圧状態になります。いったんそうなると、犯人が自分から完全に遠ざかって安全になるまでの間、どうやって生きのびるかというと、迎合するしかないわけです。だから犯人から完全に離脱するまで迎合が継続します。

「離脱するまで」というのを実感したのは、ある無罪判決でした。女性が、自称自己啓発セミナー講師の被告人の部屋にセミナーを受けに行き、出されたコーヒーを飲んだら意識が途切れ、性被害を受け、終わった後でコーヒーを出され、まったり飲んでから、じゃあ失礼しますってそこを出て、安全圏に入ったところで、家族などに電話をして泣きながら被害を告白したという経過でした。

一審の裁判官は、「終わった後まったりコーヒーを飲んだりするのは理解できない」といって被害者供述の信用性を否定して無罪にしました。被害が終わった後、なぜすぐに逃げ出さないのか、まるで合意の上でのセックスだったみたいにまったりコーヒーを飲んでいるのは、やはり同意だったからではないかと疑念を持たれたのです。この事件は、検察側が控訴して二審ではちゃんと有罪になりました（大阪高判平27・9・29判例秘書L07020409　準強制わいせつ事件）。

この無罪判決を検討した際、一審の裁判官は、「性被害が終わる」終期を被害者の目線で見ていないことに気づきました。加害者にとっては、この女は自分の言いなりになるから具体的に脅し文句を言わなくてもコーヒーを飲んでまったりして、これを訴えたらどうなるかわかるよね、と暗に脅せば十分なくらい支配性が強い状態なのです。しかし、それが裁判官には伝わらない。ポリヴェーガル理論では「安全」がキーワードですが、本当に安心安全を感じるときまで、つまり、犯人から完全に離脱して安全圏に入った後にならないかぎり、人は抑圧されて犯人に迎合し続けざるを得ないというのが、裁判官にはなかなか通じないと痛感したのです。

「直後開示」の不作為についても、被害者心理の理解が不可欠です。

被害者は、被害の後、なかなか被害を訴えられません。被害者の多くは、「ふつうに」生活を続けようと必死に努力されます。チケットをすでに買っていれば、予定通りの行動として友達とライブに行くこともあります。友達と会えば、「いつもの自分」のとおり、はっちゃけた言動をする人もいます。その原因は、被害者は、防衛機制が働いて被害を「否認」しておられるからです。自分の心の中で、必死に被害を「なかったこと」にしているのです。

被害者の方の話を聞くと、最後に犯人に何を望むか処罰感情などをお尋ねするのですが、しばしば、「なかったことにしたい、被害前の自分に戻してほしい」とおっしゃいます。被害者が、一番望むことは、処罰でもなく、示談金でもなく、「被害前の自分に戻してほしい」「被害をなかったことにしたい」とみなさんおっしゃるんです。弁護士や裁判所からは、虚偽申告ではないかとよく言われますが、嘘の訴えをするくらいなら、全部記憶から消してくれたほうがマシだ、記憶を消してくれるんだったらそれが一番うれしいとおっしゃるわけです。

ですから、その否認の防衛機制が働いている間、なかなか警察に被害申告に来ていただけない。捜査する側にしてみれば、一秒でも早く警察につながっていただいたほうが、客観的な証拠の確保もしやすいし、立件もしやすいんですが。被害者は、そうやってひとりで否認して生体エネルギーをフル活用して過覚醒状態で「日常を演じ」ているうちに、生体エネルギーが枯渇してPTSDなどに陥っていかれます。精神科医の先生は、そうやってPTSD等のトラウマ症状が出て病院につながった患者さんについては臨床経験があり、詳しく書いてくださっているのですが、被害の最中・直後に被害者に起こっている周トラウマ期解離や急性ストレス反応について詳しく書いてある本や論文はほとんどありません。ですから、被害者は、これらの症状のために抵抗が困難だったんだとうまく説明できないことが残念なのです。

米国では一九九〇年頃から周トラウマ期解離に関する研究が進んでいますが、日本ではほとんど紹介されていません。性被害などの心的外傷体験に直面した方の多くはその最中や直後に周トラウマ期解離症状に陥るものの、その後PTSDなどに苦しんで精神科医を受診する方はその半分くらいです。精神科医は、PTSDの治療はしても、周トラウマ期解離についてはすでに終わったこととして治療対象ではありません。しかし、被害者が被害時に抵抗・逃走できる機会があってもしないでぼーっとしている、被害直後にいつもと同じ行動を取っていて被害者らしく見えないなどの一見不自然・不合理な言動を取るのは、周トラウマ期解離症状として医学的に合理的であることは、被害者の自責感を低める上でも、裁判で被害者供述の信用性を認めてもらう上でも、きわめて重要なことなので、ぜひ日本でも研究を進めていただきたいです。心理的に周トラウマ期解離症状に陥ることは、ポリヴェーガル理論により神経生理学的にも裏付けられつつあると思います。

二〇一七年の刑法改正の附帯決議に、被害者の精神状態・心理状態について司法に携わる者が理解を深めることが求められており、被害者心理について精神科医・臨床心理士の先生がたに証人になっていただくことによって被害者供述の信用性が立証され、一審の無罪判決が控訴審で有罪になった例も出ております。今後、トラウマ症状の有無にかかわらず、被害時の周トラウマ期解離や5F反応について専門家の先生がたに裁判所を啓発していただきたいです。

加害者が知人の場合に起訴が困難な理由

加害者が知人の場合はなぜ起訴が難しいのかと被害者の支援者の方などからよく聞かれます。加害者が他人だと「暴行脅迫」から始まることが多く、友好反応の暇はなく、凍結反応から始まるので、これで同意があるとはさすがに裁判官もあまり思いません。

ところが、知人の場合は、「友好反応」が最初に生じます。正常性バイアスも働きます。対人における正常性バイアスは、友好反応に支配されているのではないでしょうか。その上、被害後に迎合反応が多く、社会的関係を破壊せず、穏便に済ませようとしがちです。正常性バイアスがあると、暴行脅迫があまり強くなくても、不意打ちが生じる上、地位利用・関係性利用の側面があるため、抵抗も困難です。このように、加害者が他人の場合とは非常に違って、事前に友好反応があり、事中は凍結反応のため暴行脅迫が弱く、抵抗も弱く、事中・事後に迎合反応があるため、なかなか被害者供述の信用性を立証しづらく、立件しづらいのです。

回避の失敗の原因

ポリヴェーガル理論を知ってから、回避の失敗要因について考えました。

被害者は、よく最初の回避で失敗します。性被害のリスクがあるような状況、たとえば、セクハラされそうなときとか繁華街で強引なナンパに遭いそうなときとか、まず正常性バイアスでリスク認知が遅れます。また、リスクの過小評価が起きます。そして、友好反応が生じ、なるべく穏やかに笑顔で攻撃行動を抑制させようとします。

その結果、危なそうなシチュエーションでもそれを回避するのに失敗しやすく、事後的には理解されにくいことがよくわかりました。

あるセクハラ（強制わいせつ）の被害者は、上司から軽いセクハラを受けるたび、「笑顔」で受け流していました。加害者のみならず、周囲の同僚も、彼女が「笑顔」だったと供述しました。加害者は、「だから、同意がある、好意を持ってくれていると誤信した」と弁解しました。現在の判例の動向は、客観的事実を一般人が見た場合に同意がないと認識できる状態であれば、故意を認定してくれることが多いのですが、同僚も「笑顔だったから、嫌がっているとは思わなかった」と言われると刑事事件としては難しい側面があります。「笑顔」は、友好反応の一種として弱者が生きのびる武器であり、社会神経系が発達していないとできない技ですが、時に被害者を不利にします。

閉鎖的集団内の指導者による地位利用型の性犯罪

性犯罪の罰則改正で議論になった地位利用型の性犯罪は、閉鎖的な集団内の指導者が被害者に対し、あらゆる認知バイアスを利用して行っています。たとえば、スポーツのコーチやマッサージ店の治療師が、「これがふつうなんだよ」というアプローチで被害者に触ってきます。被害者は、正常性バイアスが働いてるので、まさか先生が変なことはしないだろう（正常性バイアス）、先生が言うならこれはふつうなんだろう（専門性バイアス）、先輩もみな騒いでいないらしい（同調性バイアス）、自分だけ騒ぐのは変だろうと思います。それが所属する集団（運動部や会社や宗教団体など）の伝統になって被害が何十年も隠蔽されている場合があります。

同化性バイアスというのは、安全なところから危険なところまでだんだん移行していくといつ危険になるのかわからないというものなんですけど、ふつうにマッサージするところから始まって腕から肩、胸に行く、足の先から太もも、股間に行くと、ここまでマッサージするのか、でもこのへんたしかにすごいツボだしな、とか思っているとやられてしまうわけです。いったん回避の機会を逸して被害に遭うと、そこの集団から離脱しないかぎりはずっと被害に遭い続けます。一度セクハラに遭った被害者は、会社を辞めるか、セクハラを受け続けるかという選択肢しかありません。アカデミック・ハラスメントも同じで、研究者は、その大学を辞めるだけでは済まず、学会の重鎮に逆らったら、他の大学に移って研究を続けることも非常に難しいので、研究を止めて自分の将来を全部犠牲にするか、それとも被害を訴えるのかという選択になります。

ですから、集団内の被害者が告発できるのは、集団から離脱した後かまたは指導者より上の立場になった場合です。アメリカの女子体操界において、チーム・ドクターによる性虐待が明るみに出たのは、トップ選手が金メダルを取ったときに訴えて初めてマスコミに聞いてもらったときです。オリンピックからほど遠いレベルの一選手が何年も前に訴えていたのに、ずっと大学側や体操協会側に握りつぶされていました。金メダルを取ってチーム・ドクターより上の立場になった選手が言って初めて聞く耳をもってもらえたわけです。イギリスの男性サッカー選手が一〇代前半の頃コーチから性被害に遭ったことも、功成り名を遂げて引退直前になって初めて訴えることができたのです。そうしたら芋づる式で何百人も同じように被害を受けたという申告が出てきました。上の立場に行かないかぎり言えない、上の立場に行ける被害者は滅多にいませんから、一生言わないという被害者が圧倒的に多いのです。

恐怖体験時の被害者の凍結反応

凍結反応（フリーズ）の理解でおもしろい例があります。

映画『ジュラシック・パーク』（1993）は、コメディタッチで、初めて恐竜を見たときに子どもは「キャー――！」と叫ぶ演技をしていました。でも、『ジュラシック・ワールド』（2015）になると、シリアスな演出になり、子どもは恐竜を見て無言で凍りついていました。ものすごく怖いとき、人は、ふつうは凍結します。でも、コメディだとパニック状態になります。それは、そのほうが演出上おもしろいからというだけではなくて、「人は怖いときにパニックになるだろう」という誤った「常識」があるからです。現代社会において、人は、凍結するほど怖い体験をそれほどしないため、凍結反応がなかなか理解されません。

私は、ポリヴェーガル理論に接するより前に、ハンス・セリエ（生理学者）のストレス学説によるストレス反応図を見たんですけれども、被害者の反応にすごく合っていると思いました。

最初に被害に遭うとガクッと凍結します。ガクッて凍結して、その後だんだんアドレナリンが出て闘争／逃走反応の準備状態になります。しかし、性犯罪の被害者は、いったん凍結するとその間に反抗抑圧状態に陥ってしまっているので、その後、闘争／逃走反応でアドレナリンが出ても、闘っても犯人には勝てないし、逃げようとしても逃げのびる前に追いつかれ、犯人を怒らせてもっとひどい目に遭うのがわかりきっているので、被害を最小化するため、ひたすら迎合反応に向かうだけです。アドレナリンが出ているときは記憶力がアップするので、自分が迎合している一番情けない姿をよく覚えているため、後になってＰＴＳＤが重くなる方がいます。

さきほど榿木さんが紹介されていた最高裁の有名な痴漢の無罪事件では、被害者が最初は何もせず、あとから突然「この人痴漢です」って言ったのが不自然だと判断していました。しかし、痴漢の被害者が、凍結もせず、触られたらすぐに「この人痴漢です」ってやったら、そのほうが嘘っぽいわけです。凍結反応が生じない人なんて、よほど防犯訓練を受けたなどの特別の事情がないかぎり、まずいません。凍結したまま被害申告できない人が圧倒的に多いんですけれども、中には、だんだんアドレナリンが上昇して手も足も動くようになって「この人痴漢です」って言える人もいます。裁判所が、被害者のストレス反応について、真逆に捉えて誤解していることが非常に残念に思いました。

セリエの本には凍結しているときにはβエンドルフィンが出ているから痛くなくなるとありました。アドレナリンもβエンドルフィンも痛みを感じさせなくします。怪我をされている被害者の多くが、被害直後は「痛くなかった」「怪我に気づかなかった」とおっしゃいます。それだけ身体からいろんなホルモンが出て痛みを感じなくしていたのだなとわかりました。

ポージェス先生への質問の一つ目は、反応の順番についてです。多くの被害者の方は、まず凍結し、それから闘争／逃走ができる人はそうするし、できない人はひたすら迎合しているというのが、私の経験なんですけど、どうでしょうか。友好反応で最初がんばるというのはわかるんですけど、それがダメだったときに多くの被害者が一気に凍結することが多い気がするんです。

二つ目は、中間的反応が多い気がするんです。ポリヴェーガル理論が広まったら凍結するということを裁判所が受け入れやすくなるんじゃないかと思うんですけど、完全に凍結している人はそんなに多くない気がします。どちらかというと、中間的な反応が多いのです。完全に凍結していないからこの人は抵抗できたんじゃないかみたいな誤った受け止め方をされるリスクが心配です。中間的反応について何か説明はないでしょうか。

中間的反応の例：弱者の防衛反応

中間的反応というのは、弱者である被害者は、生存戦略として、一人三役しているのではないかと思うのです。戦うオフェンス役、逃げるディフェンス役、ミッドフィルダーみたいにつねに周囲の状況を伺いながら、どっちに進むのがいいのか見ている役。

たとえば、被害者は、犯人に迎合しながらも、逃走したり、助けを求める機会をうかがってもいますが、逃げ切れる確実性、助けてくれる確実性がないと、思い切って逃走を図ったり、声を上げたりできません。もし、ものすごく強くて確実に自分を助けてくれる彼氏がやってきたなら、「助けて」って叫ぶでしょう。ただの通行人では、助けてくれる可能性が低すぎて、犯人を怒らせて殺されるかもしれないときに声は出せないです。

闘争／逃走・迎合は、戦っている状態ですから、交感神経優位な状態だと思います。迎合しているときは社会性もうまく使っていますが、腹側迷走神経だけを使って迎合しているんじゃなくて、腹側と交感神経の両方を使って迎合していると思います。最適な行動ではないし、ものすごく疲れますから。

また、「半凍結」の状態もあります。「消極的逃走」をしている被害者の例として、相手の顔を見たら証拠隠滅のためにあとで殺されると思って顔を見ないようにしていた被害者もいますし、性虐待を受けている子どもたちは、よく寝たふりをします。それは完全に凍結しているわけでもないけど、消極的な逃走の一種です。

「消極的闘争」の例としては、加害者から、服を脱げとか足を開けとか言われてもじっとしている、ぐずぐずしている、小声で小さく「イヤ」っていう場合があります。また、比較的積極的ですが、「今生理中なの」と言うと自分の陰茎に血が付くのが嫌な加害者はそれで膣挿入をあきらめるとか、「私はエイズなの」と言うとコンドームを付けてくれるとか、嘘を言って最悪の被害を免れようとするのも、闘争の一種です。男性的な戦い方ではないので、「闘争反応」とはあまり捉えられていません。

半凍結状態の消極的な闘争／逃走反応や、迎合反応と相互補完的な反応など、生き残るために必死な状態のセミ・フローズンまたはセミ・ソーシャルな被害者のさまざまな反応をどう説明すればいいのか、どうすれば裁判官に理解してもらえるのかというのが私の検察官としての課題なのです。ポージェス博士の御研究から、私の疑問の回答がすぐに出せるものではないかもしれませんが、神経系の説明としてそれが整合的に説明できるようになると、裁判官を説得する科学的な材料が増えてうれしいなと思っています。

性犯罪被害者の心理的負担を軽減する聴取方法

性犯罪の被害者を聴取する場合、「実際にあった被害内容」を聞いた後、「なかったこと（五つの不作為）」について質問する必要があるのですが、その際、「裁判になった場合、弁護人から反対尋問されることが予想される点について、お尋ねします」と移行説明を入れる必要があります。不作為の合理的理由の有無に関する質問は、被害者にとっては、供述内容を疑われているような気分になりがちな内容ですから、質問の趣旨を説明しておく必要があるからです。

「なぜ抵抗しないのですか」などと聞いても答えは出ず、二次被害を与えます。

そこで、まず、「あなたは、犯人に抵抗しましたか」と事実を確認します。被害者は、「いいえ」と答えます。

次に、「あなたは、抵抗できましたか」と作為可能性の有無を質問します。被害者が「いいえ」と答えます。

さらに、「抵抗するのは難しかったですか」と作為容易性の有無を質問します。法律上、不作為犯の作為義務の前提には、作為可能性と作為容易性が必要です。被害者が、抵抗可能性も抵抗容易性もなければ、抵抗義務はないので、抵抗しなかったことの合理的説明ができることになります。

そして、「どういうこと（事情）から、抵抗するのが難しかったですか」と抵抗が困難であった外部的事情を質問します。困難性は、被害者の心の外側にあります。事情には、加害者・被害者の属性（年齢差、体格差、体力・腕力差、地位・関係性など）、日時・場所・周囲の状況（助けを求めるのが困難な時間帯、場所など）、被害者が凍結していて身体が動かない、頭が働かない、声が出ないなどです。

また、実質的に作為義務を課して作為をせよと命じるなら、作為に確実性を要します。

「逃げたら逃げ切れましたか」、「いや、相手のほうが速くて捕まったはずです」

「抵抗したら必ず勝てましたか」、「いえ、絶対勝てませんでした」

「助けを求めたら、その通行人は必ず助けてくれましたか」、「いえ、助けてくれないかもしれないと思いました」

「逃げ切れない／勝てない／助けてくれない場合、どうなると思いましたか」、「犯人を怒らせて、もっとひどい目に遭うと思いました、殺されると思いました」

だから、そんなことはできなかったわけです。

確実ではないことに人は命を懸けられません。ですから、ここで逃げたら絶対大丈夫と思える状況、安全を感じる状況でないとできないわけです。

司法面接では仮定の話はあまりするなといわれますけれど、「もし抵抗したらどうなると思いましたか」と聞くと、たいていみなさんから「もっとひどい目に遭う」「殺されると思った」などの答えが返ってきます。

客観的に抵抗できない間に何をしてましたかというと迎合していることが多いです。

その場合、「あなたが、殺されずに生きのびるために、それ以外のことができましたか」と聞けば、被害者は、何か答えるかもしれませんが、それが本当に現実的な選択肢であったかを確認します。被害者は、迎合反応により、最良の生存戦略を取ったことを確認します。

「その間どんな気持ちでしたか」と聞くと「とにかく怖かったです、早く終わってほしかったです」などとみなさんおっしゃいます。

では、被害者の不同意が、加害者に伝わるのかという問題は、被害者から十分に話を聞いたら、被害者が固まっておびえていたことがわかるはずで、相互交流のあるふつうのセックスとは全然違うことがわかります。ふつうの在り方、好意があって女性も積極的でふつうにセックスするときだったら、女性の側からも撫で返すとかすると思うんですけど、何もないじゃないですか。被害者はただ横たわり、または恐怖でおびえて加害者の指示に従うだけなのですから、ふつうとは全然違うということをうまく聞いていく。この順番で聞いていけば被害者の心理的な負担をなるべく低減した状態で事実が聞けるんじゃないかなと思います。

ここまで聞いてから、精神科の先生にこのときの被害者についてどうですかと鑑定を依頼します。ろくに事実関係を聞かないで精神科医に被害者心理の鑑定を丸投げするのはダメです。検察官としての仕事（事実関係の聴取）をちゃんとがんばった後で、初めて精神科医等の先生に鑑定をお願いすべきです。

今後の課題：立証への協力を

今後の課題として、性犯罪被害者の心理について捜査官も勉強した上できちんと被害者の聴取ができるようになることも大事です。裁判所は小西聖子先生の講義を年に一回受けたり、eラーニングで広めたりしている状態です。しかし、法曹は、法学部で一切被害者学を学んでいません。司法試験の科目でもありません。司法研修所でもカリキュラムに一コマ、一時間か二時間あればいいいくらいだと思います。

そのため、裁判官も検察官も弁護士も、被害者について基本的に知らないんですね。それを裁判所に教えるには、裁判官も年に一回一時間か二時間の研修なわけですから、証拠で出していくしかないわけです。常識だから理解してくださいじゃダメです。専門家証言の証拠として、フラワーデモの契機にもなった無罪が有罪に覆った福岡高裁と名古屋高裁の二つの事件でも、名古屋高裁は小西先生に出ていただいている。福岡高裁は差し戻した理由として、専門家の話をちゃんと聞きなさいと指示しています。だから被害者の言動を裁判官が理解できていない、正しく理解するには専門家の意見をちゃんと聞きなさいというのが裁判で明らかにされたわけです。そうなると、いくら私たちが丁寧に被害者から聴取し、支援者の人ががんばれと励ますだけではダメで、精神科の先生に鑑定書を書いてもらう必要が出てくるわけです。宮地先生みたいな立場の先生に毎度毎度ご協力していただかないといけないわけですよね。

しかし、それでは被害者臨床をしている数少ない精神科医に過重な負担をおかけしてしまいます。ですから、裁判所が、「トラウマティック・ストレス」「凍結反応のメカニズム」などの用語解説や５Ｆ反応やポージェス先生の理論などを公知の事実として受容して立証不要になるまで何年かかるかわかりませんが、専門家証人を立てて立証し、「理論面はもう立証不要ですから、本件被害者が実際そういう状態であったことのみ医学的に説明してください」という状態にするのが理想です。

気が遠くなるようなことですけれども、ようやく裁判所が、被害者供述の信用性を判断するにあたり、精神科医の話を聞こうと判決に書いてくれました。今年の三月の高裁でやっと書いたんです。ですから、ここから先は、精神科医の先生がたにご協力いただくしかありません。

支援者のポジショナリティ

最後に、周藤先生と椹木先生に考えていただきたいのは、支援者のポジショナリティです。宮地先生の『環状島＝トラウマの地政学』を読んだときにすごく感銘を受けました。というのも、ちょうどその頃、NPO法人性暴力救援センター・大阪SACHIKOの支援員の会議に毎月オブザーバーで行かせていただいていたんですけれども、半年くらいしたときにもう来ないでと言われたんです。ちょっとショックだったんですけど、でも私自身、なにか違和感があったので潮時だなと思って、十分みなさんのお話を聞かせていただいた、と思って引きました。そのときに『環状島＝トラウマの地政学』を拝読して、専門家は被害者の「味方」であっても「仲間」ではないんだ、というのを読んで、なるほどなと思ったんです。SACHIKOの支援員の方は被害者に寄り添う「仲間」です。でも、私は、「仲間」になったら私の声は外に届かなくなるから、宮地先生がおっしゃっている尾根の一番上にいる公正中立の「味方」で居続けないとだめなんですね。その環状島の尾根の一番上にいると強風が吹き荒れてしんどいんですけど、「味方」になる人はここにいないといけない。フェミニストカウンセラーは、「味方」というよりは「仲間」に近い感じがします。そのため、裁判所が意見書を受け入れようとしないところがあります。フェミニストカウンセラーは、「仲間」になることによって被害者の心の傷のより深いところに手を届かせるっていう非常に重要な役割があるから、治療や回復支援には非常に重要だし、それで正しいと思うんですけど、裁判でフェミニストカウンセラーの先生の意見が通るかというと、通りにくいと思います。裁判所など外海の人々に声を届かせるには「仲間」じゃなくて「味方」にならなければならないっていう宮地先生のお考えに共感しました。

尾根はとても狭いです。最近、ある性犯罪事件で、被害者の鑑定書を作成して証人として裁判所に出廷していただいた精神科医や臨床心理士の先生から、出廷前に証人としての心得について助言させていただいたのですが、日頃の臨床現場では、被害者の仲間的な活動をしている側面もあったのですが、裁判でお話しされるときは、そこを捨てて、客観性、公正性にものすごく特化して、だからこそ、このポリヴェーガル理論などの客観的エビデンスのある論文を引用していただく必要があるんですけれども、そういうエビデンスを使って鑑定書を作成して証言するのでなければ、裁判所が聞く耳を持たないと思います。

そういう点で、このポリヴェーガル理論が日本でも周知されることが、非常に重要だと思っています。

参考文献

・田中嘉寿子（二〇一四）『性犯罪・児童虐待捜査ハンドブック』立花書房
・田中嘉寿子（二〇一五）「性犯罪の被害者の供述の信用性に関するあるべき経験則について」『甲南法務研究』第一一号、五七―七〇頁
・田中嘉寿子（二〇一八）「改正刑法の性犯罪の暴行・脅迫要件の認定と被害者の『５Ｆ反応』」『甲南法務研究』第一四号、六五―七二頁
・ベセル・A・ヴァン・デア・コルク他編（二〇〇一）『トラウマティック・ストレス：ＰＴＳＤおよびトラウマ反応の臨床と研究のすべて』西沢哲訳、誠信書房
・宮地尚子（二〇一八）『環状島＝トラウマの地政学』みすず書房

- Porges, S.W. (1995). Orienting in a defensive world: mammalian modifications of our evolutionary heritage. A Polyvagal Theory. *Psychophysiology, 32* (4).
- Rodrick, Zoe (2007). Psychological Trauma - What Every Trauma Worker Should Know. *The British Journal of Psychotherapy Integration, 4* (2).

第6章　当事者の声が社会を変える　今、何が最も必要なのか

一般社団法人Spring代表理事／性暴力被害者支援看護師
山本　潤

当事者として活動するに至った経緯

一般社団法人Spring代表理事の山本潤です。私からは、性被害当事者たちの社会活動と刑法性犯罪改正についてお伝えします。

私が刑法性犯罪改正に関わるようになったきっかけは、自分自身が被害当事者であるからです。一三歳から二〇歳まで実父からの性暴力がありました。被害を受けていたときは、性暴力とわからなかったのですが、受け入れられない出来事なので思考や感情をシャットアウトし、被害をなかったことにして過ごしていました。二〇歳のときに母が父と別れたときに、母に「お父さんに身体を触られていた」と伝えることができ、そのときの母の驚愕した様子を見て初めて、自分に起こったことが被害であると自覚しました。

二〇代のときは、赤ちゃんがえりやうつ状態があり、アルコールや性的依存の行動もありました。男性は敵で社会は危険なところだと思っていたので、生きていくのはしんどかったです。その後、看護師になり、女性や子どもへの暴力に対する教育啓発を行っている団体や人々との関わりの中で、

性暴力被害について学び、SANE（性暴力被害者支援看護師）の研修を受けて、被害者支援や当事者活動に関わるようになりました。

刑法性犯罪改正に関わるようになったのは、二〇一五年からです。

刑法は明治四〇年に制定され、児童虐待や女性への暴力が社会問題とされるようになっても、約一一〇年間変わっていませんでした。しかし、二〇一四年に松島みどり法務大臣が就任記者会見で、「強姦の罪が強盗より軽いのはおかしい」と発言し、法務省で刑法性犯罪改正について議論することになりました。

その頃私は、女性福祉に関わる分野で働いていて刑法性犯罪改正が議論されていることは知っていましたが、法律のことは専門外だし漠然とよい方向に変わるのかなと思っていました。ところが、二〇一五年七月に「性犯罪の罰則に関する検討会」のまとめを報告するイベントに参加し、法律家たちが「親子間でも真摯な同意に基づく性行為がないとは言えない」「被害者が積極的に監護者（親など）に迫る場合もある」「（被害者が）訴えないことで心身の平安を保護できる」と言っていたと聞き、非常にショックを受けました。

親が子どもに性的行為をしたらそれは性虐待です。被害者が親などの監護者に迫ることがあるのは、繰り返される性的虐待の中で嫌な出来事を早く終わらせたいなどの心理があることが知られています。また、訴えられないのは、被害者支援が十分にないため回復が進んでいないことや、二次被害につながりやすい司法システムの状況があります。そもそも、レイプ被害者の半数がPTSD、三割がうつ病を発症するといわれる中、心の平安などあり得ません。

性暴力の実態を知らない人により、性犯罪を規定する議論が進んでいる状況に危機感を強く持ちました。

　そのときに私たち被害者や被害側を支援している人たちにとって当然の認識が法律家にとってはそうではないことに気づきました。被害を受けた際に、凍りついて抵抗できなかったとしても「嫌だったら抵抗したはず」と解釈されてしまうのです。性被害を受けた人間がどういう反応を示すのかについてまったく理解されていないまま議論が進めば、適正な法律が作れなくなってしまいます。

　そこで、私たち被害当事者の声を伝え、性暴力の実態を知ってもらうための活動をしてきました。具体的には、「性暴力と刑法を考える当事者の会」という任意団体をつくり、法務省が刑法性犯罪改正の議論を進めるために設置した法制審議会に、性被害当事者の意見を伝えるための要望書を提出しました。

　また、二〇一六年秋からはNPO法人しあわせなみだ、明日少女隊、ちゃぶ台返し女子アクションなど他の三団体と一緒に、刑法性犯罪を変えるためのキャンペーンを開始しました。議員に面談して性暴力の問題を伝えるロビイング活動をはじめ、署名集めやイベント開催も行いました。日本では、なかなか市民活動が成果をあげるのは難しいといわれてきたのですが、この運動は、メディアにも取り上げられ、国会議員の協力を得られて、二〇一七年の刑法改正を後押しすることができました。二〇一七年改正では実現できなかった積み残された課題についても、三年後に見直しを検討する附則を条文につけることができ、次の一手につなげられたので効果があったと思います。

コミュニティ・オーガナイゼーション：人々のパワーで変化をおこす

　コミュニティ・オーガナイジングという社会変革の方法を用いることができたことも成果につな

2017年3月15日 衆議院第二会館で10〜20代、国会議員を対象にイベント開催

がったと思います。アメリカの公民権運動に携わったハーバード大学のマーシャル・ガンツ教授により開発され、二〇〇八年の米国大統領選挙で初の黒人大統領バラク・オバマを当選させた草の根市民活動としてコミュニティ・オーガナイジングを広める取り組みを進めている鎌田華乃子さんと共に刑法改正のキャンペーンを行ったことで、効果的なアクションを行うことができました。

コミュニティ・オーガナイジングでは、ナラティブ(語り)を大切にしています。人を動かすのは理屈よりも心だからです。そして、自分の話を私たちの話(ストーリー・オブ・アス)にして、解決のために必要な道筋を提示します。私が国会議員に面談するときも、自分が実父から被害を受けていたことを伝え、刑法では親からの性加害であっても一三歳以上だと暴行脅迫の証明が必要で、罪に問うことができなかったことを伝えました。そして、加害者は家族の構成員であることや優越的な地位を利用するなど暴行脅迫以外にもさまざまな手段を用いて性加害を行っているにもかかわらず、刑法の規定が狭く性犯罪として裁かれていない問題を伝え、一一〇年ぶりという刑法性犯罪改正のチャンスに性暴力の実態に即した法律を作ってほしいと訴えました。

性被害者の話を聞くのは初めてという議員も多かったのですが、気持ちに共感してもらい、変化が必要な理由をエビデンス（科学的根拠）と共に示すことで、関心や理解が広がったと思います。

わたしたちのミッション

刑法は、法務省での専門家会議での議論、そして国会での可決成立をもって改正することができます。そのため、法律の議論は非常に重要です。

ただそれだけだと、これまでの法律の枠組みや価値観に縛られてしまいます。私たちは、同意のない性行為は性暴力であることが広く認識されるよう市民の意識も変化していくことが重要だと考えてきました。

そのため、二〇一七年の刑法性犯罪改正後から、私たちSpringはロビイング活動を継続しつつ、全国各地でイベントを開催するなどのキャンペーンにも取り組んできました。

私たちのミッションは性被害当事者が生きやすい社会を作ることです。そのために性被害の経験や人生への影響を語り、今解決する必要がある社会問題であると訴え、刑法改正に取り組んできました。

しかし、なかなか大きな社会運動にすることが難しいと感じていたときに始まったのが、フラワーデモです。

二〇一九年三月に、別々の裁判所で四件の性犯罪無罪判決が出されました。その中には、実父から娘への長年にわたる性的虐待や同意のない性交があったことを認めながらも、抵抗できない状態ではなかったとして無罪とし、大きな議論となった判決もありました。

作家の北原みのりさんたちが、このような性犯罪無罪判決に抗議し、性暴力被害者への連帯を示すために東京駅前に花を持って集まろうと呼びかけたのがフラワーデモです。その後、全国の都道府県に広がり、翌年の三月までに延べ一万人が参加するという大きな運動になりました。メディアにも継続して取り上げられ、政治家の性暴力への関心も高まったと思います。

性犯罪無罪判決に対する抗議として始まったフラワーデモでしたが、性暴力被害者たちが公道で人前に立ち、自らの被害経験を集まった人々に語るようになりました。人々は被害者たちが話す苦痛や恐怖を聞き、自分たちが住む地域でもさまざまな性暴力が起こっていることを目の当たりにしました。日本社会が性暴力の実態を知る大きな転換点となったと思います。

そして今、そのような性暴力の痛みを解決するためには、刑法改正が必要だという理解が共有されています。

次に地方議会への働きかけも行いました。刑法性犯罪改正を所管するのは法務省ですが、フラワーデモで何万人集まったとしても、法務省に明確な要望が提出されないと影響を与えられないといわれています。

それなので、市民の代表である地方議会で刑法性犯罪改正に対する意見書を法務省に送ってもらえるよう地方議員に依頼などをしました。各地域のフラワーデモも、議会に意見書を送ってもらうアクションを展開し、複数の県議会、市町村議会が刑法性犯罪改正についての意見を表明しています。

積み残し課題

この間もSpringでは、刑法性犯罪改正について法務省に改正を求める九万通以上の署名と要望書を法務大臣に提出したり、内閣府特命担当大臣（男女共同参画）に性暴力被害者支援の拡充を求める要望書を提出しています。

要望では、次のような積み残し課題の解決を求めました。

一つはハードルが高すぎる暴行・脅迫要件、抗拒不能要件を見直し、不同意性交等罪を設立すること。一三歳以上という低すぎる性交同意年齢を引き上げ、一六歳未満とすること。強制性交等罪一〇年、強制わいせつ罪七年という短すぎる公訴時効を撤廃、もしくは延長すること。教師と生徒、施設職員と障害児／者、医師と患者、上の立場の親族や上司と部下など、地位関係性を利用して性加害を行ったことへの規定をつくることです。

不同意性交等罪の新設

私たちが求めるのは、不同意性交等罪の新設です。しかし、どのような条文ができれば適正な法律になるかは、法律家ではないので提案するのにも限界があります。そこで、弁護士さんたちが中心になっている認定NPO法人ヒューマンライツ・ナウHuman Rights Nowという団体が、どのような法律が必要かを考えるにあたり、市民団体からも声を集めて条文化してくれました。

ヒューマンライツ・ナウは、Springの呼びかけで二〇一八年に立ち上がった刑法改正市民プロジェクトというネットワークにも当初から加わっています。共に行動し、価値観を共有しているので、条文案も納得できるものでした。

条文案では、ドイツ刑法のように、他の者の認識可能な意思に反して、性的接触をした者を処罰することを提案しています。

不同意性交等罪には二つのカテゴリーがあります。一つはドイツ刑法のような、他の者の認識可能な意思に反して性行為を行った場合を規定するもの。これは相手が嫌だと言ったり、涙を流して「Ｎｏ」を示しているのにもかかわらず、性行為をした者を処罰する規定で、「No Means No」といわれます。

それよりさらに進んだ規定が、二〇一八年の法改正によりスウェーデンで成立した「Yes Means Yes」モデルの規定です。これは相手の積極的なＹｅｓ、同意がなければ性犯罪と規定するものです。性暴力の実態に最も近い法律と考えていますが、二〇年くらいかけて法改正を実現したと伺っているので、私たちも見習って、粘り強く取り組んでいきたいと思います。

OneVoice キャンペーンのタイムライン

現在、Spring では一人ひとりの声を集めて刑法改正するという「One Voice キャンペーン」を実施しています。ただ、このゴールは「No Means No」の刑法改正なので、「Yes Means Yes」の刑法改正を実現するには、日本ではさらに二〇～三〇年かかるのではないかと思います。三〇年ずっと同じことをやっていくのも結構大変なんじゃないかと思いますが、新しい仲間をつくりながら、活動し続ける必要があります。

ロビイングを通しての現在の反応ですが、改正にあまり前向きではないという印象を持っています。やる気のある議員や行政職員もいますが、不同意性交等を罪とすることには抵抗が大きいと感じます。

よく言われるのが、暴行脅迫があれば客観的にも同意していないことがわかるけれど、不同意だと難しいということです。

そこで、心理学者の方に調査をお願いしました。

性暴力の実際

公認心理士の齋藤梓さんと当時オックスフォード大学医療人類学研究室リサーチフェローをされていた大竹裕子さんが、同意のある性交と同意のない性交は何が違うのかを明らかにする日本で初めての質的研究を実施してくれました。研究結果は『性暴力被害の実際』（金剛出版）という本にまとめられています。研究では、「奇襲型」「飲酒・薬物使用を伴う型」「性的虐待型」「エントラップメント（罠）型」という四つのプロセス類型があることが明らかになりました。中でもそれまで見えにくかった、上下関係性を作られ、追い込まれて被害を受けるエントラップメント（罠）型の性被害があることを明確にしてくれたのが画期的だと思います。

本書を読むと性加害が行われるかなり前からプロセスが進行していることがわかります。加害者は被害者より社会的な地位が高く、日常生活の中で上下関係を作り上げていきます。そして、圧迫的な言動を行なったり、被害者を貶めて弱体化させます。徐々に逃げられない状況を作り、性交を強要するのです。

性暴力が起こる状況を解明していくためにも、このような調査がもっとなされる必要があります。

今後の課題

課題としては、ポリヴェーガル理論など生理学的、医学的根拠を説明して、同意のない性交というのは人にダメージを与えるし、そのような影響や反応は人間として当然なんだということをわかりやすく政治家とか刑法学者などの法律家に伝わるようにすることです。

また、メディアや市民にも被害を受けた人がどのような反応を示すのかをわかりやすく伝え、性被害を受けたことの影響を社会の共通認識としていくことが重要です。

日本では、性行為における同意については、人によって認識に差がある状況です。一緒にご飯を食べたら、部屋に入ったら、性交に同意していると考える人もいます。

しかし、同意がなく、対等性がなく、強制があればそれは性暴力です。性的同意についての正しい理解を広め、性暴力・性犯罪の固定観念を変える議論が、今後必要だと思います。

第7章 ［座談］シンポジウムを終えて
——今後へどうつなげていくか

花丘ちぐさ
椹木京子
宮地尚子
周藤由美子
田中嘉寿子
山本 潤

今後も深めていくべきこと

花丘 もう私はひたすら自分の過ちに気がついています。これだけの内容なので二日間シンポジウムにしないとダメだったのだということをひしひしと感じてます。本当に今日は、宝物を目の前にして、まだ詳しいことを聞かないうちに進んでいるという感じです。非常に今ジレンマを感じています。これは将来必ず機会を設けて、もう少し詳しくお話を伺いたいと思いました。今日は、残り時間もわずかですが、まず先生がたお一人ずつから何かコメントをいただきたいと思います。

椹木 基本的にはポージェス博士の今後の研究が待たれるところだと思います。その結果から、また今後の活動の在り方を考えていかないといけません。ここでこの話だけ聞いて終わり、というのは、やはり今後の性暴力を罪に問うていきたいという私たちの趣旨に沿わないので、これからも進めていく必要がありますね。

花丘 そうですね。私は一つ大事なことを学んだのですが、長期にわたる関係性における性暴力被害、迎合ですね。一般的には、性暴力被害というと、突然襲われて、いわゆる暴力行為を受けている被害の最中に起きてくる迎合ということだけが注目されますが、もっと拡大した視野で、女性が置かれている社会的立場なども踏まえて、どういう神経・生理学的な状態になっているのか、ということも、ポージェス博士にお聞きしてみたいなと思います。

椹木　私は宮地先生が言われていたPTSD症状、いわゆるトラウマの症状をポリヴェーガル理論で説明できないかと思っています。もちろんこれは、かなり難しく複雑になってくると思いますが。また山本さんも言われたように、不同意性交の結果、症状が出てくることがありますよね。免疫疾患というと時間がかかるけれど、たとえば内臓に症状が出るというときに、それをポリヴェーガル理論で、性暴力被害を受けたからこのような内臓疾患が出てきたとか、これを傷害として立証できないかと思うのです。

花丘　あとはそこに因果関係があるかどうかを法的な先生がたがどう見てくださるのかという部分はありますけれども、博士に聞いてみたいですね。

宮地　小児期逆境体験が身体疾患のかかりやすさに影響するといった研究は出ています。性暴力と身体症状の因果関係を直接証明するのは難しいでしょうけれど、体に影響をおよぼさないはずはないですよね。ポリヴェーガル理論は、日本の裁判でも使われはじめているのでしょうか。

田中　つい先日東京地検であった性犯罪の事件で、菊池祐子先生（精神科医、現神奈川県立精神医療センター）が証言されたときには、ポリヴェーガル理論にも言及されていますし、名古屋地裁岡崎支部で長江美代子先生（公認心理師、日本福祉大学看護学部教授）に鑑定人として証言していただいたときにも、私がご紹介したんですけど、ポリヴェーガル理論についても言及されています。

宮地　アメリカの裁判ではどのように使われているのでしょうね。

田中　そうですね。それはぜひ聞きたいですね。

花丘 田中先生の、ハンス・セリエのストレス理論との関係性についても聞きたいですね。一瞬フリーズしてから、闘争／逃走に入る、ということですが、私が、ある医師の方にお願いして医療トラウマの講座をやったときに、ポージェス先生はまず腹側迷走神経系で反応して、次第に段階を経て、闘争／逃走反応の後フリーズするんだっていうふうにおっしゃってるけれども、その医師の方は、まずフリーズすると言ってましたね。

田中 医学的には、最初に少しフリーズしてから闘争／逃走というのがあるんだとのことですから、そこも確認したいですね。だからそこの推理というか理屈づけが調和するのであれば、違うパターンもあってよいと思うんですけど、ポージェス博士はどう思っておられるのかはぜひ聞きたいですね。

防災心理学の視点

宮地 要するに、被害を受けている最中のことを誰もきちんとわかってないし、理論化されてないということですね。でも今は、証拠になる動画が防犯カメラなどで残っていることもあります。テレビのどっきりカメラの企画の映像なども、ある意味「人は思いがけないことが起きたとき、動けないものである」という証拠として使えるといいなと思ったりもします。震災の特集番組などでも、地震のときに人がどのような動きをしていたかの映像を、再生して見ることができますよね。そういった地震のとき、やっぱりまずはその場でみんなじっとしているんですよね。そういうものを、フリーズ反応を起こすという証拠として使えないのかな。「なぜそのとき人は動かないのか」というのは今の防災心理学研究のテーマとも共通していますね。津波が来ると言われた後も、動けなかったり、うろうろと意味のない動きをしていたり、近所の人と話し込んだり、いろんな行動が見られます。必ずしも逃げ出そうとはしていません。人間は右往左往するものなのです。後になってからなら、いくらでも「こうすべきだった」ということは言えるのですが、とっさのときにはなかなか合理的に動けないものだ、ということがもっと知られてほしいです。そうすれば、性暴力被害についても理解が深まるのではないかと思います。

田中先生の五つの段階の話はとても興味深く、被害者のリアリティと司法など外部から見たリアリティの溝の深さを考えさせられました。あれも、「なぜやらなかったのか」という後付けの議論ですよね。そのときには、まだ何が起きているか、これから何が起こるか、被害者にはわからないのに……。渦中にいない人が、渦中にいる人に対して、あれをして当然、これをして当然といっているのですね。「そんなこと、緊急時のあの状況でできるはずないじゃない」という被害者の視点をきちんと司法に反映させていくことが大事だと思いました。

映像といえば、トラウマの性差の研究をしているミランダ・オルフさんが、突発事故のときの映像を講演で見せてくれたのですが、そこでは男の人たちはわりとすぐ動き出して、女性たちはその場にいてお互いに声を掛け合っていました。もちろん、個人差もあるので、ジェンダーだけでは言えませんが。

田中　被害者のリアリティは、トラウマ記憶の特性に顕著に表れています。トラウマ記憶は、五感で体験した被害記憶が直接長期記憶にバラバラに焼き付けられているため、フラッシュバックを起こしやすく、時間的・場所的に整理統合されていなくて言語化しにくいなどの特性があります。これは、日常的な出来事の記憶とはメカニズムがまったく違います。しかし、供述の信用性を研究する供述心理学（実験心理学の一種）の研究者は、実験可能な日常的記憶しか扱わないので、実験不可能なトラウマ記憶の特性を無視し、被害者が被害時に周トラウマ期解離症状などのため、逃げるチャンスがあるのに逃げていないなど、一見不自然・不合理な言動をし、その理由をうまく説明できないと、その供述はすべて「不自然・不合理であり、作り話である」と評価する「供述鑑定」を弁護側証人として出してこられます。供述心理学の先生は、臨床経験がないので、被害者のリアリティをご存じないのです。裁判では、供述心理学者がよく出てこられますが、被害者のリアリティを臨床の専門家にこそ伝えていただきたいと思います。また、このあいだ、精神科医の菊池先生が鑑定されたときに、菊池先生が実際に震災のことについて体験されたことをお話しされていました。震災の後に、おじいちゃん、おばあちゃんへのケアとしてずいぶん一緒にお話もしたけど、防災心理学的な視点と、被害者心理をあわせて考えることをしたことがなかった。でも私がちょっとご説明したら、それだったら非常によくわかる、というふうにおっしゃっていました。防災と犯罪被害については、別々のことと思っていますよね。ふつう、防災のことを一所懸命やっている方は、性暴力被害については興味はなくて、こうした話題には入ってこられないし、性犯罪被害者支援をしている人は、防災のことは考えていない。しかし、私が犯罪被害者の状態について、防災心理を引き合いに出したのは、とにかく裁判官に耳を傾けてほしいと思ったからなのです。

　そのためには防災心理学だったら、老若男女に共通にみられることで、災害後のインタビューとか証拠映像もたくさんあって、大規模調査が現実にできていて、そこでみんなが本当のことを語っている。そういう前提で研究が進んでいるから、人が凍りつくことも、うまく逃げられないことも、回避がうまくできないことも、現実のこととしてみんな知ってるんですよね。

　そういう被災者の被害時や直後の反応と性犯罪被害者の被害時や直後の反応が一緒なんですよ、ということだけ理解してもらったら、説得しやすいかなと思って、その点について使おうと思ったんです。ここを、またこれからたくさんの人が賛同してくださって応用してくださると助かります。なかなか性犯罪被害の場面の録画なんてないわけだし、被害者もうまく言葉にできないんだけど、ショックを受けている、フリーズしているという点では、同じことが起こっているんだね、っていうのがもうちょっと社会的コンセンサスになってくれるといいなと思っています。

普遍的理解につなげるには

椹木　たしかに、生理学的反応には個人差があるとは思うのですが、やはりフリーズのときに何が起こってるのかを知ることが大切だと思います。先ほどは緊張したフリーズと脱力したフリーズの違いであるとか、迎合であるとか、一人ひとり違うという話が出ましたが、総体として、ある状況に陥ったら、人はこういう反応をしますということを理解したいです。神経生理学的に何が起こっているのかという、基本的なところもしっかり押さえたうえで田中先生が言われたように、裁判に関わる方にわかりやすく説明することで「ああなるほど」と思ってもらえることはとても大切だと思います。

花丘　はい、そうですね。特に5Fの神経生理学的な状態はどうなのか、といったことはぜひ聞きたいと思います。人それぞれ違うということをたとえて言えばこのようなイメージです。どこで神経生理学的なスイッチが切り替わるか、そこが人によって違うわけです。たとえば、子どものころから、あまり安心させてもらえず、いつも警戒してびくびくしている状態の人であれば、容易に圧倒されてしまいますし、武道の達人で、自分の力に自信があれば、とっさに戦おうとするかもしれません。ですから、スイッチが切り替わるポイントは人によってさまざまです。ただし、そのスイッチが切り替わったときの、一つひとつの状態はどういうものなのかということは確認しておく価値はとてもあると思います。

周藤　あとそれからですね、今のお話からいっても、今後裁判などでポリヴェーガル理論を活用して、証言や精神科医の意見書などに反映させていただきたいと思います。それとともに、ポリヴェーガル理論を法律関係者の人に理解していただいて、性犯罪の加害者をきちんと有罪にしてほしいのですが、そういった議論で終わりたくないと思います。刑法性犯罪の暴行・脅迫要件の撤廃、そして不同意性交は犯罪であるという規定を盛り込むところまで持っていければと思います。

花丘 そうですね。最終的にはやっぱり同意なき性交は犯罪というところをしっかりと押さえていくということですね。山本さんが、そこまで行くのにいくつかのステップをはさむ必要があるだろうとおっしゃっていますが、それにしても、やはり、最終的にはそっちへ行きたいということではあると思うんですよね。その点について、やっぱり生理学的な反応についても、私のほうでもお話の中でさせていただきましたけど、みんなの温度計の大きさが全然違って、大きな温度計の人もいれば、小さい温度計の人もいて、「ここが私の零度です」といっても、それが実際には高い人もいれば低い人もいるわけです。つまり、こうした個人差のあることを基準にしても、はなはだ不確かなわけです。物差しが標準化されていないわけですから。このような不確かなもので、暴行脅迫をされたのか、抗拒不能だったのか、といった重要なことを決定していくよりは、「イエス」だったのか「ノー」だったのか、ということで、ちゃんと確認ができることが必要だと思います。

また、安全な立場にいる人が、「なぜ助けを求めなかったのですか」「ふつうであれば、被害後にすぐに助けを求めるはずです」「きちんと嫌だといったのですか？ 意思表示はしたのですか？」「なぜ嫌だと言わなかったのですか？」と問うても同じ土俵にはいないわけですよね。当事者は尋常ではない状態にいるわけですから、そのときの神経生理学的状態がどのようであったのか、について十分な議論がなされるべきです。

求められる証拠

山本 社会的な通念もありますが、それはそれとして、法律で処罰するためにルールを作るっていうのは、かなり頭を切り替えないといけないと私は感じています。そのなかで、ポリヴェーガル理論があり、そこから被害者の心理状態の理解を行うことは、非常に重要でしょう。そこがないと、せっかく法律を作っても、また運用の面で加害者が裁判で無罪になってしまう、という矛盾が出てくると思います。

ですから、神経生理学的なことをきちんと共通認識として持つというのは、とても大切なのですが、そこから、同意なき性交は犯罪であるというところにつなげていくのは、かなり難しいと思いました。とにかく、証拠がないといつも言われるので、ここが難しいところです。被害直後には、フリーズなどの硬直反応が身体の中に残っていて、テストをしたら何かの数値で表れる、といったことがあれば、それは非常に有効に使えるなとは思うんです。

田中　もし仮にですね、被害直後に届けていただいたとしたら、そのときの血液か何かを取っておけば、そこに含まれているアドレナリンとかオキシトシンとかの量を計測して、それが同意のある性交後の数値と、犯罪被害後の数値で違いがあれば、供述の裏付けになるのかもしれないですよね。本当にお金ほしさに嘘をついている人だったら、生理的反応がまったく違うと思うので。でもそれはよほど、被害直後の時期でないと、証拠が取れませんね。たとえばコルチゾールが過剰分泌しているとかいうのはしばらく残るはずだから、それを証拠として添えて出すっていうのは有効かもしれません。また、もし被害者がスマートウォッチをしていれば、それに記録された心拍数なども鑑定資料になり得る可能性はあると思います。

花丘　そのようなかたちで証拠ができるなら、興味深いですね。

宮地　さきほどの血液の話は、バイオマーカーがあったら有効ではないか、ということですね。そういうものがあればたしかによいのですが、その場合は、恐怖の程度に伴って数値が変わるような物質を見つける必要がありますね。アドレナリンは交感神経の亢進で高まりますが、興奮によるものか、恐怖によるものかはわかりません。オキシトシンやコルチゾールなども何を測っていることになるのか明確ではないです。ウェアラブル機器によって、生体モニタリングが記録されるようになったら、たしかにある程度の資料にはなるかもしれませんね。

花丘　そうですね。たとえば、小児期逆境体験があった人については、エピジェネティックな変化が起きてきますので、内分泌のパターンも変わってきます。小児期逆境体験のある女性は、困難な課題に直面するとオキシトシンの分泌が増えるという研究もあります。これは、女性が歴史的に、困難な状況では、戦うよりも迎合したほうが自分と子どもの生存の可能性を高めることができるので、こういうエピジェネティックな変化が起きるのではないかといわれています。このように、体質まで変わっていくようなこともあるので、なかなかそのあたりは複雑ですね。でも、もちろん、血液でバイオマーカーのチェックができるとしたら、それはたいへん有効でしょうから、今後の研究が待たれるところですね。

周藤　血液となると、かなり専門的なので何ともいえませんが、防犯ビデオを警察官が見たときに、これは迎合なのか、本当に性交に同意しているのかがわかるような手がかりがあるといいですね。

花丘　フリーズしているか否かまでを鮮明に判断できるほど、防犯カメラでどこまでちゃんと映るかっていうのはありますけど、笑顔についても、本当に心から笑っているかどうか、という判断のポイントがあります。本当に幸せで微笑んでいるときは、「デュシェンヌのスマイル」という微笑みがあるのです。この、目じりにシワがよるんです。カラスの足跡ができるわけです。目が笑っているというか、目じりにシワが寄っているときは、本当に楽しくて笑っていて、目が笑っていない、目じりのところが無表情で、口だけ無理に笑ってるっていうのは本当の笑いじゃないといった研究はありますよね。ただ防犯カメラの映像がどの程度鮮明なのかはわかりません。

宮地　私は、自分自身が困ると笑ってしまう癖があるのですが、目じりが本当に動いていないのか、ちょっと心配です。デュシェンヌのスマイルは、それだけでは確定的な証拠にはならないかもしれません。

フリーズのレベル

椹木　少し話が変わりますが、先ほどのフリーズについてです。緊張したフリーズと脱力したときのフリーズというのがあると聞きます。二〇一九年三月の福岡の性犯罪裁判では被害者は酩酊状態で、「嘔吐もして眠り込んでおり抵抗できない状態だった」と抗拒不能と認定されたにもかかわらず、加害者が、被害者は性交に同意していたと誤信したとされ無罪になっています（その後、控訴審で有罪判決）。誤信した理由として、「目を開けていた」「声をだした」等がありました。もちろん久留米の裁判では酩酊状態という状況がありましたが、そうでない状態であっても静岡地裁浜松支部（強制性交等致傷罪）の判決のように「抵抗できたはず」とされ、無罪になった裁判は多くあります。フリーズするとどういった状態になるのかなど、はっきりと説明することができればいいのではないかと思います。

花丘　たしかに、本当にそこは重要ですよね。人間はとても複雑な生き物なので、心ここにあらずでも、解離していても、いろんな複雑なことができたりします。そのあたりについても、今後の研究が待たれますね。

山本　人間のそういう危機的な状態の生理学的なメカニズムが、わかりやすく伝わると、司法のサイドでも考え方が変わるわけですから、しっかりとした事実関係を示して確認したいわけですよね。

花丘　そうですね。

周藤　先ほどのアルコールの影響ですが、やはり、アルコールの影響があると、神経生理学的な状態も、当然変わってくるわけですよね。

花丘　アルコールとか薬物が介在したときは、どうなのかってことですよね。また、アルコールを摂取している状態、酩酊している状態での性交についての同意が有効かどうかも、今後は議論するべきところですね。

山本　障害を持たれている方についても、今後さらに議論していく必要がありますね。障害者への性暴力被害も、じつは深刻な問題です。こうした障害を持たれている方の生理学的な状態はどうなっているのか、そういうことも今後は調べていく必要があります。障害者の性暴力被害については、なかなか理解されにくいですし、吸い上げられにくいのです。

さまざまな側面をどう捉えるか

宮地 ところで、津田氏のポリヴェーガル理論の本では、オキシトシンのことが書いてあり、「恐怖なき不動化」の記述もあります。性的なことに関しては、このあたりが混乱をもたらすかもしれません。親密で信頼関係のあるパートナーとの性行為で快楽を感じれば身体は不動化状態に入ることがあります。その場合の不動化状態ではオキシトシンが作用していて、恐れがなく、パートナーとの絆を感じ、幸福感を持ちます。これはおもに腹側迷走システムが作動している場合ですね。一方、トラウマ的な出来事においては、恐れに伴う背側迷走神経の反射が不動化状態をもたらしています。こちらは恐ろしく孤独であり、恐怖に陥った状態で、快楽からはかけ離れています。

花丘 恐れのない不動化に関しては、裁判でそこまでの話が出てしまうと、かえって混乱をきたしてしまいますね。

宮地 ポリヴェーガル理論の中にはいくつもの要素が含まれています。その中のどの部分が、司法の場で使われるかを考えないといけないですね。まだ背側迷走神経のフリーズ反応さえ認知されていないときに、迎合反応の話までしだすと、そんなの加害者側からは見分けられないよ、ということになりかねません。そのときは同意していたように見えたのに、後から「迎合反応が起きていた」と言われても、わからないということになる心配はちょっとありますね。

山本 それは裁判官としての考えですけど、政治家はよくわかってくれています。怖いときは固まりますよね、と言ってくれます。性暴力について学んだ政治家は、ひどい目に遭わないために抵抗しないという点については、かなりわかってくれます。

社会への働きかけ

田中 山本さんが、法務省には、やっぱり自治体の方の意見書みたいなのが影響力があるというお話をされていました。裁判所は、裁判外のことは一切証拠にはしません。ただし、事実認定上、「一般人」を基準に判断する場合の「一般人」は、特定の証拠ではなく常識によって判断しています。そして、「一般人」として、ジェンダー・ギャップ指数が先進国中で最下位の現状を基準とするのか、フラワーデモを支持する世論を含む憲法上の男女平等の世界を基準とするのかによって、変わってくる点はあると思いますよ。ですから、こうした運動を続けて世論や常識を変えていくことは、結果的に裁判に影響すると思います。今後もがんばってもらいたいです。

椹木　そうですね。フラワーデモの影響は実際に関わっている私たちも感じています。また、フラワーデモは報道関係が何度も取り上げてくれたことも運動の盛り上がりを大きく左右したと思います。報道機関においては、上層部の方々は「フリーズ」とか「迎合」「解離」ということ自体、根拠がないとして、簡単には記載の許可をしないと聞いています。神経生理学的な反応の理解が広がれば、より報道もしやすくなるのではないかと思いました。すぐには変わらないかもしれない、何年もかかるかもしれない。それでも、やはり少しずつさまざまな角度で関わっていくことが必要なのかなと思います。

花丘　そうですね。あとは、たしかに医学的・専門的な見地からすると身体の話は複雑ですが、やっぱり訴求力を高めるために、ちょっと漫画のように、図表などを使ってわかりやすい形でプレゼンしていくということが必要かもしれないですね。

田中　はい、わかりやすさでいくと、やっぱり防災とリンクさせるのが一番わかりやすい。私のレジュメにもある、避難所がこの三つ（5章・図2）でっていうのは多分日本人は全員わかるはずです。

宮地　たしかにそれは、日本人にはわかりやすいですね。ただ、腹側迷走神経系の社会交流（ソーシャルエンゲージメント）システムはつねによいものと捉えられていますよね。でも実際には、安全だと思った人とソーシャルエンゲージメントをした場合、裏切られたときのショックや混乱は大きいです。でもほかに避難先がなければ、裏切られたショックや混乱を抱えたまま、その人に依存せざるを得ないかもしれない。また、孤立化させられ、相手以外の人間関係がなくて、相手に服従したり、迎合する以外に生きのびる方法がない場合、相手へのソーシャルエンゲージメントが、被害を長期化させるおそれがあるという点も重要ですね。

花丘 なるほど。迎合の部分が本当にソーシャルエンゲージメントを使ってるのかっていうのは、やはり確かめたいところですね。実際の被害の場では、被害者は震えながら迎合しているわけですよね。だからちょっとそのへんの神経生理学的な状態がどうなっているのかは、科学的にも確認したいポイントですね。

宮地 単回の性被害における短期的な迎合反応と、長期的な被害関係の中での迎合反応は、分けたほうがいいでしょうし、神経の動きも違いがあるでしょうね。

花丘 SE™の先生で、性被害のトラウマの専門家の方は、迎合のときにはソーシャルエンゲージメントシステムを使ってるって言ってる人がいます。腹側迷走神経系と背側迷走神経系の両方を使っているという先生もいます。そのあたりも、専門家の間でさえ意見がいろいろ分かれるところで、今後の研究が待たれるところです。

今日は、日本のトップの頭脳ともいえる、本当にすごいメンバーにお集まりいただきました。ですから、私としてはぜひこの議論を世に出したいと思っています。また個人的にも本当に勉強になりましたし、先生がたとも触れ合うことができて、とても感動しました。本当にありがとうございました。また、今回、各御出席の先生がたとつないでいただきました、椹木京子さんにも、感謝します。おかげでこのような集まりができました。

またコロナが収まったころには、ぜひ集まって、もっとゆっくりとお話を伺いたいと思っております。どうぞ引き続きよろしくお願いいたします。

第II部　性暴力とトラウマ——被害の実際と裁判

第8章　性暴力被害と発達性トラウマ

花丘ちぐさ

はじめに

本節では、性暴力被害と発達性トラウマについて、ポリヴェーガル理論を通して考え、解決策もあわせて提示します。発達性トラウマとは、成長過程で被るトラウマのことです。子どもの頃の性暴力被害は発達性トラウマを引き起こす可能性が高く、発達性トラウマがあると、成人後に性暴力被害を含め、さまざまな被害を受けやすい傾向が生じ、悪循環となる恐れがあります。ですから、この点を解明しておくことがとても大切なのです。

最初に、発達性トラウマについての説明と、それが将来及ぼす否定的な影響について書きます。辛いことを思い出したり、フラッシュバックが起きる可能性がありますので、特に当事者の方は注意してお読みください。発達性トラウマを抱えて生きる辛さについて説明しますが、これは、その状態を責めているのではなく、その逆で、あなたが悪いのではなく、原因があるのだということをわかっていただきたいと思って詳述しています。本節の終わりにはポリヴェーガル理論による希望に満ちた解決策について書きますので安心してください。なお、本節では子どもの養育にあたる人を、便宜的に「親」と呼びます。そこには、養父母や、親戚、児童養護施設職員、病院関係者など、子どもの世話をする人を含みます。

発達性トラウマとその影響

発達性トラウマは、さまざまな定義がありますが、本節では、特に年齢を限定せず、成長過程で被ったトラウマを指すこととします。発達性トラウマを引き起こすものには、虐待を含む小児期逆境体験や不適切養育、また自然災害などの不可抗力で起きてくる逆境などがあります。

まず、発達性トラウマを引き起こすものの一つである小児期逆境体験（Adverse Childhood Experiences：ACE）について説明します。ACEには、養育者からの暴言や屈辱的扱い、心理的、適切な世話をしないネグレクト、身体的、または性的虐待、養育者のうつ病、精神疾患、アルコールやそのほかの物質依存、母親が虐待される場面を目撃すること、親の別居または離婚などが含まれます。

一九九八年にアメリカの研究者のフェリッティとアンダ両博士が、ACE研究の成果を発表しました。そこで、子ども時代の逆境体験であるACEと、大人になってからの病気や生きづらさとの間に関係があることが明らかにされました。その後も、子ども時代の逆境体験と、成人後の病気や対人関係の問題に関する研究が数多く行われ、その両者の間には強い関係があることがわかってきました。

ACEを有する人は、さまざまな身体的、精神的不調を抱える可能性が高くなります。がん、心臓や肺の疾患、消化器疾患、免疫性疾患、肥満、糖尿病、喘息、片頭痛、線維筋痛症、精神疾患など、さまざまな疾患との関係性が指摘されています。さらには、アルコールや薬物依存、喫煙、対人関係の問題、離職、ホームレス、自殺などとの関係性も明らかにされています。また、染色体にはテロメアというものがあります。これは、細胞が健全な状態を保つことや、がん化を防ぐ働きがあり、年齢とともに次第に短くなっていくことから「命の切符」とも言われています。ACEを有する人は、このテロメアが短いという報告もなされています。

虐待は暴力だけではない

ACEには、心理的な虐待も含まれています。日本では、虐待というと、殴る蹴るといった暴力による身体的な虐待のイメージが強く、心理的虐待を受けていた人の多くが、「日常的に殴られていたわけではないから、虐待はなかった」といいます。しかし、子どもを口汚くののしったり、言葉で脅したり、価値を貶めたり、自信をなくさせたりするような働きかけも虐待です。また、DVの目撃も虐待になります。

性的虐待はレイプだけではない

性的虐待については、性交が行われなかったとしても、オーラルセックスの強要、プライベートパーツ（男女ともに水着で隠れる部分）を見せる、見る、触れさせる、触れる、といった行為のほか、身体への不適切なタッチを行うこと、性的な情報に触れさせること、両親の性行為を（故意か否かにかかわらず）子どもに見せること、子どものお風呂やトイレを性的興味を持って覗くこと、子どもの性成熟の身体的特徴について、悪意をもって言及したり揶揄することなども含みます。

発達性トラウマと不適切養育

発達性トラウマを引き起こすものには、不適切養育もあげられます。明らかに虐待といえなくても、子どもへの不適切な働きかけは不適切養育であり、これも心身への長期にわたる悪影響があることが次第に明らかになってきています。不適切養育は、子どもが心身ともに健やかに成長することを妨げる親からの働きかけのこと（あるいは適切な働きかけがないこと）です。子どもを脅す、プレッシャーをかける、過度の期待をかける、過度に厳しいしつけをする、自由を束縛する、自信を失わせる、兄弟や他者と比較して貶める、宗教行為を強要する、愚痴を聞かせる、親代わりをさせる、不適切な性的情報に触れさせる、親族、兄弟姉妹間の性的加害行為を黙認する、子どもの話を聞かない、子どもの体調に気を配らない、第二次性徴についての適切なフォローを行わないなど、子どもの健やかな成長を妨げる行為全般を指します。

子どもは、食事を与えられるだけではなく、微笑みかけられ、心身ともに快の感覚と安心を与えてもらうことが必要です。自信をつけさせてもらい、判断力を伸ばしてもらい、人との適切な付き合い方を教えてもらい、愛し愛され、子どもを慈しむとはどういうことか、親の様子を見て学び、性的指向性はどのようなものであれ、自らのセクシャリティについても自信と好奇心とオープンな姿勢を持ち、愛されているという自信を持って成長し、社会へと巣立っていく必要があります。やがてパートナーを得て次世代を育むことを望む人も多くいます。これを妨げるような働きかけは、たとえ虐待という激烈なレベルではなかったとしても、不適切養育であり、将来に否定的な影響を及ぼす可能性があります。

さらに発達性トラウマを引き起こすものには、不可抗力も含まれます。たとえば、自然災害で家を失う、親族を失う、難産、養育者や本人の病気、ケガ、その治療のための長期入院や、痛みや恐怖を伴う医療処置、貧困、戦争、治安の悪い地域での居住、人種、性別や性的指向性に関して差別を受けることなどがあげられます。

虐待や不適切養育は、日常的に起こりうるものであり、日本でもその報告件数は非常に増加しています。二〇二〇年の児童相談所による児童虐待相談対応件数は二〇万を超えています。

発達性トラウマと腹側迷走神経系

子ども時代に長期のストレスにさらされると、脳の構造が変わり、ストレスホルモンの分泌をコントロールする遺伝子発現も変化し、炎症性ストレスの過剰反応を引き起こして、成人後に病気にかかりやすくなると論じる人もいます。

ポリヴェーガル理論から考えると、発達性トラウマがあると、それが神経系の健やかな成長を妨げることがわかります。ポリヴェーガル理論では、進化の過程から見て最も古いものが背側迷走神経系で、安全であるときには消化、吸収、睡眠や回復を支持し、生命の危機に瀕すると身体を動かなくするシャットダウンを引き起こします。次に現れてきたのが交感神経系で、安全であるときは、働いたり、楽しんだりするのに必要な身体の動きを支持し、危険を察知すると、戦うか逃げるかという闘争／逃走反応を引き起こします。そして、哺乳類で現れたのが腹側迷走神経系で、安全なときは、互いに安全の合図を出し合い、社会交流を支持し、さらに、交感神経系や背側迷走神経系の働きを適正なものにしようと、いわばオーケストラの指揮者のような働きをします。危機に瀕すると、この働きが抑制され、交感神経系や背側迷走神経系が優位になります。

この腹側迷走神経系は、人と一緒にいて安全を感じるためには不可欠です。そして、社会交流ができると、不安や怖れ、悲しみを感じたときには、親や友人、パートナーなどのそばに行って、社会交流し、慰めを得て、自分の神経系を落ち着かせることができます。社会交流ができないと、人と一緒にいて安全であると感じることができませんし、人から慰めを受けることができません。そのため、闘争／逃走反応やシャットダウン状態に長く留まってしまうことになります。さらにいえば、パートナーと結ばれることも難しくなります。セックスをするには、交感神経系の闘争／逃走反応を下方修正しつつ、パートナーと一緒にいることや身体接触を持つことを楽しめる社会交流の状態を保つ必要があります。さらに、セックスに必要な適度な交感神経系の活性化も許さなくてはなりません。幸福なセックスのためには、安定した神経系を持つことが必要になってきます。

私たちが幸福に生きていくためには、すべての神経系が健やかである必要があり、特に、人間社会の中で満足できる人生を送るためには、腹側迷走神経系の発達が欠かせません。この腹側迷走神経系は、受胎後、妊娠六か月あたりから少しずつできてきますが、生後、親から適切な働きかけを得られないと、十分に発達しないといわれています。具体的には、抱っこをしてもらったり、心地よいタッチングをしてもらい、韻律に富んだ声で話しかけてもらったり、目と目を見合わせて微笑みかけてもらうことが必要です。

腹側迷走神経系は、子ども時代に急速に発達しますが、完成するのは二五歳ごろとも言われます。つまり、一〇代の子どもたちは、まだこうした社会交流が上手にできないため、感情の調整が難しいことがわかります。二五歳くらいになると、なんとなく大人びて、落ち着いてくる人が多いのもこのためです。しかし、発達性トラウマがあると、ポリヴェーガル理論でいう、社会交流を支持する腹側迷走神経系がうまく育たないので、人と癒し、癒される関係を創ることが苦手になってしまいます。また、自律神経系の調整不全由来の体調の悪さを抱えることも珍しくありません。

発達性トラウマと心身の不調

身体的特徴

発達性トラウマを被ると、子ども時代から、皮膚疾患やめまい、ぜんそく、肩凝りなどがあったり、胃腸の調子が悪く、甲状腺や腎臓の不調を抱えることもあります。髪の毛に潤いがなくパサパサして、顔色が悪く、目は不安そうで、よく咳をしていて、皮膚は乾燥して痒みがあり、お腹が痛いと訴えたりします。子どものころから便秘や下痢、過敏性腸症候群を体験する人もいます。また、私のクライアントには、ＰＭＳや子宮筋腫などの婦人科系疾患、逆流性食道炎、顎関節症、バセドウ病、橋本病、脊椎側弯などの診断を受けている人が多く見受けられます。

過敏性腸症候群は、ポリヴェーガル理論の視点からすると、交感神経系の過活性と、背側迷走神経系の過活性の間を行ったり来たりしている状態だと考えられます。つまり、交感神経系による緊張がつねに高く、張り詰めている間は便秘になり、いよいよ身体がその緊張に耐えられなくなってくると、背側迷走神経系が優位になり、一気に下痢をします。そのときに腸のけいれんが伴うため、顔面蒼白になって苦しみます。拙訳『からだのためのポリヴェーガル理論』（S・ローゼンバーグ著、春秋社）にも、こうした不調は自律神経系の調整不全によって引き起こされる可能性があることが説明されています。

自己価値観が低い

発達性トラウマを有する人は、自己価値観が低く、自分が大切な存在であることを知らないので、自分自身を粗末に扱ったり、また、粗末に扱われることに違和感を感じることがないため、知らないうちに何らかの被害を受けてしまうこともあります。さらに、快と不快の感覚が混乱しているために、自分にとってよくないものに惹かれたり、よいものを遠ざけてしまったりします。

アメーバのような単細胞生物でさえ、滋養のある水に惹かれていき、自分にとって好ましくない成分が入っている水からは遠ざかろうとします。文字どおり、「こっちの水は甘いぞ、こっちの水は苦いぞ」と、近づいたり離れたりします。生命活動の根本には接近と回避の衝動があるのです。

しかし、親が問題を抱えていると、「おまえのためを思っている」といって痛いことや嫌なことをすることがあります。そうすると子どもは、こうした痛みや暴力はよいことで、自分のためなのだと思い、悪意と善意を取り違えてしまいます。また、自分は不当な扱いを受けて当然である劣った存在だ、と思い込んでしまいます。

恥と罪業感

発達性トラウマを有する人の特徴の一つに、強い恥と罪業感を持っていることがあげられます。「自分には価値がない」「自分は生きていてはいけない存在だ」「自分は人の重荷になっている」「自分は人に不快感を与える存在だ」「自分が治療を受けることなど許されない、もっとよい人が治療を受けるべきだ」「自分は本当に恥ずかしい存在だ」などといった自己イメージを持っています。小・中学生でも、すでにこのような恥や罪業感を持っている子どももいます。特に罪に問われるようなことをしたわけでもない、ふつうの子どもたちが、「たとえ慈悲深い神であっても自分を許すことはできないであろう」というほどの強い罪業感を抱いていることは、悲劇的です。このような不健全な自己イメージは、問題を抱えた親や周囲の人たちから刷り込まれたものである可能性が高いのですが、本人はそれを強く信じており、容易に手放すことができません。恐怖や身体的痛みと共に強く刻み込まれたものであることが推測されます。

接近と回避の混乱

また子どもに対する性加害の実態として、加害者は、子どもにとっては不快であるにもかかわらず、「お前はこれが好きなのだ」などといって性加害行為をすることがあります。あるいは、子どもが望んでいないにもかかわらず、「かわいいから」とか、「二人が特別に仲良しだということの証なのだ」といった詭弁を弄して性加害に及ぶこともあります。そうすると、子どもは幼いときから、快と不快、安全と危険を識別することができなくなり、生命の基本的な営みである接近と回避に混乱が生じます。

安全の信号の読み違い

　また、安全の信号を読み違えるために、危険な人が近づいてくるのを許したり、安全な人を攻撃してしまったりします。本来、親は信頼でき、安全な存在であるはずです。通常は、その信頼できる人から、心地よさと安全の合図とはどういうものなのかを教わります。しかし、親が笑いながら子どもをぶったり、子どもが幸福を感じて親に微笑みかけたときに虐待を受けたり嘲笑されたりすると、何が安全の合図なのかわからなくなってしまいます。ですから、つねに神経系は警戒のアンテナを張り巡らし、少しのことでも攻撃の合図と解釈して反撃してしまうのです。たとえば、他者から微笑みかけられても、それが安全の合図であるとは読み取れず、バカにされた、と感じたりします。楽しそうにしている人たちを見ても、「楽しそうだな」などとよい感覚を持つことができず、「自分はひとりだ」「自分は仲間がいなくてダメな存在だ」「きっと自分の悪口を言って笑っているのだ」など、否定的な想像が掻き立てられることもあります。

自分の感情がわからない

　発達性トラウマを有する人は、なかなか自分の感情を掴めないことがあります。解離が強かったり、感情を抑圧する傾向が見られます。本来であれば、不快だと感じ、怒りの感情を持つようなことについても、何も感じなかったり、自分が嫌だと思っていることに長い間気づかず、ただ気持ちが落ち込んで動けなくなるといった反応を見せます。

　これは、子ども時代に「嫌だ」と自分の感情を表現した際、そのために折檻されたり、さらに加害行為が悪化するようなことがあったために、感情に気づいたり、表現したりしないことで生きのびてきたためと思われます。また、反発や反撃などの交感神経系による可動化は、さらなる加害行為を誘発するので、背側迷走神経系の不動状態に入って身を守ってきたため、このような反応がパターン化しているのではないかと推測されます。

解離

発達性トラウマがあると、深い凍りつきに入ってしまい、解離し、本来なら回避したいと感じるようなことでも、受け入れてしまうことがあります。また善意ある人が、発達性トラウマを有する人が危険にさらされているのを察知し、救出しようとしても、発達性トラウマを抱えた人はすべての信号を危険だと感じてしまうほど追い詰められているために、救いの手を拒否してしまいます。

心地よい言葉がけができない

また、他者に心地よい言葉をかけて、快を感じさせるような態度を取ることで人と交流する方法を学んでいないので、失言が多かったり、傷つけるようなことをあえて言ってしまったり、他者が不快に感じるような態度を取ってしまうこともあります。親が、子どもの欠点を論《あげつら》って攻撃し、揶揄し、価値がないと脅す傾向があると、子どもは、それがコミュニケーションのやり方だと思ってしまいますので、友達や先生、その他の人たちにも同じことをしてしまいます。したがって、そういう子どもは孤立しがちであり、友人と社会交流することで身に着けていくライフスキルを学べない可能性があります。

発達性トラウマを有する人は、自分の子ども時代、そして青年期について「黒歴史」と表現することもあります。青春を謳歌するどころか、孤独で恥と辛さに満ちた日々であったと述懐することがしばしば見受けられるのです。

感情調整が難しい

さらに、自律神経系の調整が取れておらず、人との関係の作り方も上手にできないので、自分の感情を調整することが難しく、怒りや怖れを強く感じ、また、激しく落ち込むなどの感情の乱高下を体験します。また、助けを求めたときに、それがわがままであるとか、自分が悪いということをまだ十分理解していないなどと言われ、さらに折檻されるなどの加害行為を受けてきたために、助けを求めるという発想を持つことが難しく、社会的サポートシステムを利用することにも後ろ向きだったりします。

境界線の混乱

適切な境界線を持つことも学んできていないので、人との適度な距離での付き合いを苦手とすることもよくあります。やさしくしてくれる人にしがみついてしまって関係性が壊れたり、逆に、やさしくしてくれる人を寄せ付けないこともよくあります。また、時間という境界線が守れず、人間関係が壊れたり、仕事で失敗したり、人の持ち物と自分の持ち物という境界線がきちんと認識できず、人の物を勝手に使ってしまい、それがよくないということがわからないという問題もあります。

あるいは、心理的な境界線を尊重してもらうことができず、幼い頃から親代わりをさせられてきた人は、どこまでも甘えてくる問題を抱えた人とパートナーになってしまい、搾取されたりします。

親の情緒の面倒を見させられることが多かった人、たとえば、親の愚痴の聞き役などをやらされてきた人は、必要なときに「ノー」ということができず、哀れそうなふりをして近づいてくる好ましくない人に、「この人は自分がいないとだめになる。離れてしまってはかわいそうだ」と奉仕してしまったりします。

孤独

また、圧倒されるほどの孤独感を内包しており、つねにがけっぷちに立たされているような危機感や、悲しみを感じています。そのために、加害的傾向を持つ人や集団であっても、やさしくされたり、帰属感を感じると、深入りしてしまって搾取される傾向があります。暴力的集団、新興宗教などの活動にのめり込むこともあります。また、こうしたさびしさを紛らわすために、自己投薬としての喫煙をしたり、アルコールや化学物質の乱用に陥ることもあります。

さらには、苦しみを紛らわしたいために、過度の性行為を繰り返すこともあります。複数のパートナーとセックスをにふけっても、解離しているためにまったく感覚がないという人もいます。快と幸福のためのセックスではなく、心身の痛みを忘れるためにセックスを繰り返すのが特徴です。

子どもの自慰

加害行為を行う親と同じ屋根の下で暮らしている子どもは、緊迫した日々で疲れ切っています。ですから、自慰行為をしたときに一瞬快感を感じて身体が緩むことを知ると、自慰行為を繰り返すこともあります。

ポリヴェーガル理論では、オーガズムは社会交流システムと背側迷走神経系が同時にオンになる、「恐れのない不動化」であるとしています。社会交流システムが働かず、背側迷走神経系の過活性によって引き起こされる凍りつきやシャットダウンといった「恐れのある不動化」の対極です。

親に社会交流してもらえず、心の休まるときがなく、しばしば恐れのある不動化に突き落とされている子どもにとっては、自慰行為は唯一、ひとりでいられて安全であり、安心できる瞬間です。ところが、この自慰行為を見とがめられて、いやらしいなどと価値を貶められ、責められると、子どもはさらに自己価値観が低くなっていきます。自分を不潔だと感じるようになったり、自分のセクシュアリティに否定的なイメージを持ったり、セックスに対しての歪んだイメージを持ってしまったりします。

自傷や摂食行動の問題

つねに恐怖を味わってきた人は、交感神経系による闘争／逃走反応を通り越し、背側迷走神経優位な解離した状態にあることが多く、そのために、こうした何も感じない低覚醒の状態の不快感から脱却したいがために自傷行為を行うことがあります。

摂食行動に問題が現れたときは、無食欲症や食べ吐き、過食などが起きることもあります。ポリヴェーガル理論の視点で考えれば、過食では、交感神経系が過度に活性化しており、食べ吐きは、交感神経系と背側迷走神経系の間を行ったり来たりしている状態、無食欲症は、背側迷走神経系のシャットダウンが起きている状態といえます。

社会で活躍している人も例外ではない

こうした説明をすると、発達性トラウマを有する人は社会に適応できず、自己破壊的な生活をしているというイメージが浮かぶかもしれませんが、社会的な適応能力が高く、一見生産的な活動をしている人も、こうした不調和を抱えていることがあります。ワーカホリックはその一つのわかりやすい例で、支配され、無力感を味わい、解離し、不動状態に苦しんだことがある人が、こうした背側迷走神経優位な凍りつきを味わうことを恐れて、ひたすら走り続け、長時間労働に明け暮れ、夜になるとお酒を飲んで倒れるように眠る、というライフスタイルを送っていたりします。あるいは、仕事、仕事の日々で、適度な休みを取ることができず、突然、片頭痛、めまい、突発性難聴、過敏性腸症候群による腸のけいれんなどを起こし、倒れて寝込んでしまうこともあります。平日は仕事の緊張が続き、休みの前の夜や休みの日に、突然具合が悪くなる人も多いようです。また、不安なときにだけ具合が悪くなるわけではありません。とても楽しいとき、興奮したときに、交感神経系が活性化すると、身体がその活性化を危険の合図として捉えてしまうために、背側迷走神経系によるシャットダウンを起こしてしまうこともあります。カラオケでハイになって、そのまま気分が悪くなって倒れるなどということも起こります。

パニック発作と恐怖症

パニック発作や恐怖症も神経系の誤作動であるといえます。すべてが小児期の問題が原因で起こるとは言えませんが、神経系が大波のように、興奮したり落ち着いたり、上がったり下がったり、ゆったりと働くことを覚えさせてもらっていない場合は、少しの危険の予兆でも生命の危機であると感じ、その状態に見合った生理学的状態のスイッチがオンになってしまいます。心臓が激しく鼓動し、息が荒くなり、血の気が引いて、恐怖に包まれてしまいます。多少の刺激に耐えられることも、安定した生活を営む上では欠かせませんが、神経系にこうした刺激を包み込む余裕がないときには、パニック障害が引き起こされる可能性があります。社会的に活躍していても、じつはパニック発作に苦しんでいる人も多いのです。

一見何事もなかったかのような日常生活を送りながら、さまざまな身体表現性疾患や、社交不安などの不安症、男性恐怖、飛行機恐怖、ムシ恐怖、醜形恐怖、自己臭恐怖、不潔恐怖などのさまざまな恐怖症に苦しんでいたりします。

周囲に支えがない

発達性トラウマを有する人は、周囲に支えになってくれる人がごくわずかしかいないか、皆無であることが多いです。そのため、よき手本になってくれる人がいません。また、発達性トラウマを抱えた人同士が友人や夫婦となっていることも多く、そういう相手に意見を聞いても、「自分もそうだった」「それがふつうではないか」「がまんしなさい」といったアドバイスを受けることになり、好ましくない状況を脱却する助けにならないこともあります。過酷な環境で、兄弟姉妹が助け合うこともありますが、機能不全の家庭では、親からの少ない愛を奪い合うために、しばしば兄弟姉妹の仲が悪かったりします。加害的な親の言動をまねて、他の兄弟につらくあたったりすることもあります。これも、究極の生き残り戦略ですので、「性格に問題がある」と片付けるのではなく、発達性トラウマの特徴として解放に取り組んでいく必要があります。

学習性無力

Ｍ・セリグマン博士は、学習性無力についての研究を行っています。犬好きの人には耐えられない内容ですが、犬を檻に入れて扉を閉め電気ショックを与え、逃げられないことを学習させると、学習性無力の状態に陥り、檻の扉を開けておいても、電気ショックから逃れようとせず、じっと苦しみの中で凍りついているというものです。このように、無力であるということを学習させると、容易に圧倒され、逃げることも放棄してしまう可能性があります。

発達性トラウマは世代間伝播する

発達性トラウマを有する人は、社会的に適応しているかどうかにかかわらず、健康に気を配り、愛し愛され、幸せに生きるための手本を見たことがなく、社会的参照ができないため、人生が手探り状態になります。このような状態について、親を批判することは簡単ですが、その親もまた、成長過程に何らかのトラウマを抱えた被害者であるともいえますので、これは個人の責任を追及するのではなく、社会全体、そして人類全体のトラウマと、その世代間伝播の問題として、私たちが取り組んでいかなくてはならない課題です。

発達性トラウマと性暴力被害

このように否定的な影響を持つ発達性トラウマですが、健康や幸福を損なうとともに、性被害、性加害の問題も引き起こす可能性があります。性加害については、後の章（第Ⅲ部）で専門の先生がたからご説明いただきます。性被害については、まず子ども時代の性的虐待や、性的に不適切な行為を受けた場合には、こうした体験そのものが発達性トラウマを引き起こす可能性があります。さらに、発達性トラウマによって心身が脆弱な状態になっていると、被害にも遭いやすくなる恐れがあります。また、子ども時代に繰り返し凍りつきを体験させられた人は、神経系が凍りつきやすくなっており、逃げる機会を失いやすい傾向があります。

毒親育ちは生きにくい

アメリカでは、毒親育ちは生きにくい、ということが研究分野の一つになっています。「成人後の再被害」というテーマでさまざまな研究が行われており、子ども時代に被害を受けた人は、そうでない人に比べて、成人後に再被害を受ける確率が高い、ということが明らかにされています。発達性トラウマを有する人は、大人になって、加害的な伴侶と結婚してしまい、モラルハラスメントやＤＶの被害に遭うこともあります。

ある研究によると、子ども時代に肉体的な虐待を体験した女性が現在のパートナーから性的な虐待を体験する確率は、そうでない女性の三倍高く、子ども時代に性的な虐待を体験した女性が現在のパートナーから性的虐待を再体験する確率は、そうでない女性の六倍高く、子ども時代に肉体的虐待と性的虐待の両方を受けた女性が現在のパートナーから性的虐待を体験する確率は、そうでない女性の一一倍高いとされ、子ども時代に虐待を体験した女性は虐待を体験していない女性に比べて、成長してから加害行為をする人と生活を継続している割合が高いといったことが報告されています。このように、親密な相手からの暴力を体験する危険が高まります。

自己主張が苦手

ＡＣＥを有する女性は、相手の否定的な感情表現に気づくのが遅く、人との衝突を避けるなど回避的に対応する傾向があり、はっきりと「やめてください」といった言動をせず、曖昧に拒絶して相手にそれをわかってもらいたいと感じる傾向性があるという報告もあります。これは私の推測ですが、子ども時代に親に抵抗して嫌なことを止めてもらうことが不可能だったことや、うっかり抵抗したらさらに加害行為がひどくなるので、対決するのを避け、相手が止めてくれるのを待って、曖昧な態度を取る傾向性を身に着けたのではないでしょうか。これは、こうした傾向性を持つことを批判しているのではなく、過酷な子ども時代を生き抜くために、そうした戦略を無意識のうちに取ってきたことを表しています。

凍りつきやすい

凍りつきを頻繁に体験すると、神経系が凍りつきやすくなるということも知られています。ソマティック・エクスペリエンシング・トラウマ療法（以下ＳＥ™）の創設者であるＰ・Ａ・ラヴィーン博士は、ネズミの実験について言及しています。ネズミに電気ショックを与えると、ネズミはしばらくの間、生命の危機を感じて背側迷走神経優位な凍りつき状態に入ります。その後、健康なネズミであれば、もとの状態に戻るのですが、最初の凍りつきから十分回復していない状態で次のショックを与えると、凍りつきに入っている時間がもっと長くなり、三回ショックを与えると、ほぼ解離した状態が続くと報告しています。ですから、強い恐怖を繰り返し与えられた人は、ショックを受けたときに凍りつきやすく、また解離しやすく、回復にも時間がかかることが想像できます。

家庭での二次被害

繰り返し被害を受けることによっても凍りつきますが、たとえば家庭外で被害に遭い、家庭に戻ってきても、家族が機能不全であると、家族の心ない言葉や態度によって二次被害、三次被害を受けることもあります。これによっても、凍りつく傾向性が高まってしまいます。性暴力被害を受けて茫然自失状態にある子どもに向かって、被害に遭ったことを責めたり、恐ろしがったり、逆に、そんなことは何でもないといって一切共感しないといった態度は明らかに問題です。さらに、自分が悲しい気持ちになってしまったことを慰めてほしいと親が子どもに要求したり、助けを求めなかったといって非難したり、揶揄したり、被害に遭って傷ついたことを繰り返し言及し、思い出させて子どもを貶めたりすることも子どもに深い傷を負わせます。また、自分はそんなことはなかったといい、言外に子どもより自分のほうが優れていると思わせたり、その子どもの価値が永遠に損なわれてしまった、というような考えを刷り込んだり、人に知られたら大ごとだといって脅したり、自分のほうがもっと辛いといって、子どもを突き放す親もいます。

内分泌も影響を受ける

さらに、虐待体験と内分泌物質に関する研究もあります。さまざまに異なる結果が報告されていますので、一つの研究から結論を導き出すことはできないのですが、参考までにオキシトシン、コルチゾールと虐待体験の研究について書いておきます。

オキシトシンは、人と人とを結びつける「愛のホルモン」とも言われており、コルチゾールはストレス反応を引き起こすときに分泌されるため「ストレスホルモン」とも言われます。ある研究では、虐待体験のある男子と、そうでない男子を調べた結果、両者ともに、何かストレスがかかったときにはコルチゾールが増えることが明らかになりました。一方、虐待体験のある女子は、ストレスがかかったときには、コルチゾール値が低く、オキシトシンの分泌が高まると報告されています。このオキシトシンは人とうまくやっていく、仲良くすることを助けるホルモンです。性的虐待体験のある女性は、オキシトシンのベース値が高いという報告もあります。

なぜオキシトシンの分泌が高まったのでしょうか？　この研究の仮説として言われてるのは、狩猟採集民であったころ、男性は危機に瀕したときには戦ったほうが自分の子孫を残す確率が高かったのですが、女性は、ひとりで幼子を抱えて肉食獣と闘いながら子育てをすることはできません。狩猟採集民では、女性は特に、集団の一員であることが、子どもと自分の生き残りに必須です。そこで加害者に迎合したほうが、自分の子孫を残す確率が高いため、人とうまくやっていくオキシトシンを分泌するようになったのではないかと論じられています。

迎合も重要な防衛反応

迎合とは、自分の意思を曲げてでも、相手の興奮をなだめ、その人が喜ぶようにふるまうなどして敵意がないことを示し、相手に気に入られようとすることです。虐待や不適切養育でも、加害者と被害者に圧倒的な力の差があるため、被害者が加害者に迎合することがあります。性暴力被害においても同様です。迎合自体は生命を守るための大切な防衛反応なのですが、文化的な価値判断や恥の概念などによって非常に否定的に捉えられる傾向があります。そもそも、被害者に迎合を強いるような状況こそ問題なのですが、加害者を裁くのではなくて、被害者を裁くような姿勢については、今後も見直しをしていく必要があるでしょう。迎合については、この後の章でポージェス博士にもお話をいただきます。いずれにしても、私たちの身体は、神経回路を駆使し、つねに生き残ることを選択しています。迎合も、思考の介在しない反射的な行動であり、生き残りをかけた戦略なのです。

発達性トラウマからの回復

性暴力被害を含め、発達性トラウマを有する人は、どのようにして回復していったらよいのでしょうか。B・ヴァン・デア・コーク博士は、小児期のトラウマは、アメリカにおける公衆衛生上の最大の問題であるといっています。発達性トラウマは、潜在的に病気を引き起こし、医療費や福祉の課題を深刻にし、生産性を損ない、社会に混乱や問題を発生させ、脅威となるとともに、個人の幸福の追求を損ない、人間性を危機に陥れます。

簡単には腹側迷走神経系を活発にできない

こうした問題について、ポリヴェーガル理論が教えてくれるのは、背側迷走神経優位なうつや落ち込み、また、交感神経優位な闘争／逃走反応を支持する生理学的状態から抜け出て、社会交流を支持する生理学的状態に入ることを助けることが大切であるということです。しかし現実には、特に発達性トラウマを有し、腹側迷走神経系が円満に発達していない人が、簡単に社会交流システムに入ることはできません。また、安全の合図の取り違えをする可能性もありますので、サヴァイヴァーを助けようと、急に友好的に接しても、かえって危険であると感じられてしまい、逆効果になることもあります。さらに、発達性トラウマを有する人は、何回も裏切られてきているので、善意を信じることも難しいですし、愛と憎しみ、快と不快、接近と回避が複雑に絡み合っています。ですから、セラピストに対しても、近づいたり離れたり、好意を示したり反発したり、境界線を越えて来たり、絶対に心を許さなかったり、複雑な反応をします。したがって、こうした複雑な反応を理解し、混乱した状態を少しずつ整理していくスキルのあるセラピストが求められます。

トラウマは身体に刻まれる

また、認知の歪みが、強烈な恐怖や痛みと共に身体に刻み込まれていますので、罪悪感や自責の念を拭い去るためには、根気強い働きかけが必要です。セラピストや支援者に、何度も、「あなたは悪くない」と言ってもらい、身体に落とし込んでいく必要があります。

「自分が悪い」「〇〇していればよかったのに」といった思考がぐるぐる回っていること自体が、トラウマの特徴です。まず、それに気づき、人生を加害行為に支配されないように、癒しに向かって歩きはじめる必要があります。身体に刻まれたトラウマについては、身体を通して、ソマティックなアプローチを行って解放していく必要があります。具体的な情報については、拙著『その生きづらさ、発達性トラウマ？——ポリヴェーガル理論で考える解放のヒント』（春秋社）に記述しましたので、そちらを参照していただきたいと思います。

ゆっくりと進む

どのようなアプローチを行うにしても、大切なのは、SE™でいう「タイトレーション」です。これは、ゆっくりと一滴ずつ変化させていくことを意味します。私がよく使う例は、盆栽の松の枝です。松の枝をもう少し曲げれば、よい枝ぶりになるのにといって、いきなり枝を力いっぱい曲げようとすると折れてしまいます。少しだけ曲げて、ワイヤーで固定し、またしばらくしたら少し曲げて固定すると、何か月も何年もかけて次第に見事な枝ぶりになっていきます。

神経系も松の枝同様、有機的なものですので、急に変化させることはできません。ほんの少し働きかけ、変化してきたら、また安全な範囲で少し働きかけます。SE™を創設したラヴィーン博士は、"Less is more"と言っています。これは、直訳すると「少ないほうが多い」ということですが、これは、神経系には「ほんの少し働きかけたほうが効果が大きい」ということを意味しています。

また、ラヴィーン博士は、「トラウマは出来事の中にあるのではなく、神経系の中にある」と論じています。これは何を意味しているかというと、恐ろしいトラウマ的な出来事を思い出し、その話をして、聴き手から、「今は大丈夫なのだから、もう忘れなさい」などといわれても、トラウマは根本的には解放されないということです。サヴァイヴァーを安心させてあげることは何より大切です。そしてサヴァイヴァーと信頼関係を作っていった後には、言葉だけで納得させるのではなく、身体に刻み付けられたトラウマの記憶を身体から解放する必要があります。そのときには、出来事に注目するのではなく、ソマティックな反応に視点を置き、神経系に働きかけることが必要です。

すぐに人と関わらなくてもよい

ポリヴェーガル理論によると、人は、他者といて安全であると感じ、互いに安全であるという合図を出し合うことで、神経系を調整し合い、ウェルネスを取り戻していくといわれています。これは、発達性トラウマを有する人にとっては、少し遠い目標です。人と一緒にいて心地よさを感じることはすぐには難しいので、人とのかかわりにこだわるとかえって時間がかかってしまうかもしれません。ですから、自然の美しさを味わったり、感動するような本を読んだり映画を見たり、お気に入りの音楽を聴いたり、ペットと心地よい時間を過ごしたりして、少しずつ、凍りつきから出てくるようにするとよいでしょう。そして、可能であれば、トラウマについての知識のあるセラピストと出会い、効果的なセッションを受ける機会があるとよいと思います。今後は、こうしたトラウマの知識を持ったセラピストが、適切な介入を行っていくことがより求められていくでしょう。サヴァイヴァーは、よきセラピストと共に、子ども時代には得られなかった神経系の協働調整を行って、少しずつ社会交流システムを活発に働かせられるようになっていくことが大切です。

社会の理解と支援が不可欠

発達性トラウマの治療には費用がかかり、その点は社会全体の問題として、日本でも今後検討していかなくてはならない課題です。

子どものケアに一ドル投資すると七ドルの見返りがあると試算するアメリカの研究があります。これは、子どもが発達性トラウマを抱えてしまうのを回避できれば、医療費、福祉費、警察や刑務所費用などが軽減され、元気に成人して働いてくれると税収も上がる可能性があるからです。

苦しむ人を切り捨てても、社会はよくなるどころか、問題が雪だるま式に大きくなり、さらに大きな問題となって戻ってきてしまいます。人類が食物連鎖の頂点に立つほどの力を得たのは、社会交流システムを発達させ、お互いを癒し合いながら科学、芸術、文化を発展させることができたからではないでしょうか？　ポリヴェーガル理論という新しい発見は、私たちが誰なのかという原初的な真実をもう一度思い出させてくれます。お互いを害し合い、恥を植え付けるのではなく、腹側迷走神経系の働きを大切にする社会を作っていく必要があります。

時間はかかっても、きっと元気になれる

一九九五年の阪神淡路大震災以降、日本でも、トラウマを受けた後に心身の不調が続く状態を表す、心的外傷後ストレス障害（ＰＴＳＤ）という言葉が理解されはじめました。一方、まだあまり知られていないのが、トラウマ後成長（ＰＴＧ）です。これは、トラウマを被るような辛い体験をした後、そこから回復したときには、より大きく成長することを表します。トラウマを被るような辛い体験は、できればないほうがよいと思うのは人情です。でも、生きていく中で、私たちはさまざまな体験をします。うれしい、楽しい体験もしますが、辛い体験、そしてトラウマを被るような体験もするかもしれません。では、辛いことを体験した人は、損をしてしまったのでしょうか？　最近の研究では、必ずしもそうではないことがわかっています。トラウマを体験し、そこから回復していった人たちは、トラウマ後成長を遂げ、トラウマを被る前には想像もつかなかった人生の深み、生きる意味、自分の強さ、支えてくれる人のありがたさ、生命の尊さなどを理解し、むしろ大きな喜びをもって生きるようになることが知られています。

私たちの神経は、可塑性《かそせい》があるといわれています。つまり、損傷しても、また修復するのです。

私たちの身体を作っている細胞のほとんども、数日から数年かけて新たに生まれ変わります。こうして私たちの身体は、つねに自らを刷新していきます。これが、生命の営みです。生きるとは、不変であることでも、完全であることでもありません。傷ついたら癒し、傷は残っても、互いにその傷を認め合い、労わり合い、みんなで昨日の自分より少し成長していくことこそが、生きることです。

トラウマを被っても、そこが人生の終わりではありません。むしろそこからが始まりなのです。傷つきから新たな人生を始めることは、厳しく辛いことかもしれません。また、一刻も早く苦しみを終わりにしたいのもよくわかります。神経系が元気になり、生きるのが楽になるまでには時間がかかるかもしれません。しかし、苦しみの次には、豊穣の世界が待っています。それを信じて歩いていきたいと思います。身体はつねに生きることを選択してきました。その身体の叡智を尊重していきましょう。

おわりに

本節では、性暴力被害と発達性トラウマについて、ポリヴェーガル理論というレンズを通して考えてみました。発達性トラウマによって生じる心身の不調についても、詳しく論じましたが、これは、子ども時代に辛い思いをした人たちが、不可逆的な心身の問題を抱えてしまうといっているのではありません。むしろ、反対です。サヴァイヴァーが体験するさまざまな問題は、発達性トラウマによって生じた可能性があり、神経生理学的な反応であって、その個人の性格の問題ではないということ、そしてトラウマの先には新しい世界があることに気づいていただきたいと思って詳述しました。あなたが辛いのは、あなたが悪いのではなく、あなたに悪いことが起きたのです。

サヴァイヴァーである私たちは、いついかなるときも生きることを選択してきた、高度に発達した神経系の持ち主です。一見問題行動といわれるようなことも抱えているかもしれませんが、それも、生き残りをかけた壮絶な戦いだったのです。私たちが歩んできた軌跡は、サグラダ・ファミリアのような、複雑な芸術（アート）です。それを恥じるのではなく、荘厳な生きる芸術として受け入れていく強さが求められています。

（参考文献は340ページ参照）

第9章　性暴力被害の実際
――なにがおきていて、被害者はどのような心理状態にあるのか、どのような支援が必要か、現場からの具体的なレポート

中島幸子
NPO法人レジリエンス代表／トラウマ支援コンサルタント・ソーシャルワーカー

私の活動の原点

ドメスティック・バイオレンス（DV）、虐待、性暴力、トラウマといったテーマに焦点を当てた研修、講演活動を始めて一八年となる。はじめはDV防止法ができたばかりで、講演のテーマのほとんどが「DV」だった。数年後に、若い人たちを対象とした「デートDV」をテーマとした講演依頼が入りはじめ、「性暴力」が比較的多く取り上げられるようになったのはここ八、九年のように思う。

二〇一〇年頃、自分の経験した性暴力について語ろう、☆《ほし》さん（レジリエンスでは、被害当事者、サバイバーのことを☆さんと呼んでいる。説明はのちほど）にとって性暴力の被害がどれほどのトラウマとなり、その後の人生にどれだけ長く影響が続くのか、実態を伝えていこうと思いはじめた。

きっかけは、ちょうどその数年前に、性暴力被害について大藪順子さんや小林美佳さんが本を出されたことも一つである。それまではなかなか自身の性暴力について公の場で語る人がいなかったため、お二人がご自身の写真を表紙に載せた本を出されたことで、大変勇気づけられた。やっと世

の中が動きはじめたように感じたことを覚えている。

同時に、お二人の経験が見知らぬ人からの性暴力であり、「私の被害は何年の何月何日です」と語っておられることで、考えさせられることもあった。私の性暴力被害には日付がない。数えきれないほどの性暴力が当時の交際相手から繰り返されたからだ。見知らぬ人からの性暴力も多々起きている反面、性暴力は、知っている人から繰り返されることのほうがじつは断然多い。性暴力において正確な統計を取るのは不可能なのではっきりとした数値はないが、私が出会ってきた☆さんたちも、知っている人からの性暴力で苦しんでいる人のほうが圧倒的に多い。やっと社会で性暴力というテーマが取り上げられるようになってきたことのありがたさを感じながらも、見知らぬ人に急に襲われる性暴力だけが性暴力と認識されはしないかと懸念があった。

ちょうど同じ時期、日本で性暴力被害者のためのワンストップセンターができはじめた。こうしたセンターが広まることは重要である。ワンストップセンターの多くは被害に遭った直後の急性期の支援を主にしている施設である。しかし性暴力被害の後、長い年月を経ていまだに苦しんでいるという中長期の☆さんは非常に多い。私もその一人である。急性期の対応と中長期の対応がかなり異なることは言うまでもない。中長期となると、長年ケアされないままトラウマや解離の症状が進んでいる可能性も高く、治療に時間がかかる場合が多い。そうした中長期の☆さんが利用できるサービスはニーズが非常に高いにもかかわらず、今の日本にはほとんどない。

それらの懸念を踏まえて、私自身に何ができるかと考えた末、親密な相手からの性暴力で長年苦しんできた中長期の☆さんである、という自分の経験に基づき、被害者には何が起きているのか、どんな支援が役立つかといったことについて講演することを決めた。さらに、今まで目を向けられてこなかった中長期の性暴力のトラウマの影響について、さまざまな職種、立場の人が学べる場として、二〇一三年にSAFERという研修プログラムを立ち上げた。日本では広まっていない最新の情報を、専門家という肩書きの人たちだけにとどまらず、実際に日々苦しみ葛藤している☆さんたちに直接届けたい、という強い思いで始めたもので、毎年アメリカやイギリスで開催されるトラウマや解離のカンファレンスおよび学会に参加し、情報交換も行っている。

性暴力の破壊力

性暴力はなぜ他の暴力と比べると強烈なトラウマをもたらすのだろうかと長年考え続けている。一般社会では暴力というと身体的なものを想像する人がほとんどだろう。たしかに身体的暴力により命を落とす場合は多い。私自身、性暴力のみならず身体的暴力もかなりひどかったため、「今日が人生最後の日かもしれない」と幾度も覚悟し、自分の遺体がどこに埋められるのか毎日考えていた。なので、身体的暴力の恐ろしさや破壊力はよく知っている。

しかし、加害から逃れ三〇年以上経過した今も私を苦しめているのは、性暴力被害のトラウマだ。性暴力のもたらす破壊力は身体的暴力をはるかに上回る。科学的に証明することは難しいが、感覚的に、性暴力は生命の源、生きるための根源を壊すのだと思う。性行為によって生命が誕生することを考えれば、性という字に「生（きる）」という文字が含まれていることは、もちろん偶然ではない。が、同時に、性を凶器として振るわれる暴力によってこの「生」は破壊されたりもすると感じている。

性暴力を経験したことが理由となり自ら命を絶った☆さんたちの数は、とてつもない数であるはずだ。自死と性暴力の因果関係を証明することは多くの場合できないが、性暴力がもたらす影響に最後まで苦しみ続けた☆さんたちはたくさんいるだろう。暴力、特に性暴力がもたらす影響の巨大さを知っているため、私は「生きる」という選択肢が必ずしもすべての☆さんにとって「正解」であるとは思っていない。自死で亡くなった☆さんたちは、みな最後の最後まで精一杯生きたと心から感じている。このように思うため、今まで「死にたい」と訴えてきた☆さんたちに対して「生きていてほしい」と伝えることは、私の勝手な思いを押し付けることになるのでは、と躊躇し、言えなかった。その反面、もっと多くの☆さんが適切な治療やサポートを受けられれば、「苦しみしか感じられない人生を手放す＝死」という選択肢だけでなく、「人との安全なつながりを感じることによって、徐々にかもしれないが、苦しみが減っていく人生」という選択肢ができる、という希望を持っている。

性暴力の☆さんの生きづらさ

こうした性暴力の☆さんの苦しみや生きづらさについて、アブラハム・マズロー（Abraham Maslow）氏の自己実現理論の図を使って説明すると、経験のない人にも少しわかっていただけるようだ。マズローの図は五段階に分かれていて、一番下の層には生きるため必要とされる空気、水、食べ物などの「生理的欲求」、その上の層には「安全欲求」、真ん中の層は「社会的欲求」、上から二層目には「承認欲求」、そして一番上には「自己実現欲求」の層がある。私は主に三段目から下の三層に注目してもらうよう説明している。まず「社会的欲求」が「安全欲求」の上に位置づけてあることの意味である。人は、人間関係がなくては生きていくことが難しい。したがって関係性を欲するわけだが、その関係性が安全でなければ、逆に傷つけたり傷つけられたりすることになってしまう。私は「人間関係」の中でも、安全で健全なものを「つながり」と呼んで区別し、よい人間関係は必ず安全で健全でなくてはならない、と伝えている。つまり社会的つながりは必ず安全の基盤の上にあって、セットでなくてはならないという説明である。

世の中では「結婚はよいもの。離婚はよくないもの」「家族はよいもの」と安易に話す人々が多い。このような言い方は、社会的欲求の層だけ単独で見ているようなものであり、虐待やＤＶが起きている家族や結婚はよいものどころか悪いものである、という視点に欠ける。私は「安全な家族・安全な結婚はよいもの」「安全な職場・安全な学校はよいもの」と、二つをセットで考える必要があると訴えたい。

また、一般社会では最低限とされる最下層の「生理的欲求」において、私はその層が果たして最低限なのかと疑問に感じる。私がひどい暴力に遭っていた時期、そしてその後、トラウマの影響が一番きつかった時期は、生きることはどうでもよいことだった。あまりにも苦しかったため、苦しみを伴う人生を終えたいと思ったし、できるものなら何十年か冬眠したいと心から切に願っていた。そういう状況に置かれているときには、この最低限といわれる生理的欲求さえ、どうでもよいと思うようになっていた。

そうした状況を、マズローの図を使って説明しようとしたときに思いついたのが、地下の層である。私が思うには、地下の層には「人間としての尊厳・自分というアイデンティティー・希望」が含まれているように思う。さまざまな種類の暴力を経験した一人の☆さんとして私は、性暴力はこの地下の層を壊す暴力だと思っている。地下の層が打撃を受けることによって、食べることや、生

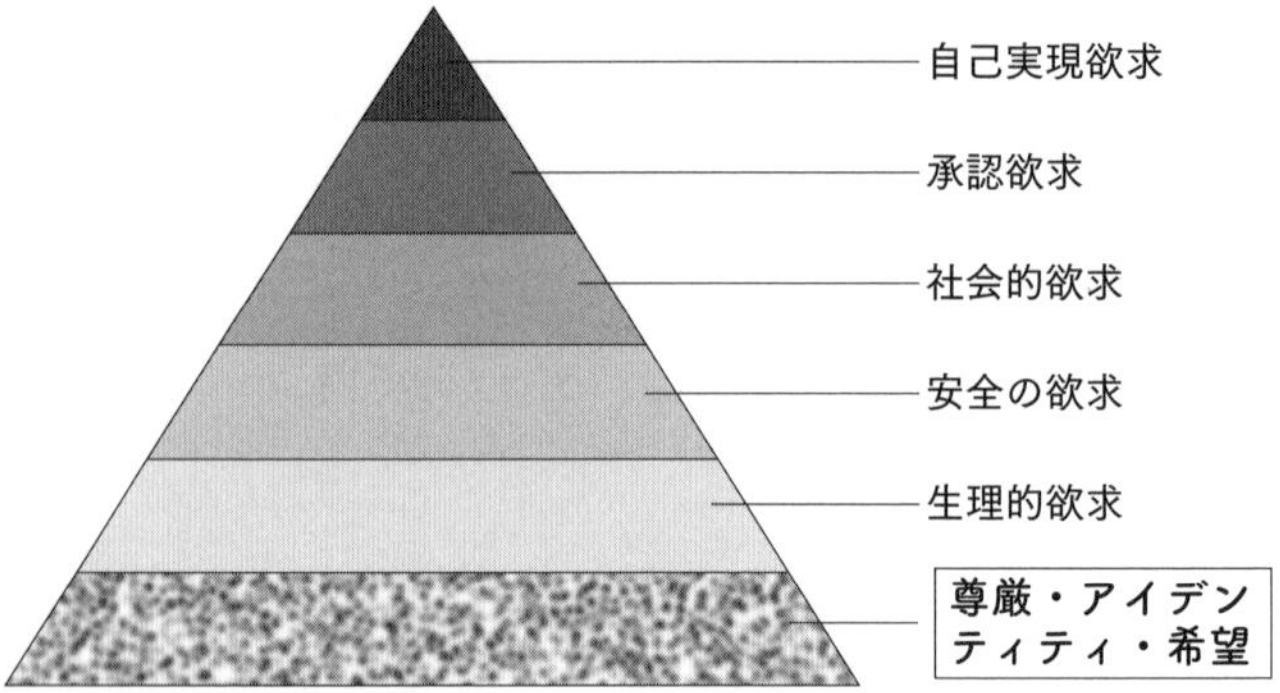

自己実現理論の地下の層

きるために必要とされる衛生的要素（清潔さなど）、そして自分の身体自体もどうでもよくなったりする。カッティングや摂食障害など、自傷的な行為が発生することは、ある意味自然なことだとも思う。

性暴力を経験すると、身体の内側から破壊されるような、毒が回っていくような感覚に陥ったり、トラウマの影響が出ている自分の身体に対し強烈な拒否反応がでる場合がある。被害から身体的に逃れられないために意識の上で逃れるのが解離であるが、身体との関係を断つ、といった状態も一種の解離状態であると思うし、私を含め性暴力を経験した☆さんにはよくある反応でもある。

私は二〇年以上、何種類もの治療を受けてきた。自分の身体との仲を良くするという作業には非常に多くの時間をかけてきたように思う。自分の解離について理解を深めていったプロセスの中である日ふと気づいたことは、私は数十年の間、入浴している間に数え切れないほど解離していたということであった。自分の身体と向き合うことは大きな苦痛になるため、身体を洗おうとすると解離しはじめ、そのまま浴室から出てしまっていた。家族は私が髪の毛のコンディショナーを洗い流さず上がってくることに慣れていて、「洗い流してきたほうがいいよ」と声をかけてくれることが日常的になっていた。こうした出来事はたいしたことではないので、長年「ただの癖」としか捉えていなかったように思う。しかし、治療を受け続ける中で、身体と向き合おうとする瞬間に耐制領域を突き抜けてしまい、結果的に解離してしまうことを繰り返していたと気づかされた。非常に驚いたが、同時に腑に落ちた。その後、この類の解離はほとんどなくなっている。☆さんが自分の状況や状態を理解し把握することによって、トラウマの影響を減らすことは充分可能だということを身をもって理解した出来事である。同時に、このように日常生活の中に含まれる細かい点から一つずつ見直していく作業の膨大さには圧倒される。

解離についての理解を深める重要性

性暴力について講演する際には、必ず解離や解離性同一性障害（Dissociative Identity Disorder：ＤＩＤ）についても話すようにしている。解離は性暴力被害と密接な関係があるにもかかわらず、日本では情報が不足しており、理解や取り組みがまだまだ遅れている。言語化して説明することが非常に難しいものであることも、理解が進んでいない一因かもしれない。トラウマの影響で苦しみ続けた結果、ＤＩＤの症状を持つことになった一人の☆さんとして、私は解離を理解するだけでなく、一般の人にも伝わる説明ができるようになることを目指してきた。ＤＩＤについての説明を欠かさない理由は、ＤＩＤの症状を持つ☆さんの対応ができるようになれば、解離症状があってもＤＩＤまではいっていない☆さんの対応も可能だと考えるからである。

ＤＩＤは人格（パーツ）が複数に分かれるため、多重人格といわれていたこともある。非常にレアなケースと思われがちだが、海外のデータでは、ＤＩＤの症状を持つ人は人口の一～三％といわれている。[*1]ただしＤＩＤの特徴として、症状を隠して「ふつうに」見せるパーツができるため、正確な統計を取ることは不可能であり、「長年診察しているがそんな病気の人に会ったことがない」「演技だ」などと言われてしまったりもする。しかし講演で解離の話をした後、「私にも何人かいます」「今日の話は私の人生の話でした」と話しかけてくれたり、内部の人たちの名前まで教えてくださる☆さんたちと出会うことは珍しくない。今まで数え切れないほど多くのＤＩＤの症状がある☆さんの話を聞いてきたが、感覚的には九割以上が子どもの頃に性虐待を経験している。ということは、性虐待を含む性暴力というテーマに取り組む支援者は、必ずといってよいほど解離のことを理解する必要がある。

ホラーやサスペンス映画などでＤＩＤの症状があるように見える犯人像がときどき描写されることにより、こうした精神疾患を持つ人は危険であり凶暴である、という間違ったイメージが広まってしまっている。虐待、特に性虐待が原因で解離せざるを得なかった☆さんたちに対する無理解な対応や偏見・差別を少しでも減らすために、解離を含めトラウマの影響について語り続けることの重要さを日々感じている。

少し余談となるが、アメリカのＤＩＤの症状を持つ☆さんたちの間では「DID survivor」という言い方ではなく、「survivor with DID」と称することに重きを置いている。それは、ＤＩＤというのはあくまでも症状であって、アイデンティティーではないということを示すためである。こうした考え方はとても大事だと思う。二次被害を引き起こす支援者の多くは、☆さんが持つ症状をまるでその人のアイデンティティーのように話すことが多い。症状がＤＩＤであろうと鬱であろうと、トラウマの症状をその人を表す形容詞のように呼ぶこと自体、☆さんたちを尊重していない行為であり、二次被害となる。日本語で同じような表現をしようとすると、「ＤＩＤの症状のある☆さん」のように長い表現になってしまうが、それでも意義があると思う。

少年、少女たちに伝えたいこと

ちょうど性暴力被害者支援に関するＳＡＦＥＲ研修を立ち上げたのと同時期、二〇一三年から、少年院や養護施設等で少年・少女向けの講演および職員向けの研修を依頼されるようになり、毎年、二十数箇所の院や施設にて性暴力の影響やトラウマについて伝え続けている。

ある女子の場合の少年院では「必ず解離の話を入れてほしい」との要望がある。個人的な感覚ではあるが、女子の場合はほとんど全員が性虐待を経験しているように思う。男子の少年院でもときどき講演中に解離しはじめたり、人格が交代する男子がいたりする。その都度、虐待がもたらすトラウマの影響の大きさに嘆息してしまう。

解離に限らず、トラウマの影響には複雑性ＰＴＳＤ、鬱などの症状も複数あり、アタッチメントの問題や発達への影響等についても理解する必要がある。少年院では、子どもたちにこういったテーマを極力簡単な説明で伝えるようにしている。私自身、生まれつき自閉症スペクトラム（Autism Spectrum Disorder：ＡＳＤ）の発達障害があることもあり、トラウマの話に加えて、その話もしている。少年たちの中には「ＡＤＨＤ」や「アスペ」といったレッテルを貼られ悩んでいる子が多い。発達障害であろうと精神障害であろうと、やはり「障害」というレッテルは重いし、どうしてもマイナスに捉えられる言葉だと思う。

私が子どもたちに伝えたいメッセージとして「どのような『障害』があろうと、生きることは可能」ということや、ＤＩＤなどの解離系の症状は、障害であると同時に、「サバイバルするために必要な術」である、というものがある。社会ではマイナスとされる症状でも、生きのびるために得た術なのであれば、それはすごい能力だ、というメッセージをもっと広めたい。発達障害や知的障害といわれる症状の中には、先天的なものもあれば、虐待による影響のものもある。後者の場合、虐待にあったことだけでも大変な経験である上、障害をも抱えなくてはならないというのは、極めて理不尽なことだ。

名前がつくことで可視化され、対応策を考えていけるという点で、ＡＤＨＤやＤＩＤといった症状の名前は重要である。しかし単にレッテルを貼るだけでそれ以上の説明もせず、自分たちとは違うとばかりに疎外するのはあまりにも冷たい対応である。トラウマがもたらす症状を抱えながらも、工夫したりコツを知ることによって生きやすさは増やせるし、また、社会全体でそうした情報を知ることで、より☆さんをサポートでき、生きやすさにつながるはずである。そうしたメッセージを私は訴え続けたい。

被害者に責任を問う歪んだ社会

性暴力というテーマと切り離すことができない一つの課題が「恥（Shame）」という感情である。恥といっても、さまざまなレベルの恥があって「恥ずかしい」から「自分には生きる価値がない」といったものまである。恥や罪悪感という感情は、悲しみや喜びといった一人だけでも感じる多くの感情と違い、人間関係があって初めて感じるものである。地球上に自分しかいなくなれば、恥を感じる場面はないだろう。

性暴力に限らず暴力は不思議と振るわれた側に恥の感情をもたらす。本来、暴力を振るう側が恥を感じるべきであるのに、なぜ傷つけられた☆さんが恥を感じさせられるのだろうか。それはつまり、私たちの社会が、☆さんを責めたり批判する人たちが多く存在する危ない社会だということだ。加害者の責任を問わず、被害にあった☆さんを批判し続けるかぎり、☆さんたちが恥を感じる仕組みが継続される。この状況の原因は社会にある。

さまざまな暴力の種類の中でも性暴力は必ず☆さんに恥をもたらすと私は思う。そもそも性は語りにくいことであるが、そこに暴力という要素が足されると余計に話しづらくなる。それでも☆さんが勇気を出して警察に被害を訴えたり裁判を起こしたときに、「なぜそんな人の車に乗ったのか？」「なぜその人と付き合ったのか？」「抵抗しようとしたのか？」「逃げようとしたのか？」「助けを求めようとしなかったのでは？」といった対応を受けることが多々ある。泥棒に入られた人が「なぜその時間に家にいなかったのですか？」と責められることはないように、こうした対応は他の犯罪ではなかなか見られない。性暴力やＤＶの☆さんへの社会の反応は独特で、歪んでいるのである。

日本の現状の問題点

裁判において、☆さんの証言だけでは犯罪の立証に不十分と見なされ、必死で抵抗した証拠、命がけで逃げようとした証拠を要求される。そうした抵抗は危機的状況の中ではできなくなるということが科学的にも証明されているにもかかわらず、である。このような高いハードルが設置されているかぎり、有罪判決につながるケースは今後も少ないままだろう。また、無罪という判決は、有罪とするだけの「証拠が揃わなかった」ことを指すということも、理解されていないように思う。無罪という判決によって「そんな事実はなかった」「あのくらいは許される」というメッセージを加害者、☆さん、社会全体が受け取ってしまうことも非常に問題だ。世界にMarital Rape（配偶者間のレイプ）という犯罪を法で規定している国が五〇か国ほどあるが、日本ではその議論もなかなかあがってこない。法改正のために、社会の認識を変えるための啓発活動が必要である。

恥という感情

法の世界だけでなく、メディアの責任も大きいように思う。性暴力の事件が報道される際に「なぜそんな人と飲みに行ってしまったんでしょうねぇ」といったコメンテーターの無責任な一言で、当該の☆さんはもちろん、どれだけ多くの同じような経験のある☆さんたちが傷つき、新たな恥を抱えることになるだろうか。

恥は、巨大になってしまうことで、生命が脅かされるような危険となり得る。私自身の経験でも、鬱が悪化している際には、特に恥の感情に圧倒され「自分は生きていても仕方がない」「自分の人生なんて価値がない」といった発想が頭の中を駆け巡る。そのような状態のときには、まるで自分の中にあるはずの感情が私の存在より大きくなり、恥という感情に閉じ込められているような感覚になり、自分の存在自体が恥だと思いはじめる。こういった状態では生きる意味が感じられなくなり、希望を感じられなくなっていく。希望がなくなると、代わりに絶望が心を支配しはじめる。人間は希望なくして生きることは難しい。恥という感情は要注意であるし、支援者は☆さんに新たな恥を感じさせるような対応を、決してしてはならないと強く思う。

では、恥を減らすためには必要なものは何か。それは「つながり」だと私は思う。安全で健全な人とつながれることによって、「この人と出会えてよかった」「自分のことを気にかけてくれる人がいる」「何かあれば相談できる」「〇〇さんに相談すれば何とかなるかも」と思えることがある。つながりの中に希望が生まれるのだと思う。恥は急に増えることはあっても、減らすには時間がかかる。☆さんたちが癒されていく機会を増やすためには、社会が健全なものに変わらなくてはならない。

以前、エドワード・ティック（Edward Tick）氏の講義を受けたときに、ベトナムに送りこまれた米国兵士の話を聞いた。命がけで戦った兵士たちがやっと母国に戻ったときには反戦争運動が広まっていたため、兵士たちの多くは冷ややかな対応を受けてさらに傷つき、すでに抱えていたＰＴＳＤなどの症状が悪化したという話だった。ＰＴＳＤなどの症状は個人の症状と考えられがちだが、その個人の症状がよくなったり悪化したりすることの引き金が社会にあるとすれば、その症状は果たして個人のものなのであろうか。

新型コロナ感染拡大による影響

社会や環境から受ける影響により☆さんの症状が悪化する場合があるという点で、現在の感染拡大の影響を考えていく機会も増やしたいと考えている。世界中のすべての人にとって、新型コロナウイルスは影響をもたらしているが、感染拡大以前からすでに大きなトラウマを抱えていた☆さんにとっては、そもそも抱えている不安感や恐怖感などが感染拡大やそれらのニュースによって刺激を受け、体調を崩したり、不眠や鬱などの症状が悪化していることがある。感染拡大に限らず、自然災害や大きな事故・事件などが起きたときに調子を崩す☆さんが増えることを知っておき、過去のトラウマが刺激を受けていることを理解してサポートする、ということが重要である。

深海魚である☆さん

私自身、☆さんであり、かつ、支援活動をしているため、つねに二つのアイデンティティーがあるハイブリッドだと感じている。支援される側として助かったことを他の☆さんを支援する際に役立てたいと思うし、逆に☆さんとして傷ついたことは、支援する側として絶対避けなくてはいけないと思っている。

ある施設で、講演後に一人の少年と話をしてほしい、と依頼があった。その少年は講演を聞きながらかなり共感してくれたようで、部屋に入ってきた瞬間から笑顔で、今まで感じてきたフラストレーションの話から始まり、以前の施設で彼が経験した支援者からの傷つきや、将来の夢についても話してくれた。私からは、私が考えた「深海魚」の話をしてみた。

その話は、社会を海に、人間をそこで泳ぐ魚に喩えている。大きなトラウマを抱えている私たち☆さんは、深海魚のような存在である。酸素が少なく光も届きにくい深海で、私たちはその生きづらいところで一生懸命生きている。

上を見上げると、太陽の光が燦々《さんさん》とあたり酸素も十分にある海面の近くに、キラキラした魚が泳いでいるのが見える。キラキラ魚は楽に生きているように見えるので、深海魚としてはうらやましく感じる。キラキラ魚は、ふだんは深いところにいる私たちに気づきもしないし、気づいていてもまったく無関心である。無関心どころか、「ああいう魚って不幸だし、かわいそうだよね……」と蔑むような視線で見てくることもあるので、反発も感じる。

キラキラ魚以外に、浮輪を巻いた浮輪魚もいる。浮輪魚はキラキラ魚と深海魚の間を泳ぐ魚で、本当は傷つきを抱えているのだが、「自分は全然大丈夫」「傷ついてなんかいない」という否定の浮輪を使い、深海から距離を置こうとしている。否定の浮輪が大きいと、深海魚の話に共感することができなかったり、☆さんたちのことを第三者のことのように話す傾向も強まる。支援者の中に浮輪魚は結構多い。

☆さんでない支援者の中には、数は少ないが、私がスーパーフィッシュと呼んでいる人がいる。スーパーフィッシュは、基本的には酸素が多い海面近くで過ごす魚だが、酸素が薄い深海にまで自力で泳いで行くことができ、動けなくなって固まっている深海魚の☆さんと会話をしたり、共感したりすることができる。海のどの深さにも自在に行けるので、スーパーなのである。

以前の施設で暴れてしまったのは、小さいころから虐待されてきた深海魚である少年が、キラキラ魚の職員にまるで別世界の生き物のように扱われ差別されたことに傷つき、それを表現することができずに暴れたのかもしれないね、と説明した。するとその子はいきなり立ち上がり「それ！それです。僕が言いたかったのは、それです！」と言っただけでなく、私が裏紙に描いた魚の絵をほしい、とまで言ってくれた。

この深海魚の話は、その後もときどき研修の中で話しており、主に一〇代の☆さんたちを支援している方からは、絵に描いてハガキにしてほしいと言っていただいた。ハガキにすれば、出会う子どもたちに簡単に渡すことができるから、と。子どもたちに限らず、すぐに手渡せるものとして便利かもしれないと思い、私の中の絵を描くのが好きな人に描いてもらい、ちょうど今印刷しているところである。

あなたはどの魚？

この深海魚の話で私が言いたいことの一つは、☆さんに対する支援者の接し方である。支援者の中にはキラキラ魚の人がいて、☆さんに対して「かわいそう」「不幸な人たち」「私とは全然違う世界の人たち」といった見方をしている人がいるように思う。論文や本などでも症状だけに焦点を当て、まるで標本について書いているかのように☆さん自身への配慮がない書き方を見ることもある。こうした視線を感じると☆さんは非常に傷つく。

支援者の中に浮輪魚の人が多いのは前述の通りである。経験があるからこそ、何とかしたいという思いがあり、☆さんの気持ちを理解した支援者になるポテンシャルのある人たちであると思う。しかし、自分の傷つきをきちんと直視したりケアしたりしないまま他人の支援に携わると、この「否定」という浮輪が大きくなってしまう。浮輪が大きくなればなるほど、その支援者は「自分はもう問題ない」「私はあなたたちとは違う」としきりに否定をかけるようになっていく。浮輪にどんどん空気を入れるようなものである。

They の視点から We の視点へ

こうしたキラキラ魚系、あるいは浮輪付きの魚系の支援者の態度は、☆さんたちのことを「They（あの人たち）」と呼んでいるようなものだと感じる。☆さんにとってよいサポートのできる支援者は「They」ではなく、「We（私たち）」という考え方でなくてはならない。本来はキラキラ系、もしくは浮輪をつけていたとしても、支援者の方には、自力で深いところまで泳いでいける力をつけてほしいと願っている。つまり自分を見つめる作業を徹底して行い、同情（上からの目線）ではなく、共感（同じ立ち位置）で接する力である。短時間であっても、深いところまで降りてきて同じ目線となるところで話をしてほしい。私が二〇年ほど通ったアメリカ人のカウンセラーはキラキラ系の人だが、私と話す九〇分間はしっかり深いところまで降りて留まってくれていることを感じられた。よい解決手段や対応法を見つける作業を「We」として私と一緒におこなってくれたことに感謝している。

日常的な会話が軽いボールでのキャッチボールだとすれば、性暴力の話をするのはボーリングの球でキャッチボールするようなものだ。「死にたい」「子どもの頃性虐待に遭っていた」と☆さんが打ち明けたとき、戸惑ったり、絶句してしまったり、他の話題に変えようとするのは、ボーリングの球をキャッチできずに落としてしまうことである。一般社会ではボーリングの球でキャッチボールができる人は少ない。

こうした会話は、重いだけでなく、キャッチしようとする際にアザができるかもしれない。つまり、聞く側がつらくなるリスクがある。しかし、性暴力や生死の話をする際、☆さんはさらに傷つくかもしれないリスクを冒して開示をしている。性暴力がもたらすトラウマにより生きることが難しいと感じている☆さんと話をする支援者には、その球をきちんとキャッチできる力・免疫をつけておいてもらいたい。私自身、今までカウンセラーに「今日で人生が終わってもよい」と何度も話してきた。どんなに優れたカウンセラーでも、私の抱えているつらさを取り除く魔法のような力を持っていないことは知っている。私が期待するのは、私が投げるボーリングの球をしっかりキャッチしてほしい、ということである。

私のカウンセラーは毎回、リフレクションという、話している人の「鏡」の役割をする手法を用いて「今日で人生が終わってもよいと思っているのですね」と返してくれた。重い話ができるからありがたいというだけでなく、きちんと受け取ってくれる人が存在してくれていることに安心できた。同じ目線でいてくれなくてはこういうキャッチボールは成り立たない。「あなたの場合はこうです」「そういうのはよくあるんですよ」といった上からの話し方ではキャッチボールにならないし、「They」扱いで、線引きされるように感じてしまう。

少年院や養護施設など、さまざまな施設の子どもたちと数多く話してきた中で、やはり子どもたちもこの「We・They」に対するアンテナを持っていることに気づかされる。子どもたちに対しては、「教えてやらなくては」といったように、「They」視点がさらに強くなるようにも感じる。子どもたちは「They」扱いをしてくる大人は信用しないし、警戒して「はい、わかりました」と適当に言っておく、あるいは暴れて反抗する、といった反応が多いように思う。深海魚は生きのびるために、酸素が薄い生きづらい場所でも生きられる力があるし、自分の身を守るために優れたアンテナを持っている。しかしそのアンテナは、危険を避けるため他人の感情などをいち早く察知しようと外向きだけになっている場合が多く、自分の心とつながるための内部に向けたアンテナは弱かったり、ない場合もある。治療や教育の中で、外向き・内向きアンテナのバランスを見直し、ないもの、弱いものを育てていく方法を子どもたちが学べるようサポートすることが、大人として、していくべきことではないかと思う。

子どもたちに対応する職員の方々に向けた研修をする際は、トラウマ・インフォームド・ケア（Trauma Informed Care）についても紹介するようにしている。子どもが逆上したり暴れはじめた場合、職員は感情的にならずに、その子が「逃げる・戦う」ゾーンから耐性領域の中に戻れるようなガイダンスをする必要がある。今までは適切な対応ができておらず、子どもが怒鳴りはじめると職員も大声で怒鳴り返したり、職員数名で暴れる子どもを何とか抱えて一人部屋に閉じ込めた、といった話も聞く。ステファン・ポージェス（Stephen W. Porges）氏のポリヴェーガル理論（Polyvagal Theory）に基づく説明をしながら、「耐性領域を意識することにより対応の結果が大きく変わる」という実例を踏まえて話をすると、はっと気づかれ納得される職員の方々を多く見てきた。

私の願い

☆さんたちの周りにいる支援者やサポート役の方々には、☆さんの話を聞き、トラウマへの理解を深め、学び続けてほしいと願っている。二〇一九年に、ハーバード大学のマクレインホスピタル（McLean Hospital）という精神医療の病院から招待をいただき、職員のみなさんに解離についての講演を行った。講演後、MRIの技術などを使いながら解離の研究を進めている部署の責任者であるミリッサ・カウフマン医師（Dr. Milissa Kaufman, M.D., Ph.D.）から「解離の説明の仕方をずっと探し求めてきましたが、今日のあなたの図を使った説明を聞いて『これだ』と感じ、鳥肌が立ちました」と言っていただき、今までの努力が報われたと感じる瞬間となった。

レジリエンスでは、SAFERだけでなく、解離に特化した研修も二〇一七年から続けている。解離のような複雑な症状については、つねに情報が更新されていることもありInternational Society for the Study of Trauma and Dissociation（ＩＳＳＴＤ）という学会や、英国のキャロリン・スプリング（Carolyn Spring）氏の主催する研修、米国フロリダ州で開催されているan infinite mindといった研修に、以前は現地で、コロナ禍以降はオンラインで、毎年参加し、研修に取り入れ続けている。

レジリエンスで被害者のことを「☆さん」と呼んでいるのは、社会が一方的に貼ってくる「かわいそう・不幸」といったレッテルではなく、プラスの要素に焦点を当て、自分の力を感じられる呼び方をしたいと考えているからである。夜空の星のように「輝きを持った人」という意味である。輝きというのは「自分らしさ」であったり「傷つきを感じながらも精一杯生きている」「これだけの経験をしながら生きのびてきた」など、☆さんによって異なるかもしれないが、どれも、自分の持つ力なのだと感じてもらいたい。

そして、人が生きるために大切な「安全」「希望」「つながり」、そして「居場所」を社会に増やしていきたい。こうした要素が☆さんの人生に増えることによって、☆さんが抱える生きづらさが少しずつでも減っていき、それぞれが持つレジリエンスという力をより発揮できることになると強く思う。支援者には、こうした要素を増やしていく一員として、一緒に取り組んでいただければ幸いである。

参考文献

＊1　American Psychiatric Association（2013）*Diagnostic and Statistical Manual of Mental Disorders*（5th ed.）, Arlington: American Psychiatric Publishing, pp.291-298; International Society for the Study of Trauma Dissociation（2011）

"*Guidelines for Treating Dissociative Identity Disorder in Adults, Third Revision*" (*PDF*). Journal of Trauma & Dissociation. 12 (2): 188–212.

第10章　性暴力被害とアディクション

松本　功
赤城高原ホスピタル／精神科医

私は、依存症治療専門の病院に精神科医として勤務しています。ここは、赤城山麓の小高い丘に位置し、窓からは山々を見渡すことができ、自然に恵まれたロケーションにある開放型アルコール・薬物依存症専門病院です。ここでは、外来のほかに入院による依存症治療を行っています。病院の敷地内では温泉が湧き、中庭には足湯処もあり、広々とした運動場もあるなど、快適な生活空間で心身ともに癒されながら依存症の治療を受けることができます。

依存症治療は、患者さんを取り巻くシステム全体を見ていきます。患者さんの病気だけを治そうとする医療モデルだけでは、事態はほとんど変わりません。患者さんの病気は家族システムの中で問題として現れたのであって、そのシステム全体に働きかけないと、変化は生まれないのです。それで患者さんという言い方ではなくて、ＩＰ（identified patient）と呼んだりします。ですので、ＩＰのために院内で集団精神療法（ミーティングなど）や心理教育を提供するのはもちろん、プログラムの半分近くはご家族のためのプログラムとなっています。また、ずっと医療に依存して閉じたシステムを維持するのではなく、回復して地域とつながるように院外自助グループや断酒会との交流も積極的に行っています。解毒、退薬症状や身体疾患などの初期治療にも十分に対応しています。

依存症の背後にあるもの

依存症は、社会でしばしば誤解されています。本人の意志や性格の問題であるとか、家族の恥であるといった見方をされることもあります。しかし、依存症は、慢性、進行性の病気で治療によって回復可能です。周囲の人の不用意な、あるいは常識的な対応はほとんどつねに失敗に終わります。しかも放置すれば、ご本人の生命にかかわるばかりではなく、ご家族の将来にも重大な影響をおよぼします。しかし、いかに状況が絶望的に見えたとしても、アルコール・薬物などの依存症を抱えたご本人とご家族の人生は、先に述べたような適切な援助によって大きく変わりうるものです。

依存症は、WHO（世界保健機関）も認めた疾患で、慢性疾患なので再発のリスクもあり、進行性であり、最悪は死に至る危険があります。性別、社会的地位、年齢、信条、人種に関係なく、誰でも依存症になる可能性があります。WHOは、「精神に作用する化学物質の摂取や、快感、高揚感を伴うある種の行為を繰り返し行った結果、それらの刺激を求める抑えがたい欲求である渇望が生じ、その刺激を追い求める行為が優位となり、その刺激がないと不快な精神的、身体的症状が生じる精神的、身体的、行動的な状態」と依存症を定義しています。

依存症においては、アディクション（嗜癖）が起きています。つまり、対象（物）にはまってしまって抜け出せない状態になっています。楽しさ、心地よさ、気持ちよさを感じる刺激は、脳に快感という報酬を与えます。この報酬を感知すると、ドーパミンという脳内物質が関与して、ドーパミンを受け取った側坐核のニューロンで反応が起きることによって快情動が生じます。通常ドーパミン神経は抑制性ニューロンによって働きが抑えられていますが、依存性物質が抑制性ニューロンの働きを抑えることなどによって、ドーパミン神経細胞からドーパミンが大量に放出されます。

報酬系に関与する神経系は単一ではなく、記憶と学習に関わる前頭前野にものびていて、「またあの感覚を得たい」という再摂取や渇望状態を強化し、ますますはまりこむという悪循環を形成すると考えられています。もともと報酬系は生体の行動を適応的に変化させるために機能していたのですが、悪循環が形成されて脳がダメージを受けてしまうと、元に戻れない状態に陥ってしまうのです。その状態が「依存症」です。つまりアディクションの重症例が、依存症です。意志が強い・弱いとは関係がないのです。

依存症というと、お酒がやめられないアルコール依存や、時々ニュースなどにもなる薬物乱用などがよく知られています。しかしそれだけではなく、人はいろいろなものに依存します。タバコ、食物、買い物、ギャンブル、万引き・窃盗、セックス、痴漢行為、盗撮、のぞき、露出、携帯電話、ゲーム、インターネット、仕事、人間関係など、いわゆる快感や高揚感を伴うものは、依存症を引き起こす可能性と隣り合わせになっています。

依存症になる人は、どこか心の中に満たされない空白、孤独、生きづらさなどを抱えていることが多く、それを埋めるために、アルコールや薬物などを使用し始めることが多く見受けられます。子ども時代の逆境や虐待などで、生きづらさを抱えていたり、性暴力被害も含め、いわゆるトラウマ的な体験を持ち、それをきっかけに、あるいはその後の複合的な要因で依存症となる人も多くいます。本人は、いつでもやめられると思っていたり、問題や病気を否認しているケースも多く、なかなか治療に結びつくことが難しい病気です。

薬物を手に入れたいという渇望や、依存対象の行為をしたいと思うあまり、思考がゆがみ、依存対象のことばかりを考え、それを入手することが人生の目的になっていきます。そのため、心身の健康はもちろん、財産や職業を失ったり、社会的に孤立するなどし、家族も大きな影響を受けます。同じ刺激では満足できなくなり、より強い刺激を求めるようになり、薬物であれば使用量が増え、問題行動であればその強度や頻度が高まります。適正な食事、睡眠、衛生習慣などが阻害されるため、さまざまな疾病に罹患しやすくなります。事故や犯罪に巻き込まれたり、違法行為のために罪に問われる可能性も出てきます。

周囲の家族も、「本人の意志が弱いから手の打ちようがない」「いつか過ちに気づくだろう」「いつか自分から薬物などの使用をやめるだろう」と思っていたり、家族でなんとかしなければと責任を感じて過剰に世話を焼き、結果的に本人が問題意識に気づく機会を奪ってしまっていたりして、悩みながらも治療の機会を失うこともあります。IP自身も、「否認」といってアディクションがあることを認めませんので、会話や説得も噛み合いません。それでも家族は、なんとか家族を守ろうとして、IPを注意したり、説得したり、叱ったり、お酒を隠したり、ギャンブルで生じたIPの借金を肩代わりしようとします。それは当然の心理です。しかし、もともとコントロールできないのが依存症であるのに、それをコントロールしようとするのですから、うまくいくはずがありません。IPもその家族のコントロールをうっとうしく、ストレスに感じ、結果、嗜癖対象を使わざるをえなくなります。また、使う理由を正当化しようとします。悪循環が形成されます。家族は、IPのことが、寝ても覚めても頭から離れなくなります。責任を感じたり、恥じたり、罪悪感を抱いたり、やがてIPさえいなければ……とまで考えてしまいます。もはや家族も健康な精神状態を失っていきます。しかし、その精神状態が常軌を逸してきていることに気づかず家族も否認しがちです。こうした関係性を依存症の世界では共依存と呼んでいます。アルコールや薬物、あるいはギャンブルなどの行動への依存は、実は表面的なことで、その底にある、この関係性の依存こそが、気づかれずに、回復を難しくしているといえます。

そして、いよいよどうすることもできなくなる「底つき体験」を経て、治療を開始する人もいます。しかし、そのまえに、中毒症状で亡くなることもありますし、孤独や絶望が耐えがたく、自死する方もいます。ＩＰが自分の意志で物質乱用をやめることができない状態になっていますので、周囲からの支援によって、早期に治療を開始できればそれに越したことはありません。

依存症の治療は、薬物依存などの場合は体内から薬物の成分を抜き取り、解毒するとともに、乱れた生活で損なわれた健康を回復させます。薬物が抜けるなどして、幻覚や妄想が起きなくなると、思考力や記憶が正常化してきます。あわせて家族も家族向けのプログラムを経て、ほどよい境界線や自分らしさを取り戻していきます。さらに、私の病院では、トラウマケアを行い、依存症を引き起こしたそもそもの元凶である、心の苦しみを取り除きます。トラウマケアに結びつくと、次第に、ゆがめられた思考や感覚が正常になっていき、健全な自己像や世界観が持てるようになっていきます。そして、最後は病気によって壊れてしまった人間関係を修復し、再び社会とつながれるようになっていくのです。

依存症の治療のために来院された方は、さまざまな背景を背負っています。患者さんの話を聴く中で、性被害に遭われたということが明らかになることもしばしばあります。

人は誰もがみな、人とのつながりを求めています。人とつながり、愛し愛されて、幸せになりたいと願っているのです。しかし、性暴力という避けられない攻撃に遭い、自分を恥じたり、他人を安全と感じることができなくなり、自分とも、他人ともつながりを断ってサヴァイヴしてきたのです。ところが、社会は、どうして戦ったり逃げたりしようとしなかったのか、どうして加害者に服従してしまったのかと裁きます。サヴァイヴァーたちは、その社会の見方を内在化させて「自分が悪かったのだ。自分さえいなければ」と自分を恥じたり、裁いたりします。自分の中に、厳しい批評家を作ってしまいます。ですので、その後、人とつながることは、内的にも外的にも攻撃や批判を受けることとつながってしまい、ジレンマになってしまいます。

生き残るための神経系の反応

ポリヴェーガル理論は、行動は、意識レベルよりはるか下にある自律神経系によって生み出された自律的で適応的なものである、ということを教えてくれます。「頭」で考えた認知的な善悪によって決まるものではありません。逃げたり戦ったりできず、一見服従するように見えた行動は、生き残るために反射的に取った適応的な方法であり、以後それが神経系に深くしみこんでしまっているものなのです。サヴァイヴァーの取った行動は、勇気ある生存の行動なのだということをポリヴェーガル理論は教えてくれます。

また、伝統的な生理学では、ストレスや脅威に対し自己防衛するには、戦うか逃げるかの反応しかないと教えられてきました。また、従来、自律神経は交感神経と副交感神経の二分法で、互いに拮抗するように捉えられていましたが、ポリヴェーガル理論では、副交感神経の中の迷走神経（vagal nerve）を詳細に分析し、二つの複合体（polyvagal）からできていることを教えてくれます。

その中で、防衛システムには、もう一つあることも気づかせてくれます。つまり、戦うか逃げるか（＝第一の防衛システム）だけではなく、凍りつき、つまりシステムをシャットダウンしたり「解離」したりするという反応（＝第二の防衛システム）があるということです。逃げたり戦ったりできないとき、「死んだように」凍りついて不動化するのです。人間が恐怖で失神するのもそうです。これは意図的に行う反応ではなくて、動物が生まれ持った生物学的な適応的な反応です。またこの三つの神経系がそれぞれ、さまざまな程度にブレンドされて人の行動が起きていることを教えています。

ここで、ポリヴェーガル理論による自律神経系の働きを簡単に整理しておきます。動物が生まれ持ったものということは、動物の進化・発生とも密接につながっているということです。

（1）交感神経系：闘争／逃走に関わる可動化の防衛反応
　　起始部：脊髄
（2）副交感神経系（その八〇％が迷走神経）
　　迷走神経
　　　背側迷走神経複合体：不動化の防衛反応
　　　　起始部：迷走神経背側運動核＋孤束核
　　　腹側迷走神経複合体：安全感と、社会的つながりの感覚をサポート
　　　　起始部：疑核＋三叉神経運動核＋顔面神経核

自律神経系は、背側迷走神経複合体、交感神経系、腹側迷走神経複合体、の順に進化してきまし

た。危機に瀕すると、進化とは逆向きに辿って反応します。

サヴァイヴァーがケアにつながるまで

ここで事例を紹介しますが、プライバシー保護のため、個人が特定されることのないよう、大幅に修正が加えられていることをお断りしておきます。

Aさん。四〇代女性。

母親は三回の離婚歴があり、Aさんは母の二番目の夫との間に生まれました。しかし、本人は実父とは一度も会ったことがありません。母親の一番目、二番目の夫はアルコール依存症です。三番目の夫と母親は、本人が一一歳のときに離婚しています。母の三番目の夫、つまり継父からネグレクトを受けています。一〇歳頃、親戚にあずけられたとき、性被害を受けています。その後は、リストカット、OD（薬物の過剰摂取）をする一方、気管支喘息を患います。その治療薬を使い続けて大腿骨頭壊死になり、手術が必要となりましたが、解離性けいれんや喘息発作を起こしてしまい、手術を一度断念したこともあります。二四歳で結婚し、その後に離婚しています。解離して二歳児になったり、一三歳児になったり、解離性けいれんを生じたりします。震災にも遭遇していて、その後も地震があると、子供の人格になります。三六歳で、DID（解離性同一症、かつて「多重人格」と言われていました）と診断されます。四〇歳過ぎて、トラウマケアを受け、回復し、仕事にもついています。ときどき、AC（アダルト・チルドレン）の自助グループにメッセンジャーとしてメッセージを運んでくれます。自分の体験談をグループで話してくれるのです。回復を目指しているメンバーたちにとっては、メッセージから他では得られない共感を得たり、孤立感が癒やされたりします。またメッセンジャーは先行く仲間としてのロールモデルになったりします。

Aさんは家族システムで捉えるとACです（ACとはアダルト・チルドレン（adult children）のことです。ACOA（adult children of alcoholics）はアルコール依存症の親を持つアダルト・チルドレン。さらに親機能が不在のときはACOAD（adult children of alcoholics and dysfunctional family）：アルコール依存症で機能不全の親を持つアダルト・チルドレン。これらを総称してACといいます）。Aさんは、家族の中での持続的な虐待、ネグレクトを受けて、このACとしてサヴァイバルしてきました。トラウマの視点から言うならば、発達性トラウマを抱えてサヴァイヴしてきたのです。

Aさんは一〇歳頃、親が不在で、あずけられた先の親戚男性から性被害を受けました。母親はそのときは仕事に出ていて家にいませんでした。逃げようがなかったのです。つまり、戦うか逃げるか、という第一の防衛システムは使えませんでした。親の不在の中で、唯一の愛着対象を攻撃したり逃げたりすることは、愛着を失うことであり、それはすなわち生存できなくなることです。最大の脅威であり、ジレンマです。しかも子どもの力では防ぎようがありません（まして、子どもはその親戚男性の嗜癖の問題に気づけるはずもありません）。解離してサヴァイヴするしかありませんでした。つまり、進化の上で古いタイプの第二の防衛システムを使うしかなかったわけです。感情はもちろん、自分自身とのつながりを分断、つまりオフにして、解離するしかありませんでした。このオフの状態を続けることでサヴァイヴしてきたのです。必要な手術も、圧倒する体験になってしまい、先延ばししなければなりませんでした。

六歳頃から性被害を受け続け、やはり後にＤＩＤと診断されたある女性は、「精神を保つために何かを捨てなければ生きていけませんでした。心をなくして、自分の感情を捨てなければと思いました。自分の中で、壊れなきゃ生きていけない感覚でした。そのとき、別の人格ができたんだな、と後になって気づきました」と述べています。

このトラウマを抱えるには、サポートがなければ、解離して、自らを断片化し、いやそれだけでは抱えられず、物質や行動によるアディクションという神経回路、つまり、いわゆるドーパミンに関係した脳内報酬系を使うことになります。そして、トラウマケアに出会うまでに、二〇年以上を要しています。

Bさん。四〇代女性。

父親はギャンブル依存症。普段は優しいが、怒り出すと暴力的になります。

一三歳のとき、父親および兄から性被害を受けます。当時のことを「初めて挿入されたときは、うれしかった。父親にされている安心感と、母親に対しての後ろめたさがあり、心が壊れている自分がいました。父親は謝ったが、自分は戸惑ってないふりをしていました。求めていた大好きなお父さんが手に入ったのです。二人だけの秘密ができたことをうれしいと感じていました。境界線がなかったため、我慢しているのか、喜ばせているのかわからない状態でした。ちょっとでも役に立ちたいと必死になっていました。家族を壊してはいけない、機嫌をそこねちゃいけない、と思って意識が飛んでいました。自分じゃないみたい。アルコールで麻痺させてきました」と述べます。

「その後、年齢を重ねて、風俗や援交をして、身体を売ってでも自分をなくすという価値観でいました。自分の価値をお金で換算しようとしていました。精算したら、死ぬつもりでした。摂食障害にもなりました。四〇歳になったところで、トラウマケアに出会い、女性だけのクローズド・グループに参加できるようになり、自分自身を無視していたことに気づいたり、感情や安全を感じたりすることができるようになってきました。摂食障害を起こして癒しを求めていたんだな、と気づきました」。

Bさんの場合も、ごく近い監護者からの被害です。聞いていても胸が張り裂けるような体験です。庇護と愛着をうけるべき対象から受けた行為は、子どもにとっては愛情として受け取らなければ、庇護や愛着を失い、生存の脅威となってしまいます。まだ無力な子どもは抗議することも逃げることもできない深刻なジレンマです。その行為が虐待だとは気づきようがありません。実は、父親はギャンブル依存に加えて性依存である可能性があります。Bさんは共依存者として巻き込まれてしまっているのです。戦うか逃げるかという第一の防衛システムを使いますが、それも究極の死に向かっています。境界線が破断し、自分の身体や感情を解離させ、むしろ相手と融合する部分もあります。アルコールや性依存や摂食障害という嗜癖でトラウマを抱え込んでサヴァイヴするしかありませんでした。被害からケアに出会うまでに、やはり三〇年近くを要しました。セクシャリティも解離させて物化してしまっています。

パトリック・J・カーンズは、性依存症の九七％は子どものときに情緒的虐待を、八一％は性的虐待を、七二％は身体的虐待を受けていると報告しています。また、心的外傷後ストレス障害の中心的な対処法が依存症であることも報告しています。

子どもの頃に愛着対象から性被害を受けたことで、性が、愛されている、所属している証として唯一のものとなり、自分の価値観が性的なものにしか見いだせなくなっています。性によって大人の関心を引き、コントロールできると学習してしまうのです。

Bさんは、父親からの性加害を歓迎し、喜んでいるかのように言っていますが、これは暴力的な父の機嫌を損ねないようにしよう、家族を壊さないようにしようとする、ローランド・R・サミットによって報告された、いわゆる「性的虐待順応症候群」の状態ともいえます。

やはり、レイプ被害に遭ったある女性は、「男性依存がすごくある。とりあえず、心のすきまを埋めてくれればいい。いつも絶えることなく男性がいた。売春や出会い系で会っていた。レイプで、抵抗なく男性と関係をもつきっかけになった気がしてならない。今も思うと、心臓がドキドキする。生き抜くために辛さを男性の肌のぬくもりで癒やしてきた。今思えば、ひどいセックス依存。破滅に向かうと言われても、しみついて抜けない。出会い系でお金をもらったり、セックスフレンドが一〇〇人くらいいた。でも心の空しさは消えない」と、レイプ被害が原因となり愛とセクシュアリティが解離し、嗜癖化していった様子を述べています。

性被害に遭った後、性依存になることは理解できないと感じるかもしれません。しかし、性被害を受けたサヴァイヴァーの中には、性被害の記憶があまりにも辛いものであるため、その体験にいろいろな解釈を加えてサヴァイヴすることがあります。「あれは大したことではなかった」「楽しいことだった」「加害者を悪い人だと思いたくない」「被害を受けたからといって私は不幸ではない」「自分が主体的に性的関係を持てば、被害を受けた状況とは異なり、コントロール感を得られる」「肌と肌の触れ合いがあれば心の隙間を埋められる」など、さまざまな解釈をし、そこから、過剰に性交を繰り返す、性依存の状態に陥ることがあります。

あるいは、逆に「リラックスしていたり、油断していると被害に遭う」「こんな目に遭うのは、やっぱり幸せになってはいけないからだ」「恥ずかしくて誰にも話せない」、だから「私は幸せになってはいけない」「リラックスしてはいけない」と自分を責め、恥じ、怖れてハートを閉じてしまい、性だけを使うようになる場合もあります。

いずれも、神経系は休まることなく、活性化している状態に標準設定されてしまいます。

こうしたあまりの辛さに対処するために、アディクションを一つだけではなく、複数もつことが少なくありません。そのことをクロス・アディクションと言ったりします。この方は、クロス・アディクションとしてアルコール依存症もあり、飲酒しては、激しい怒りを行動化します。レイプ被害に遭ったときは、家族に話すこともできず、その被害体験を長年自分だけの中に凍りつかせて封印してきました。性被害を含めた虐待に遭うと、どういうわけか、また同じような被害に遭う＝再犠牲化（revictimization）ということがよく起きます。たとえると洪水で川の堤防が決壊し始めると、どんどんひどくなるようなものです。つまり自己の境界（バウンダリー）が破断してそこがさらに大きくなっていくのです。神経生理学的に著しい調整不全に陥っている状態です。その修復は、適切なサポートが得られないと、自分だけで修復するのは難しく、神経系に強力に作用するアディクションで酔わせたり麻痺させたり、あるいは過剰に覚醒させたりして何とかサヴァイヴするのです。アディクションの生理学的作用には、興奮・覚醒、飽食、幻想・空想などがありますが、実は、性依存はいずれの作用も持つ強力な依存です（この女性が「破滅に向かう」と表現しているように、妊娠、中絶、怪我、性感染症、家庭や社会的地位の喪失やタブー、あるいは本当の親密さを得られないことからくる孤独など、リスクやコストも大きいのですが）。ＳＮＳは、バーチャルに性に働きかけることができ、性依存を容易にしている面があります。また性は、愛着のニーズの重要な要素であり、誰もが持っています。

性依存によって、失われた愛着を満たそうとしてもいるのですが、ハートが閉じているので、いつまでも埋まらないのです。それだけ愛着の傷も深いと言わざるをえません。

この女性の場合、結婚していた夫が、実は妻の性依存を助けていたこと=共依存に気づき、この女性が付き合っていた他の男性も共依存に気づかざるを得なくなりました。それと共に、本人にもバウンダリーが形成されはじめ、アディクションを手放せるようになっていきました。そして、トラウマのケアを受けつつ、自分を次第に取り戻しつつあります。


Cさん。四〇代男性。

祖父は戦争で抑留された経験があり、アルコール依存症で、酔っては祖母に暴力、セックスを強要しました。本人はその祖父母を見て育ち、自分は祖父に似ていると言われます。父親も暴言がひどく、母親に暴力を振るっていました。自分は、子供の頃からビクビクしていて、家の中の調整役でした。

「七、八歳のとき、先輩数人に呼び出され、集団レイプに遭いました（肛門性交を強要されました）。父母に言えませんでした。自分だけで苦しんできました。一二歳頃から、シンナーやマリファナ、そののちアルコール依存症にもなりました。一五歳頃から、ポルノ漫画やエロビデオばかりを見ていました。小さい頃のことがこびりついていて、人間不信に陥っていました。年上の人が怖い。合わせようとして、機嫌取りに疲れました。ドラッグの他に、宗教にも入りました」。

男性が性被害に遭って症状に悩むことを訴える例は少ないとしても、潜在的には多く存在しています。Cさんは、「ドラッグにはまっていく人の根っこには、性被害がある。人に言えないでいる仲間がたくさんいる」と話してくれました。Cさんも、自分の感情より相手の感情を優先させるAでした。いつも警戒アラートを発し続けなければサヴァイヴできない幼小児期を送っている中で、逃れられない性被害に遭い、サポートが得られず、感情を麻痺させるように嗜癖物質や性依存の中でトラウマを抱えてきたと言えます。依存症治療に至るまでに三〇年以上を要しましたが、アディクションを使うことが次第に少なくなり、その後トラウマケアに出会い、自分と向き合い続けています。

依存症とトラウマの切っても切れぬ関係

ところで、依存症からの回復がないと、つまり嗜癖以外のリソースがない状態で、トラウマケアを進めることは、よりどころのなさに直面することになり、再トラウマ化の怖れがあり、リスクが大きいのです。

三例とも共通して、発達性トラウマを背景にしていることが多いのですが、親自身も依存症になっている場合が稀ではなく、親も何かしらの負荷を負っている可能性が大きいのです。そうした背景を持ち、自分と自身の感情や感覚を解離させ、親の感情を優先させるなかで境界線が十分に形成されず、満たされない愛着を持っているところで性被害に遭い、逃げるすべもなく、助けを求めることもできず、二重三重に被害を被ることになっているのです。

また、ケアに結びつくまでにいずれのケースも長い年月がかかっています。被害者は、周囲の無理解や無関心、性被害や依存症についての社会全体の理解の低さから、適切な支援を受けることなく、長い年月、内面に恐怖や混乱、自罰感情を抱え、その苦しみと折り合いをつけるために解離し、自分からも他者からも切り離されて生きています。こうした状態の中で、しばし快の感覚を味わえる対象が見つかると、当然のことながらアディクションに陥っていきます。そして、依存症の先に、死という着地点を見つめていたりします。

また、性被害というと女性が被害者であるケースが今まで注目されてきましたが、Cさんのように、男性で性被害に遭っている人も多く、Cさんの言葉を借りると、「ドラッグにはまっていく人の根っこには、性被害がある。人に言えないでいる仲間がたくさんいる」のです。今後は、男性の被害者についても光を当ててケアに結びつけていく必要があるでしょう。

ポリヴェーガル理論によって、性暴力を受けたときに凍りついて逃げられなかったことは神経系の自然な反応であったことが明らかにされました。さらに、被害後も助けを求められずに、解離し、凍りついた状態であったことも、ポリヴェーガル理論によると、その機序が理解できます。さらに、苦しみを和らげるためにアディクションが起きたことも、無理からぬことと思われます。アディクションについては、社会の中で、本人の意志や嗜好や性格の問題であるという誤解がいまだに散見されます。アディクションの下に潜む性被害について、あらためて理解を深め、被害者の適切なケアを行っていくことが求められます。

今回、Aさん、Bさん、Cさんに本書の意図を伝えたところ、「そうなんです。誰にも話せないで苦しんでいる人がたくさんいます」「ぜひ、私の例を使ってください」と言ってくれました。私のほうが、勇気づけられました。

参考文献

・津田真人（二〇一七）『「ポリヴェーガル理論」を読む〜ベーシック版〜』心身社会研究所
・津田真人（二〇一九）『「ポリヴェーガル理論」を読む：からだ・こころ・社会』星和書店
・S・W・ポージェス（二〇一八）『ポリヴェーガル理論入門：心身に変革を起こす「安全」と「絆」』花丘ちぐさ訳、春秋社
・D・ディナ（二〇二〇）『セラピーのためのポリヴェーガル理論：調整のリズムとあそぶ』花丘ちぐさ訳、春秋社
・福居顯二編（二〇一一）『脳とこころのプライマリケア8　依存』株式会社シナジー
・吉岡隆、高畠克子編（二〇〇一）『性依存：その理解と回復』中央法規出版
・Patrick J. Carnes（1991）. *Don't Call It Love: Recovery From Sexual Addiction.* New York, Bantam Books.

第11章　性暴力被害裁判とポリヴェーガル理論

長江美代子
日本福祉大学看護学部教授

はじめに

性暴力被害者のための病院拠点型ワンストップ支援センター（性暴力救援センター日赤なごや なごみ：以下「なごみ」）開設以後、約五年間の活動に携わる中で、被害を警察に届けることができたケースは多くはない。ほとんどが「なかったことにして忘れたい」と考え、警察に届けることを拒否する傾向がある。根気よく寄り添い、とにかく可能性について弁護士や警察に相談するところから始めないかと持ちかける。活動開始当初は、性暴力被害者にとって、被害届を出そうと決心したその先のハードルが、これほどまでに高く厳しいことを筆者は知らなかった。自分の知識のなさを恥じる一方で、違和感を感じたことを覚えている。マッサージ施術中の被害、性風俗産業で働いている女性の被害、親族からの被害などは、それぞれ「目撃者がいない」「そういう職業だから」「身内にそこまでできない」といった理由で、まずは警察に被害届を出すところまでたどり着けない。窓口で二次被害を受けるリスクを予測しての支援が必要だった。被害は明らかな事実であり、加害者の身元がわかっているにもかかわらず、犯罪として裁くことができない法的なハードルを当然のように突きつけられた。

刑法の問題も大きな課題であるが、その前に、性暴力被害者の多くが警察どころか、支援の窓口にすら来ていない現状もある。一般対象の講演や大学の講義の中で「もしあなたが性暴力被害に遭ったら……」と問いかけると、「だれにも言わずに、お墓までもって行く」と答える女性は思いのほかたくさんいる。男性の場合は「自分（男性）が被害者になることはないから……」という認識が伝わってくる。そのような葛藤をかかえながらもなんとかワンストップ支援センターにつながった被害者が、ようやく決心して被害届を出しに警察に行っても、「被害から時間が経っている」「自分から相手の家に行った、あるいは自分の家に入れた」「親しげな携帯メールのやりとりがある」といった理由で、簡単には受け取ってもらえない。そんな被害者の現実と法の世界のギャップにどう対応するのか悩んでいた折、性暴力被害者に関する精神的・心理的側面の鑑定書の作成を依頼された。マッサージ施術中の被害であり、被害者がその行為に対して精神的・心理的に抵抗できた可能性の有無についての鑑定だった。初めての経験ではあったが、自分にできることはやってみようと決心して引き受けた。そのときに活用したのがポリヴェーガル理論[*1、2]だった。担当検事と検討を重ね、関連分野の専門家からの助言を受け臨んだ結果、裁判は有罪となった。

ここでは、理解されにくい性暴力被害者の状況についての概要を示し、それを説明するために、ポリヴェーガル理論をどのように適用したかを示すことで、現実に即した性暴力被害裁判のあり方の検討の一助としたい。

1　性暴力被害者の現状に気づく

筆者が、女性と子どもに対する暴力に関するテーマを中心に研究に取り組むとともに、DV（ドメスティック・バイオレンス）被害者支援活動を始めてからおよそ二〇年が経つ。活動を開始して最初に気づいたのは、DV、子ども虐待、いじめ、ハラスメントなどのさまざまな形の複数の暴力が同時に家庭内で起こっていること、その被害者の多くは生きづらさを感じていても、暴力被害とトラウマを認識できないまま、自ら支援につながることができない状態にあることだった。そのような心的外傷後ストレス障害（以下PTSD）をかかえて社会不適応になっている暴力被害者へのアウトリーチ活動として始めた「街角メンタルヘルス」プロジェクト[*3]を通して、性暴力被害の存在とその根深さに気づいた。

社会には、子ども・思春期の性暴力被害→PTSD発症→生活・社会不適応→再被害という悪循環が存在している。性暴力被害者のPTSD発症率は四七〜五五%と圧倒的に高く、その症状のため、自殺、依存症、再被害、失職・貧困、非行、犯罪といった、複合のリスクが伴う[*4、5、6、7]。さらに、性暴力被害の影響はPTSDを媒介として次世代へと連鎖しており、深刻な公衆衛生上の課題であるにもかかわらず社会認知は低い。

被害者は、頭痛、腹痛、腰痛、不眠、うつ、パニックなど多様な心身の症状で受診するが、異常所見はなく原因がよくわからない。子どもはもちろんのこと、大人であっても、本人も周囲も性暴力被害によるPTSDという認識がないことが多く、治療につながらない。精神科を受診したとしても、被害のことは話さないため、うつ、不安障害、統合失調症、発達障害といった診断を受けたり、周囲には「そのような性格だから」と解釈されたりして、根本的な問題に気づかれることがない。結局対症療法で薬だけが増えていた。子どもの場合は、行為そのものが虐待であることに気がつかないが、「とにかく恐くてつらい」という自分でもわけがわからない状態になっている。PTSD症状のため学校に行けなくなって引きこもるが、被害のことを言わないので、周囲にはその原因がよくわからない。未治療のままでは再被害に遭うリスクが高く、いじめやDVにも遭いやすい。結果として生活・社会不適応となるという悪循環に陥る。それほどまでに被害者のその後の人生を奪っているということは、被害者だけでなく社会にも加害者にも知られていない。

子どもの頃の性被害を誰にも言えず、自覚がないままPTSDを抱えて生活する生きづらさは、トラウマおよびPTSDの知識なしには理解どころか気づくこともできない。社会にトラウマインフォームド・ケア（TIC：Trauma-Informed Care：トラウマ（心の傷）の理解に基づくケア）の概念と実践が浸透するのが待たれる。V・J・フェリッティらによる子どもの頃の逆境体験（ACEs：Adverse Childhood Experiences）に関する研究[*8]の結果は世界に衝撃を与えた。ACEs一〇項目にはDV、性暴力、子ども虐待、家族機能不全などが含まれ、その数が多いほど、その後の心身の健康状態に大きく影響し寿命を縮めていると報告した。二〇一四年にはトラウマインフォームド・ケアの概念が明確にされ実践のためのプロトコルが提供されている。[*9]

2　強姦神話と性暴力被害者非難

私たちの社会には、根深い強姦神話（rape myths：真実として世間に浸透している「性暴力被害に遭うのは被害者の落ち度だという誤解）が存在しており、警察、弁護士、支援窓口相談員だけでなく、家族や友人も強姦神話を信じている。そのため、自分の大切な家族の被害を知ったときには動揺して、ついい「なぜそんな時間に……」「そんな服装で……」「お前が悪い」などのことばを連発してしまう。最も信頼して頼ることができる存在である家族や友人からの二次被害を、ほとんどの性暴力被害者は経験している。

「なごみ」での性暴力被害者との面接において、「私もいけないところがあった」という〝自責〟は、必ずでてくるテーマである。具体的にどういうことなのかと尋ねると、「はっきりイヤだといわなかったかも……」「勘違いさせたかもしれない」「うかつだった」「近づきすぎた」「逃げるチャンスがあったと思える場面もあった」などの内容があげられる。もう一つ特徴的なのは、〝被害に遭った感が薄い〟ことである。これは、支援につながる過程での周囲の態度が影響している。「なぜ自分の家に入れた」「なぜ加害者の家に行った」「被害後の好意的な内容の携帯のやりとりはどういうことか」という問いかけは、被害者にとっては「それを望んでいたんじゃないか」というメッセージになる。また、怪我をしていないことに対しての問いかけが、暗に「本当にイヤだったら最後まで抵抗できるはず」というメッセージになってしまっていることもある。被害者は「死ねば信じてもらえたのか？」と愕然とする。性暴力被害者が出来事について言語化できず、時系列に説明できないことは、支援に携わっている者にはよく知られている。しかし、そういった知識や経験がない場合、被害について説明できないし、何もなかったように仕事に行ったり学校に行ったりしている被害者の行動を見て、「本当に被害に遭ったんだろうか？　嘘じゃないのか？」と疑ってしまう。その疑念を感じた被害者は傷つき、こころを閉ざす。加えて、被害者自身も被害に遭う以前には、類似のイメージを持っていた可能性は高く、結果として、被害者は自分を責め、性暴力被害に遭ったと思えない。

このように、社会に広く深く浸透している強姦神話は、加害者ではなく、強姦された被害者の問題に注意を向けさせる。「加害者がどうやった家の中に入ったのか、どうやって加害の場に被害者を連れて行ったか、どうやってその行為に及んだか」という加害者が主語になった質問が最初に投げかけられたならば、聞き取りの内容はずいぶん性暴力被害の実情に近いものになるはずである。

3　性暴力被害者の精神状態・心理状態とポリヴェーガル理論

性暴力被害は、被害者にとってまったく予想外の出来事で、後で振り返ってみれば、凍りつき(freeze)、助けを呼べない状況に陥っていることがほとんどであるが、それが被害者に自覚できるのは、ずいぶん後のことである。安全な環境でトラウマ治療者と振り返ってみることで、ようやく自身に起こったことが時系列になり自分のストーリーとなる。「なぜ逃げなかったか?」「抵抗しなかったか?」「親しげなやりとりがあり同意だった?」などは、性暴力被害者にとっては聞かれる内容そのものが予想外であり、的外れな質問であるが、法的には根拠をもって明確に説明すべき重要な項目である。このような性暴力被害者の理解されない行動や言動は、解離を伴う急性ストレス症状との関連が大きいのであるが、他者から見えにくいことに加え、のちにPTSDに移行した場合に、過去の性暴力被害によるPTSDであると証明する難しさがあった。この現状を打破する可能性を示しているのが、神経生理学的反応という科学的な視点から現象を説明できるポリヴェーガル理論（以後PVT：Polyvagal Theory）である。

（1）被害直後の通報ができない背景（強姦神話とスティグマ）

性犯罪被害は暗数が大きく、法務総合研究所が行った調査によれば、五年間で直近の性的被害を捜査機関に届けた比率は二〇・〇％である。[*10] 背景には「絶対に誰にも知られてはいけない」という認知がある。前述のように、人々の心に内在する強姦神話は非難を被害者に向け、被害者とその家族に強い羞恥心を呼び起こす。性暴力被害者は強烈なスティグマの対象になっているため、[*11] ことばに出して言わなくても、被害者は自分が「汚れて価値のない恥ずべき存在」になったと感じ、「絶対に人に知られてはいけない」と考える。

性暴力被害の場合、どんな被害状況であってもたいていは、「警察に届けたら、自分の手を離れてみなに知られてしまう」と思い込んでいる。被害後七二時間以内に「なごみ」に来所されたケースで、見知らぬ相手からの被害の場合は、「届けるとどうなるのか、まずはお話を聞くところから始めましょう」といった声かけで警察に連絡することは比較的可能である。しかし、顔見知りからの被害だったりする場合は簡単ではない。身内を加害者として警察に通報して訴えるという現実を想像してみれば、「いやそこまでは……」という反応は当然である。加害が職場の上司や学校の教員であれば自分の将来が閉ざされるリスクがある。

現実には、性暴力加害者の八割以上が顔見知りであり、「誰にも言えない」状況は深刻である。子どもの被害では加害者のほとんどは身内や顔見知りであり、警察の介入や児童相談所への通告は選択肢にすらあがらないことが多い。開設後五年間の「なごみ」の来所者の三割近くは一八歳未満である。さらに過去の被害で「なごみ」に来所した被害者の多くは被害当時一八歳未満であり、子どもの頃の性暴力被害によるトラウマが、未治療のまま何年も何十年も再演を繰り返していた。

(2) 性暴力被害時に抵抗できない理由(凍りつきとPVT)

性暴力被害者は、被害に遭ったときに逃げなかった、抵抗しなかったと誤解されがちである。しかし性暴力被害では、被害者が「固まってしまった」と表現するTonic Immobility(以後TI:凝視反応)、いわゆる〝凍りつき(freeze)〟の状態になってしまうことが多い。TIは反射反応であり、自分の意思とは関わりなく起こる現象である。[*12] 筋肉が硬直して動けない、あるいは低緊張になり力が入らない、震える、声が出ない、痛みを感じなくなる、外部からの刺激に対して反応が鈍くなるなどが起こるため、逃げることも抵抗することもできない。このTIという現象は、動物が生き残り進化する過程において発達した防衛反応であり、捕食動物に出くわし、戦う(fight)ことも逃げる(flight)こともできないときに起こる。

性暴力被害では、TIが起こる頻度が他のトラウマに比してかなり高いことが報告されている。[*13, 14, 15] A・モラーらが、性暴力被害(rape)後一か月以内に救急外来を受診した女性二九八名を対象に実施した調査では、七〇%が被害に遭ったときTIを経験し、四八%は極度に強いTIの症状があった。また、TIは被害後のPTSDやうつ発症と有意に関係していた。[*16]

このような、性暴力被害に直面して引き起こされた無意識の反射により固まってしまう現象については、S・W・ポージェスによって提唱された、ポリヴェーガル理論(PVT)による神経生理学的な説明が説得力を持つ。[*1, 2] PVTによると、危険と脅威が生理学的状態を変化させて防衛に向かわせる。ニューロセプションと呼ばれる神経回路が「危険」という合図やきっかけを評価して無意識の「反射」として反応する。[*17] ＰＶＴ以前では、生命の危機に瀕したときも、通常のストレス反応と同様に、交感神経系とＨＰ軸（視床下部－脳下垂体－副腎 hypothalamic-pituitary-adrenal axis）が働き、「戦うか逃げるか（Fight or Flight）」の反応が起こると考えられてきた。しかし実際には、生命が脅かされると太古の脊椎動物で発達した防衛機制が発動する。ＰＶＴは、逃げるか戦うかという防衛反応が物理的に不可能な場合に、二番目の防衛システムが働くと論じている。この二番目の防衛反応では、動物は本能的に死んだ動物は食べないため、「死んだふり」と表現される生存反応、すなわち「不動」「シャットダウン」「解離」が起こる。これは意図的ではなく、生物学的には自己防衛のための適応的な反応である。

（3）迎合するような態度（ＰＶＴと５Ｆ）

性暴力被害者は、被害に遭った後もＳＮＳや電子メールで親しげなやりとりが続いていることがしばしば見られ、「同意だったのではないか」と誤解されることが多い。この現象についてはＰＶＴに加えて５Ｆ反応と呼ばれる脳科学の知見が効果的である。[*18]

Ｚ・ロドリックは、脳科学の知見を基本に、人間が生命の危機に直面したときの反応を５Ｆとして説明している。[*19] ５Ｆとは、Ｐ・Ａ・ラヴィーンが提唱したFight（闘争反応）、Flight（逃走反応）、Freeze（凍結反応）に、Friend（友好）とFlop（迎合）を加えた五つの反応である。[*2,20,21] 扁桃体が危機の合図を察知し、生存のためにこれらの反応を示す。５Ｆのうち戦うか逃げるか（Fight or Flight）はわかりやすいが、Freeze（凍結反応）の状態は理解し難く、性暴力被害時に見過ごされたり、「同意」とみなされたりしがちである。Friend（友好）とFlop（迎合）に至っては、「仲良くしていた」「喜んでいた」などと解釈されることが多い。しかしＰＶＴで繰り返し説明されているように、これらの反応は無意識であり、被害者のコントロール下にはない。動物として生存するための一連の適応反応として現れているのである。

ＰＶＴが説明している自律神経系の機能によると、恐怖は社会交流のためのシステムを活性化するため、友好的（Friend）な対応をとる。たとえば、言葉が使えず自分で移動できない新生児は本能的に笑いかける。自立して行動でき言葉が使えるようになると、嘆願したり、贈り物をしたりなどの懐柔策をとる。この懐柔策がうまくいかないと、Fight（闘争反応）かFlight（逃走反応）を発動させて生命の危険から自らを守る。しかし、闘うことも逃げることもできず、真に脅威を察知すると、生存のための反応としてFreeze（凍結反応）する。この凍結反応がうまくいかないと、交感神経が抑えられFlop（迎合）反応が起こる。硬直した筋肉は緊張を失い相手のなすがままの状態となり、ただ生き残るために屈服する。この状況は耐え難く、脳の高次機能は働かない。

受けた性暴力被害を性犯罪として認めてもらうためには、「回避、抵抗、逃走、援助要請、直後開示」の五つが求められる。[*18] つまり被害者は、被害を回避（迎合ではなく）する行動をとり、逃げる努力をし、加害行為に対して死ぬほど抵抗し、解放されたら直後に警察に助けを求めていることで、「性犯罪被害に遭った」と認められる。これらが極めて困難であることは、ＰＶＴと５Ｆによる神経生理学および脳科学の視点から明らかである。ＴＩ状態では、被害者は、逃げたくても筋肉が硬直して動けず、助けを呼びたくても声が出ない。痛みを感じないので、怪我をしても気がつかない。外部からの刺激に対して反応が鈍くなり、人の声も聞き取りにくいような状況である。Flop（迎合）

状態になっている間の記憶はないことが多い。どうやって被害の現場から家まで帰ってきたか思い出せない被害者は少なくない。状況が周囲に理解されず、自身も何が起こったかわからない被害者は、たいていは、急性ストレス症状としての恐怖や不安に加え、無力感、自責感、恥、屈辱感に苛まれ、自身が被害者であるとは思えない状態になっている。

（4）マッサージ施術中の被害のパターン（予想外・凍りつき・助けを呼べない・解離）

マッサージ師からの被害は、被害届を出すところまで行かないケースがほとんどだった。それが当たり前のような空気があったため、マッサージ師からの強制わいせつ被害者の裁判において、被害者の心理鑑定を依頼されたときは、希望の光が見えた気がした。「なごみ」で対応した複数のマッサージ師からの施術中の被害には、類似のパターンがあった。共通していたのは、身体に触れることが施術の前提であり、相手は施術の「専門家」であるという信頼から、性暴力被害をまったく予測していなかった点である。後で思えば胸に触る、股間に指があたるなど、「あれっ」と思うような不自然な言動、違和感のあるタッチなどがあった。違和感を持ちながらも、被害者はみな言われるままに施術を受けていた。そして、確信が持てないうちに行為がエスカレートしたため Freeze（凍結反応）した。あるケースでは、ズボンを脱がされ、下着を下ろされ、膣に指を入れられたりした。また別のケースでは、顔にタオルをかけられ、胸を触る、キスをする、身体中触る、などされた。しかし、体が硬直して動けなかった。声のトーンなどに「何をされるかわからない恐怖感」を感じたのも、ほとんどのケースに共通していた。被害者はみな混乱し、「強い恐怖感」や容易には逃げ出せないような状況で凍りつき、体は動かず、声も出ない状態に陥った。加害者の平静な態度にさらに混乱し、恐怖が増していた。カメラのシャッターの音がして、写真を撮られていると思った被害者もいたが、固まって体は動かず、何も言えなかった。この間たいていの被害者は解離して耐えている。解離とは、感情・感覚・知覚・記憶の一部を自分から切り離すことによって自分を守る無意識の防衛反応の一つである。危機的状態にあるにもかかわらず、感情が遮断されているため頭は清明で正常な認知機能を保っていたり、固まっているため暴れたりしないというアンバランスな状態をしめす解離症状は、被害者に対する誤解の原因の一つになっている。

すぐに逃れられなかった被害者にはFlop（迎合）反応が起こっていたと考えられる。Flop（迎合）反応では、硬直した筋肉は緊張を失い加害者のなすがままの状態となる。強い恐怖で解離し、どのくらい時間が経ったか覚えていない。どうやって解放されたか記憶が曖昧で、「こんなところに行った自分が悪い」「誰にも言えない」と思っていた。被害に遭ったマッサージ店を利用するのが初めてではない場合がほとんどで、加害者とも顔見知りだったケースもあり、「被害に遭った」という自覚は薄かった。

4　トラウマおよびPTSDの理解

性犯罪被害の暗数が多いことはすでに述べた。性暴力被害では、被害状況がよく理解されていないことと、法の不整備により、被害届を出すところまでたどり着けない被害者がたくさんいることは容易に想像できる。性暴力被害とPTSDの関連については前述したが、窓口において確実に法的支援を提供するためにも、裁判においても、PVTや5Fの説明とともに、解離を伴うPTSD

の症状について理解を得ることは重要である。

被害の後、何もなかったように仕事に行ったり学校に行ったりしていることは珍しくない。この行動は「本当に被害に遭ったのか、嘘ではないか？」と誤解されることが多い。しかし実際には、生存の危機に瀕して交感神経が緊張し、戦うための化学伝達物質（アドレナリン）が大量に分泌されるため、その効果によりしばらくは緊張状態が持続できているだけであって、長くは続かない。解離を含む急性ストレス反応は被害に遭っている時点から起こり、被害後も持続しているが、本人が症状として認識しているわけではない。

性暴力被害のことはなかったことにしようとふつうに生活を続けようとするが、五感で焼きつけられたトラウマ体験の記憶は、被害のことを思い出させるちょっとした人、物、状況に反応しフラッシュバック（侵入症状）する。つねに交感神経が過緊張して警戒している状態（覚醒度と反応性の著しい変化）であり、ちょっとした物音にも驚愕し、加害者とよく似た人がいると、ドキドキして汗が出てパニックになる。そのような状況を意識的にも無意識的にも避けるという行動（回避症状）が多くみられ、生活範囲が狭くなっていく。被害に遭うまでは、世の中は危険もあるが基本的には安全であると思っていたが、世の中は危険に満ちているという認知（気分と認知の陰性変化）により恐怖心がより高まった状態になる。これらのつらいＰＴＳＤ症状は、誰にも言わないつもりだった被害者が支援につながるきっかけにもなっている。

しかし、ようやく支援につながり、警察に届けると、なぜ早く来なかったのか？　どこも怪我はなかった？　学校／仕事も行けているんだね？　といった事実確認が始まる。すべてが「ホントに被害に遭ったのか」「抵抗しなかったのか」「本当は望んでいたんじゃないか」と言われているように感じる。実際に「あなたが悪い」と言われてしまう被害者もいる。弁護士に相談しても、結局は「時間が経っている上に証拠がない」ということで何もできずあきらめざるを得なくなる。このような二次被害は、被害者の孤独感、世の中への不信感を高め、急性ストレス状態からＰＴＳＤへと押しやってしまう。

「なごみ」来所者の半数は被害から七二時間以内に来所できているが、残りの半数は一週間以上経ってからの来所であり、二割弱は被害から一年以上が経過している。すぐに通報しなかったことで支援につながらず、治療にもつながらない被害者はＰＴＳＤから抜け出せず、生活・社会不適応へとつながっていく。一人の加害者を見つけたら平均四〜五人の被害者がいると言われている現状において、罰せられることがない加害者は、さらなる加害を重ね被害者を生んでいく。

おわりに

二〇二一年七月一六日に横浜地裁小田原支部で行われた性暴力被害裁判で、二〇〇五年の強姦事件が原因で二〇二〇年の時点までＰＴＳＤ状態が続いているとの診断を根拠として強姦致傷罪の成立を認め、被告に有罪判決が言い渡された。[*22] これまで論じてきた性暴力被害裁判の現状を考えると、日本の法曹界の変化の兆しを感じる画期的な判決である。過去の性暴力被害について、現存するＰＴＳＤ診断との関連が認められれば、加害者を起訴し有罪を勝ち取ることが可能であることが示されたのである。性暴力被害という出来事に対して、神経生理学的反応に焦点を当てているポリヴェーガル理論（ＰＶＴ）や５Ｆ反応という脳科学によるストレス反応の新しい知見が、性暴力被害と

ＰＴＳＤの関連をより科学的に示すことができる可能性を広げている。隠されてきた身内からの、とくに実父からの性暴力被害の「なごみ」相談件数は確実に増えている。これまで誰にも言えなかった被害者が声を上げはじめ、それに応えることができる人たちが社会に増えてきたのかもしれない。性暴力に関して取り組むべき今後の課題はまだ多いが、裁判で加害者が有罪となり罰を受けるという事実は、性暴力被害者が「被害を受けた」という認識を促し、それが被害者をエンパワメントし回復につながる大きな力になっていくと確信している。

引用文献

＊1　Porges, S.W.（1995）Cardiac vagal tone: a physiological index of stress. *Neurosci Biobehav Rev, 19*（2）, 225–233. doi: 10.1016/0149-7634（94）00066-a

＊2　Porges, S.W.（1995）Orienting in a defensive world: mammalian modifications of our evolutionary heritage. A Polyvagal Theory. *Psychophysiology, 32*（4）, 301–318. doi: 10.1111/j.1469-8986.1995.tb01213.x

＊3　長江美代子（二〇一四）「自殺予防アウトリーチ」『精神療法』第四〇巻第二号、二五六‐二五七頁

＊4　Campbell, R., Adams, A. E., Wasco, S.M., Ahrens, C.E., & Sefl, T.（2009）Training interviewers for research on sexual violence: a qualitative study of rape survivors' recommendations for interview practice. *Violence Against Women*, 15（5）, 595–617. doi: 10.1177/1077801208331248

＊5　Kita, S., Haruna, M., Yamaji, M., Matsuzaki, M., & Kamibeppu, K.（2017）Associations of Mental and Behavioral Problems among Children Exposed to Intimate Partner Violence Previously and Visits with Their Fathers Who Perpetrated the Violence. *Open Journal of Nursing*, 7, 361–377. doi: 10.4236/ojn.2017.73029 March 20, 2017

*6 Xu, Y., Olfson, M., Villegas, L., Okuda, M., Wang, S., Liu, S.M., & Blanco, C.（2013）A characterization of adult victims of sexual violence: results from the national epidemiological survey for alcohol and related conditions. *Psychiatry, 76*（3）, 223–240. doi: 10.1521/psyc.2013.76.3.223

*7 Zinzow, H.M., Resnick, H.S., Amstadter, A.B., McCauley, J. L., Ruggiero, K.J., & Kilpatrick, D.G.（2010）Drug- or alcohol-facilitated, incapacitated, and forcible rape in relationship to mental health among a national sample of women. *J Interpers Violence, 25*（12）, 2217–2236. doi: 10.1177/0886260509354887

*8 Felitti, V.J. et al.（1998）Relationship of childhood abuse and household dysfunction to many of the leading causes of death in adults. The Adverse Childhood Experiences（ACE）Study. *Am J Prev Med, 14*（4）, 245–258.

*9 SAMHSHA（2014）Trauma-Informed Care in Behavioral Health Services. Retrieved from https://store.samhsa.gov/product/TIP-57-Trauma-Informed-Care-in-Behavioral-Health-Services/SMA14-4816. Substance Abues and Mental Health Services Administration（SAMHSHA）.

*10 法務総合研究所（二〇一九）「第五回犯罪被害実態（暗数）調査のうち「性的な被害」に係る調査結果（概要）」東京：法務省　Retrieved from https://www.moj.go.jp/content/001310511.pdf

*11 Kennedy, A.C., & Prock, K.A.（2016）"I Still Feel Like I Am Not Normal": A Review of the Role of Stigma and Stigmatization Among Female Survivors of Child Sexual Abuse, Sexual Assault, and Intimate Partner Violence. *Trauma Violence Abuse.* doi: 10.1177/1524838016673601

*12 Marx, B.P., Forsyth, J. P., Gallup, G.G., Fusé, T., & Lexington, J.M.（2008）Tonic Immobility as an Evolved Predator Defense: Implications for Sexual Assault Survivors. *Clinical Psychology Science and Practice, 15*（1）, 79–94.

*13 Bados, A., Toribio, L., & Garcia-Grau, E.（2008）Traumatic events and tonic immobility. *Span J Psychol, 11*（2）, 516–521. doi: 10.1017/s1138741600004510

*14 Fuse, T., Forsyth, J.P., Marx, B., Gallup, G.G., & Weaver, S.（2007）Factor structure of the Tonic Immobility Scale in female sexual assault survivors: an exploratory and Confirmatory Factor Analysis. *J Anxiety Disord, 21*（3）, 265–283.

doi: 10.1016/j.janxdis.2006.05.004

*15 Heidt, J.M., Marx, B.P., & Forsyth, J.P.（2005）Tonic immobility and childhood sexual abuse: a preliminary report evaluating the sequela of rape-induced paralysis. *Behav Res Ther, 43*（9）, 1157–1171. doi: 10.1016/j.brat.2004.08.005

*16 Moller, A., Sondergaard, H.P., & Helstrom, L.（2017）Tonic immobility during sexual assault - a common reaction predicting post-traumatic stress disorder and severe depression. *Acta Obstet Gynecol Scand, 96*（8）, 932–938. doi: 10.1111/aogs.13174

*17 S・W・ポージェス（二〇一八）『ポリヴェーガル理論入門：心身に変革を起こす「安全」と「絆」』花丘ちぐさ訳、春秋社

*18 田中嘉寿子（二〇一八）「改正刑法の性犯罪の暴行・脅迫要件の認定と被害者の『5F反応』」『甲南法務研究』第一四巻、六五 - 七二頁。doi: 10.14990/00002959

*19 Lodrick, Z.（2007）Psychological Trauma – What Every Trauma Worker Should Know. *The British Journal of Psychotherapy Integration, 4*（2）, 1–12.

*20 Levine, P.A., & with Frederick, A.（1997）*Waking the Tiger: Healing trauma.* Barkley, California: North Atlantic Books.

*21 Ogden, P., & Minton, K.（2000）Sensorimotor Psychotherapy: One Method for Processing Traumatic Memory. *Traumatology, 6*（3）, 149–173.

*22 土屋香乃子「時効後にＰＴＳＤ診断　強姦致傷罪を認定　横浜地裁支部」『朝日新聞 DIGITAL』二〇二一年七月一六日 Retrieved from https://digital.asahi.com/articles/ASP7J4WKLP7HULOB024.html

第Ⅲ部

［特別寄稿］加害者像と加害者臨床
――ポリヴェーガル理論がもたらす希望

読者のみなさまへ

この第Ⅲ部では、性犯罪の加害者への理解を深めるために、刑務所で処遇カウンセラーとして性犯罪者の再犯防止指導を行っている、糸井岳史氏と中村修氏に執筆をお願いしました。本書は、性暴力被害者支援の視点から書かれています。その中で、なぜ性暴力が起きるのかということを理解し、予防と根絶につなげていくために、加害者の実情を理解したいと考えました。被害者からは、加害者を厳罰に処してほしいという強い要望があり、加害者を理解することや、加害者への心理臨床を通して支援的に治療を行うことに批判的な意見があることも理解しています。本書で、加害者への心理臨床について取り上げる意図は、加害者の罪を過小評価しようとか、加害者を擁護しようとするのではなく、なぜ加害行為を起こしてしまうのか、その原因を考察し、性暴力の根絶へとつなげたいというところにあります。

本書は、ポリヴェーガル理論のレンズを通して加害者を検証し、問題解決への道筋を探りたいと考えています。加害者臨床については、広範な研究が必要な分野であり、本章ですべてを扱うことはできませんが、刑務所からの報告はたいへん貴重な情報であり、ポリヴェーガル理論や発達性トラウマ障害の視点を軸に、現場からの検証を行っていきたいと思います。なお本報告では、受刑者のプライバシーは適正に保護されています。

最後に、**第Ⅲ部には受刑者の肉声が報告されており、被害当事者が読まれるとフラッシュバックを起こしたり、恐怖を感じる恐れがあります。当事者はその点に十分留意してお読みになるか、第Ⅲ部は飛ばして次の第Ⅳ部へ進まれることをおすすめします。**

（花丘ちぐさ）

第12章 発達性トラウマ障害としての性犯罪者
——刑事施設内での性犯罪者処遇に現れる「被害と加害」の扱いについて

糸井岳史
川越少年刑務所　処遇カウンセラー

1　はじめに

『性犯罪者処遇プログラム研究会報告書』[*1]によれば、本邦の刑事施設における性犯罪者処遇の改善契機となったのは、二〇〇四年一一月の奈良女児誘拐殺害事件と、この事件により喚起された性犯罪者処遇の充実を求める世論であったという。この奈良の事件では残忍な犯行の態様が注目される一方で、裁判では情状鑑定を通して、加害者は父親から暴力を受けながら育ち、その暴力から守ってくれていた母親が小学生時に死去し、障害のある弟のケアを担い、学校でもいじめ被害にあっていたなどの生い立ちがあり、被害性の側面を持つことも公表された。しかし裁判では、この加害者の小児期逆境体験と、事件との関連性が解き明かされることはなかった。[*2,3]

性犯罪では、事件の悪質性が高いほど、性犯罪者の育ちの途上に何が起きていようとも、そこに事件への影響や関連性を見出そうとする視点は弱くなっていく。むしろ、被害性に着目すること自体が許されなくなり、「だから何だ」という世間からの反発を強めてしまう。「すべての被害者が加害者になるのではない」という正論が、議論自体を封じ込めていく。性犯罪者自身も、自分に向けられた世論を感じるので、語ることをあきらめてしまう。こうして刑事施設に収監される性犯罪者の多くは、自分がなぜ性犯罪をしてしまったのか、自身の生い立ちがどのように事件に関連しているのか、自分でもわからないまま放置されることになる。

もちろん、加害者の生い立ちが、成人後の性犯罪に及ぼす影響は「因果」としてきれいに整理できるものでもないだろう。ポリヴェーガル理論[*4]の枠組みで考えると、トラウマとは不動化する受動的な防衛行動である。[*5]対して、性犯罪は能動的な行動であり、トラウマとは異なる性質を持つ。つまり虐待され、トラウマに「やられっ放し」であるならば性犯罪は成立しない。おそらく性犯罪は、トラウマから直接引き起こされてくるというよりも、そこで失われたものや、奪われたものを回復させようとする過程と重なる。トラウマによって奪われるものは多岐に及ぶ。その回復に必要な要素を、性犯罪によって埋め合わせようとすると、性犯罪とは本来無縁のさまざまな要素が結びつき、性犯罪に過剰な意味が込められてしまう。性犯罪は、性犯罪者にとって肯定的な意味を持つようになり、離脱することを困難にさせてしまう。

この過程を、ていねいにひも解いていかなければ、性犯罪者が、なぜ性犯罪に至ったのかを理解できないし、理解できなければ臨床的に意味のある治療を行うことはできず、再犯を止めることもできない。だから我々、性犯罪者処遇プログラムを担当する臨床家（以下、臨床家）は、トラウマだけではなく、彼らの生きてきた過程そのものに関心を持ち理解しようと努めている。

本稿では、小児期逆境体験、発達性トラウマ障害、ポリヴェーガル理論などの視点から性犯罪者の理解を試みたとき見えてくることを、刑事施設における性犯罪者処遇の臨床に沿いながら述べていきたいと思う。

2　発達性トラウマ障害としての性犯罪者

性犯罪者に、小児期逆境体験（Adverse Childhood Experiences; ACEs）が多いという報告は多数ある。[*6、7、8] 我々、川越少年刑務所の調査でも確認されている。[*9] 冒頭の奈良の事件の加害者も、我々が刑事施設の中で出会う性犯罪者も、今日では「発達性トラウマ障害」と診断し得る（注：「発達性トラウマ障害」はDSM-5には正式な診断名として取り入れられなかった）。発達性トラウマ障害とは、小児期の逆境体験や不適切な養育によって引き起こされ、情動調節、衝動の制御、注意と認知、解離、対人関係、自己スキーマと関係性スキーマに関する慢性的で深刻な問題を生じさせる臨床像を指す。[*10]

本稿では、上述の発達性トラウマ障害の特徴の中から、性犯罪の機序と特に関連性が強い、情動調節（感情調整）、対人関係、解離（構造的解離）と性犯罪との関連性について述べる。

3　感情調整機能の発達不全と性犯罪

子どものときに信頼できる大人に、つらい気持ちを語って慰めてもらい安心した、という経験を蓄積してこなかった性犯罪者は、大人になってからも人を頼ることに躊躇する。自分のストレスや不快な感情状態を、親密な他者に話すことで調整するという発想がない。彼らにとって、つらい気持ちを語ることは恥ずべきことであり、弱みを見せることであり、他者に攻撃の材料を与えることである。人に相談することが苦手な人たちといえる。子どものときの愛着を基礎とした協働調整体験の不足は、必然的に内的な自己調整能力の育ちを阻害する。[*11]

しかし彼らは刑務所生活の中で、落ち着いているかのように見える。多少の不快な出来事が生じたとしても、「(気持ちを)切り替えていきます」と前向きな姿勢を示す。明るく朗らかでタフであるという印象を抱く。しかし、たいていの場合この穏やかさは仮の姿で、「防衛的適応」と呼ばれる代償的な調整の産物だ。[*12]それぞれが抱えている脆弱な部分が刺激される場面に遭遇し、苦手な感情に触れると、日頃の「安定」が脆くも崩れる。

「安定」が脅かされたとき、刑事施設に収監される前の社会生活では、性を使って感情調整をしていた者が多い。薬物の作用と同様に、性の機能にも二つの方向性がある。すなわちアッパー系とダウナー系の性の作用がある。解離され凍りついた身体を溶かすための性と、過剰な覚醒状態に鎮静をかけるための性がある。ポリヴェーガル理論に依拠して整理すると、背側迷走神経複合体の神経系が優位となり、慢性的な低覚醒状態に置かれ、解離して生き生きとした感覚を喪失した後に、生きている実感を取り戻そうとする者は、交感神経系の性の強い興奮性の刺激を使って覚醒を呼び戻そうとする。激しい身体的虐待やいじめ被害にあった者たちは、そのような興奮性の強い性的刺激を好む傾向がある。反対に、交感神経系が優位となり慢性的な過覚醒状態に置かれた者、たとえば、社会的には模範的な優等生で緊張の高い過剰適応タイプの者は、性を「息抜き」「リラックス」の道具として使い、背側迷走神経複合体の神経系を優位にして、日頃の緊張を解きほぐそうとする。

このように、性犯罪を開始する以前に、性を用いて身体や感情の状態の調整をしていた者が多い。臨床家は、その性の機能の方向性を、彼らの成育史の中で確認しておく必要がある。

性犯罪者には、トラウマに関連した回避したい苦手な状況や感情がある。たとえば、幼い頃に両親が離婚し、母親と生き別れた経験を持つ者は、自分から人が離れていく状況や、孤独感や寂しさに対する脆弱性がある。いじめの被害者は、他者から嫌われたり疎外されたり孤立する場面に敏感になる。それぞれの体験に刻まれた感情や身体感覚がある。この脆弱な感情状態への曝露こそ、彼らが最も性犯罪を着想するトリガーとなる。

性犯罪者の生い立ちの中で、性は不快な感情への対処として機能してきた歴史を持つ。スマートフォンやパソコンで見るアダルトサイトの視聴などにより、性を使って嫌な気分が切り替わる体験をしている。健康に発達した子どもたちの性の目覚めとは異なり、不快な感情への対処としての性は嗜癖になりやすい。一たび、対処としての性が機能しはじめると、特定の不快な感情と性がつながってしまう。たとえば、恥、孤独、怒りなどを切り替えるために性を使うことを繰り返すと、同じ感情が現れるたびに、性的欲求のスイッチが入るようになってしまう。不快な感情そのものが性的欲求のトリガーとなる。

さらに、性の目覚めから性犯罪へと向かっていく過程では、気分の切り替えにとどまらず、彼らがそのときに必要としたものが加わっていく。成人後に女性の下着を盗むようになったある性犯罪者の出発点は、子どものときの母親との別離であった。母親が家出をして取り残された際に、その寂しさを、母親が置いていった着衣に微かに残る母親の匂いや衣服の肌触りやぬくもりで満たそうとした。長期のいじめ被害にあっていた者は、異性愛者であるにもかかわらず、被害者はいつも男児であった。彼の前に脅えて固まる被害男児の中に、かつてのいじめられていた、みじめな自分を見た。しかし今度は支配され痛めつけられる側ではなく、支配し痛めつける側に立つことで、何も抵抗できなかったかつての自分が癒されたかのような気持ちになった。内藤朝雄の言う「癒しとしてのいじめ」[*13]の要素が性犯罪に取り入れられた。このような過程を経て、性や性犯罪には過剰な意味づけがなされて肥大していく。彼らは性犯罪の中に、見たいものを見て、入れたいものを入れて、性犯罪に救いを求めてしまう。たくさんの身勝手な「よきもの」が入り交じり、手放せないものになってしまう。だから性風俗に行くくらいでは、性犯罪をやめることはできない。

しかしここまで理解して、はじめて治療の手がかりを見出すことができる。性から犯罪の要素を取り除く準備が整う。たとえば、先のいじめの被害者であれば、性の中に込められた、怒りや攻撃性や支配を切り離していく。これらは、本当は別々のものであることを理解してもらう。その上で感情は感情として向き合い、調整できるようにする。怒りを向けるべき相手に対して、社会的に正当な手段を使って表現できるようになると、性を怒りの表現手段とする必要性が失われていく。他の感情も同様である。

ただし、自分の感情に向き合うためには、自分の弱さを隠そうとするのではなく、他者を信頼して、痛みを伴う気持ちを表現できるようになることが不可欠である。しかし、彼らは次に述べるように、対人関係上の特徴から、この治療過程に必要とされる素直な感情表現が難しいことがある。

4　対人関係の特徴と性犯罪

性犯罪者が、不快な感情の表現を抑制するのは、単に「弱みを見せたくない」という以上の理由がある。そこには、虐待的な親に適応しなければ生きてこられなかった歴史がある。子どもは、親の日常的な暴力に脅やかされ続けると、大人の意向を敏感に察知して、その意思に自ら従うようになる。対人関係に過敏になり、いつも他人の顔色をうかがって、人の気持ちばかり優先させて生きるようになる。

「親の意向」にもいろいろある。内向的な子どもに格闘技の習いごとを強要する、プロ野球選手を目指すことを強いる、高校の進学先を一方的に決める、新興宗教の教義を押し付ける、などは彼らからよく聞くエピソードだ。人生にかかわる選択のみならず、親の好みの衣服を着せたり、髪形や髪の毛の色まで指定したり、持ち物から食べ物に至るまで、親が好む物や許す物だけが与えられるなど、日常的な感覚や好みや趣向、気持ちや感じ方に至るまで、親に合わせることが虐待者のいる家庭では当たり前になる。彼らは、親から独立した存在であることが許されず、人としての境界を破壊され、いじくりまわされ、それでいて彼ら側のニーズは無視される。

こうして彼らは「自分を捨てる」ことに慣れていく。自分で自分を押し殺すことを学んでしまう。自分が大切にしていたものや、好きだったこと、あるいは拒絶したいことなども、自身の内的な感覚による選択はみな否定されて、「私」として生きていく上で一番大切な、独自の感覚や感情を切り捨ててしまう。自分を痛めつける者に対する憎悪や、自己感覚の否定に伴う怒りは、抑圧した者に向けられることなく封印される。しかし、A・グリューンが述べているように[*14]、その怒りは消えてしまうのではなく、別の無関係な誰かに転嫁される憎悪として醸成されていく。強い者に迎合し、そこで感じた不満を表現せずに抑圧し、かわりに弱い者にぶつけて解消する、「抑圧委譲[*15]」の精神運動のひな型が、子どものときに内在化されてしまう。

このような対人関係のありようは、性犯罪者処遇プログラムのグループ（以下、グループ）の中で再現される。グループの参加者（以下、メンバー）には、他者の気持ちを優先させてしまう者が少なくない。怒らせていないか、迷惑をかけていないか、嫌われていないか、いつも人の気持ちを推し量り、空気を読んで合わせようとする。メンバーの中に、虐待者を想起させるような、支配的で操作的な態度をとる者がいると、その傾向はより強くなる。グループ全体が、強い者の意向に敏感となり、その方向になびいていく。強い者の意向との食い違いに気づくと、自分の発言を簡単に撤回したり、同調するようになる。力が支配する関係性の中では、不満や嫌な気分を感じたとしても、直接伝えることはしない。自分の気持ちにふたをして、内面で起こる不快さから目を背けて、公正さや公平性を欠いた関係性を受け容れていく。一方、強い態度をとるメンバーのほうは、我々臨床家も含めて操作して、その場を支配することで安心を得ようとする。ふてくされた態度をとったり、無言を貫くことで譲歩を引き出そうとしたり、「出所したらまた（性犯罪を）やってやる」と言って脅してみたり、「俺は、自分を変えるつもりはない」「教育なんてやっても意味がない」と強がることで、場の空気を支配しようとする。こうしてグループの関係性の中に、彼らが最も慣れ親しんだ、関係性やふるまいが再現される。

しかし、ここに治療の可能性が生まれる。グループ開始当初の表面的に取り繕った「いい人」の仮面が剥がれ、かつてのなじんだ関係性が、グループの中で再現されなければ治療は始まらない。慣れ親しんだ感覚であるとはいえ、力が支配する関係性にとどまることは、けして心地よいものではない。メンバーはグループの中で、その不快さと居心地の悪さを、たっぷりと味わうことになる。我々臨床家も、同じ不快な感覚や感情を共有しながら、じっとその不快な支配を打ち破ろうとする力が、グループの中から現れてくる機会を待っている。もちろん、ただ待っているのではなく、その力が生まれてくるように、メンバーが「私」を簡単に放棄しないように支えている。「私」とは、自己の身体や他者との相互的な増強の中に生まれてくる自己意識を意味する。[*16] つまり他者との相互作用と、身体とつながる内的感覚に「私」は生まれる。臨床家は、グループ内の相互作用をファシリテートし、内受容感覚への注目を促すことで身体を覚醒させ、自己が容易に明け渡されないように支えていく。グループの中の支配的な者に対して恐る恐る意見が言えるようになると、彼らの中に取り込まれている「虐待者と圧倒的に無力な私」という表象が揺らぎはじめる。虐待者に服従し、不満をため込み、性犯罪で解消を図るという、内在された精神運動のパターンを止める第一歩を踏み出す。痛みを伴う感情を、素直に表現できるようになる。

しかしグループが、そのように理想的に展開する保障はない。強いメンバーにグループの主導権を奪われてしまうと、メンバーはその者の顔色ばかりをうかがうようになり、プログラムは形骸化され治療的な意味は失われていく。支配と服従に象徴される対人関係上の特徴は、グループに現れなければ治療的に扱うことができないが、かといってその特徴に染まってしまえば治療が台無しになるという薄氷の上で、グループは展開されていく。

その力が支配する関係性の中に、臨床家として身を置くと、自分の中に不安や焦りや怒りなどの感情が喚起されていくことに気づく。特に支配的な者に同調するメンバーが次々と増えていくと、まるでオセロゲームの石を、白から黒にひっくり返されていくときのような、追い詰められた気分になる。ここで我々臨床家もまた、自己を放棄することなく「私」で居続けなければならない。見るべきは他者の顔色ではなく、自分自身であることを、自己の身体を通して具現できなければならない。

5 構造的解離と性犯罪

ここまで見てきた性犯罪者の特徴、すなわち「タフ」に見えながらも、特定の感情に脆弱性を抱える傾向性や、強い者に迎合し、溜めた不満を弱い者に転嫁する傾向性などは、どちらもパーソナリティの分離性と、態度の豹変という点で一貫している。このパーソナリティの分離にも起源がある。子どもは、虐待的な成育環境と日常生活のどちらにも適応しなければならないので、自分を圧倒するトラウマ関連の情動的な部分を、切り離しておく必要に迫られる。子どものパーソナリティは、日常生活を送る部分と、トラウマに関連する部分へと断片化されることになる。これを「構造的解離」と呼ぶ。[*17,18] 性犯罪者における解離性障害の存在は、以前から指摘されてきた。[*19] 我々、川越少年刑務所の調査でも確認されており、特に子どもを被害者として選択する性犯罪者（以下、小児性犯）には、大人を対象とする性犯罪者に比し、病的な解離体験が認められる傾向があった。[*20]

性犯罪において構造的解離が問題となるのは、自己を俯瞰する意識が弱体化されることにより、性衝動の自己制御が困難になることである。特に、小児性犯の場合は、トラウマに関連する脆弱な状況に刺激されると、子どもの自我状態が賦活され、退行して愛着対象を希求する行動が触発されやすい。これが子どもへの性犯罪の起点となる。この構造的解離の視点から、ある小児性犯の性犯罪の過程を見てみよう（以下の事例は架空事例である）。

ある小児性犯は、交際相手から「他に好きな人ができた」と言われ、別れを告げられた直後に、日頃は性的対象とすることがない小学生女児への性加害を行った。女児は偶然街で見かけて、自分と同じように「さびしそうに見えた」という理由で声をかけた。この小児性犯の両親は、本人が小学生のときに離婚しており母子家庭だった。母親は平日は仕事で忙しく、週末は交際相手のアパートで過ごしていた。いつもひとりで家に取り残された。そのさびしさを、子どものときから性的な行為（AV視聴と自慰行為）で紛らわしてきた。別れ話という、ふつうの大人にとってはありふれた状況が、この性犯罪者をひとりぼっちの「置き去りにされた子ども」に引き戻した。街で女児を見かけると、あたかも友だちを求めるように子どもに接近し、「自分でもよくわからないまま」性加害をしていた。

小児性犯は、ペドフィリア（小児性愛）の文脈で語られやすいが、本物のペドフィリアは、刑務所に収監されるレベルの小児性犯の中でさえ多数派とは言えない。多くの小児性犯には大人のパートナーが存在し、子どもにのみ固執する者は少ない。小児性犯の類型化研究で有名な、マサチューセッツ分類のMTC：CM3[*21]による類型で「子どもへの固執性が低く、社会的な能力が高い」タイプ、いわゆる「退行型」と呼ばれるタイプが少なくない。この「退行」の機序に、おそらく発達性トラウマ障害と構造的解離が関与している。

親密な愛着対象との「別れ」という最も脆弱な状況がトリガーとなり、この性犯罪者の「子どもの自我状態」が賦活されて退行する。解離されてきた「傷ついた子ども」の部分が愛着対象を求めて行動を開始する。安全ではない愛着のスタイルの影響も相まって、愛着行動、性的行動、養育行動という愛着を構成するシステムの区別は崩壊する[*22]。子どもとして親に求める愛情と保護、大人同士の性愛、大人として子どもに提供する養育、の区別が曖昧になることで、子どもへの性犯罪は惹起される。

我々が、構造的解離の視点を取り入れる理由は、小児性犯を「傷ついた子ども」として扱い、彼らを免責するためではない。構造的解離の視点から事件を分析することにより、子どもを被害者とする性犯罪の機序を、「退行」を手がかりとして解明し得るからである。すると小児性犯自身も、「ペドフィリア」という違和感しかない烙印を受け入れることなく、自分の性犯罪の機序を理解することが可能になる。これが小児性犯の基底にある強い恥の感情を軽減させる。恥の感情は、恨み、怒り、責任の外在化（被害者への責任の転嫁）などとの相関が強いので、恥を軽減することは、事件に責任を持ち、被害者に対する共感性と罪悪感を増し、再犯リスクを低減させることにつながる。[*23] 性犯罪の機序の自己理解は、俯瞰する自己意識も育てる。脆弱な感情に触れた際に、ただ圧倒されて「退行」して、「傷ついた子ども」に引き戻されてしまうのではなく、健全な大人の部分を保ち続け、自分で自分に必要なケアを提供できるようになる。それが性衝動の自己制御を可能にする。

6 性犯罪者の被害性と「加害責任の直視」という課題

性犯罪者処遇においては、「加害責任の直視」という課題が存在する。従来の矯正教育では「被害者の心身に与えた被害の大きさを認識させ罪障感を持たせる」アプローチに主眼が置かれてきた。[*24] 現在も「被害者の視点を取り入れた教育」として、その内容は引き継がれている。本稿の最後に、この加害責任の直視という課題と、トラウマを扱うことの関連性について触れておきたい。

性犯罪者処遇においては、しばしば、加害責任を直視させる課題と、性犯罪者自身のトラウマを扱うことが、あたかも対立的な事象であるかのような理解がなされてきた。たとえば小畠秀吾は、

「対象者が自分の責任に向き合えない段階で、性犯罪行動がトラウマによるものであるというインストラクションのみを与えることは、対象者に都合のよい「被害者」役割を提供し、その認知の歪みを強化することにつながりうるということに治療者は注意を払う必要がある」と述べて、性犯罪者のトラウマの扱いに警鐘を促している。

しかし、この指摘は性犯罪者の実態を無視していると言わざるを得ない。小畠は、被害性に目を向けることが、「都合のよい「被害者」役割のみを提供」するというが、むしろ性犯罪者は、生い立ちの中にある被害性を自ら否認してしまうことが多い。しばしば聞かされる彼らの人生の物語は、「幸せな子ども時代だった」「厳しいしつけもあったが、あれは親の愛情だった」という美化された物語のほうだ。「虐待を受けて傷ついた私」という自己像を拒絶するために、親の虐待を「しつけ」と呼んで、悪意や暴力を「愛」にすりかえる。加害者（親）を正当化し、「悪いのは自分だ」と思い込もうとする。しかし親の加害責任を引き受けてしまうことで、彼らの中の被害と加害の関係性の認識は倒錯する。加害者の暴力が「愛」を理由に肯定され、悪いのは自分だという被害と加害の認識の構図は、そっくりそのまま自分の性犯罪にも転用される。自分の性暴力は「愛」によって正当化され、悪いのは「誘惑した」被害者のほうだという認知の歪みのひな型となる。

だから我々は、彼らの中の被害と加害の倒錯を正していく必要がある。悪いのは加害者であり親である、自分は虐待の被害者であり傷ついている、という当たり前の認識が必要になる。この当たり前の認識が生まれるために、彼らは、自ら否認してきた「被害者である私」を認めなければならない。「傷ついた私」という認識ができてはじめて、被害者が受けた傷の重みと大きさを、自己の身体性を基盤として理解することが可能になる。

残念ながら「自分が被害者を傷つけた」という認識は、「被害者の視点を取り入れた教育」の中で、『被害者の手記』を読むことだけでは生まれないし、ましてや映画『プリズン・サークル』（2020）で描かれたような、被害者役を演じる者から、加害者が罵倒されるロールプレイによって生まれるものでもない。「被害者はこんなに苦しんでいる」と罵声を浴びせたところで、強い声に迎合し、その不満を性犯罪で誤魔化す、慣れ親しんだ手口を再現させることにしかならない。むしろ再犯リスクを増やしてしまう。

7 おわりに

本稿では、小児期逆境体験、発達性トラウマ障害に伴う否定的な感情状態への対処として、性を使うようになり、さらに奪われたものを回復させようとする途上で、性犯罪へと逸脱していく過程を描写してきた。また、そこから導かれる性犯罪者治療の要点について述べてきた。

筆者が強調したかった点は、性犯罪という犯罪は、性犯罪者の生い立ちと強い関連性があり、感情調整、対人関係等の日常的な生き方の中に組み込まれているため、治療には特別な困難さが存在し、成育史的な機序に焦点を当てる必要があるという点である。我々は、この特別な困難さに挑む鍵概念として、発達性トラウマ障害に注目してきた。

一方で、加害者側の外傷的な生い立ちへの着目には、現在でもさまざまな批判が存在する。その批判の中核にあるのは、性犯罪者の中に被害性を見ることへの懐疑と、トラウマ治療という手厚い「特別なケア」を、性犯罪者に提供することへの抵抗感である。

性犯罪者の、被害性に着目する治療的な意味は、本文中で述べてきた通りである。また我々は、「特別なケア」の必要性を主張しているのではない。治療的には、通常の法務省のプログラムの枠組みに沿って性犯罪者処遇を進めることで、十分効果をあげることができると考えている。その中に狭義の「トラウマ治療」を導入することは想定していない。さらに言えば、性犯罪者のトラウマに伴う苦痛を軽減することは、我々の治療の一義的な目的ではない。刑事施設における性犯罪者処遇の最も重要な目的は、性犯罪の再犯防止である。再犯防止こそ、我々が国民から負託された使命である。

この目的の遂行のために、性犯罪者の生い立ちや事件に至るまでの物語を聴き、語られた傷から目を背けずに、性犯罪に至る過程の理解を試みている。臨床家として理解したことを整理し、その理解を彼らと共有し、彼ら自身の自己理解につなげて、自己制御を可能にする俯瞰する自己が立ち現れ、彼らが性犯罪を手放すまで、毅然とした態度で挑み続けたいと思う。

この作業の過程に、世界中で膨大な研究が進む発達性トラウマ障害の知見は欠かせないのであって、ここから目を逸らすことに、再犯防止上の利益は何一つないことを強調して、本稿を終えたい。

引用文献
＊1　性犯罪者処遇プログラム研究会（法務省）（二〇〇六）「性犯罪者プログラム研究会報告書」
＊2　篠田博之（二〇一五）『ドキュメント死刑囚』ちくま文庫
＊3　長谷川博一（二〇一〇）『殺人者はいかに誕生したか』新潮文庫
＊4　Porges, S.W.（2017）*The Pocket Guide to The Polyvagal Theory: The Transformative Power of Feeling Safe.*（『ポリヴェー

ガル理論入門：心身に変革をおこす「安全」と「絆」』花丘ちぐさ訳、春秋社、二〇一八年）

＊5　津田真人（二〇一九）『「ポリヴェーガル理論」を読む：からだ・こころ・社会』星和書店

＊6　Lalumiere, M. ,Seto, M.C.（2009）Sexual abuse history among adult sex offenders and non-sex offenders: A meta-analysis. *Child abuse & neglect*, 33, 179–192.

＊7　Seto, M.C., Lalumiere, M.（2010）What is so special about male adolescent sexual offending? Areview and test of explanations through meta-analysis. *Psychological Bulletin*. 136, 526–575.

＊8　Levenson,J.S., Willis, G.M., Prescott, D.S.（2014）Adverse Childhood Experiences in the Lives of Male Sex Offenders: Implications for Trauma Informed Care. *Sexual Abuse*, 28（4）, 340–59.

＊9　瀧村美保子、糸井岳史、戸田裕之（二〇一五）「被虐待体験から見た性犯罪の要因に係る検討」『犯罪心理学研究』第五三巻、一四〇‐一四一頁

＊10　van der Kolk, B.（2014）*THE BODY KEEPS THE SCORE Brain, Mind, and Body in the Healing of Trauma*.（『身体はトラウマを記録する：脳・心・体のつながりと回復のための手法』柴田裕之訳、紀伊國屋書店、二〇一六年）

＊11　Schore, A.N.（2001）The Effects of Early Relational Trauma on Right Brain Development, Affect Regulation, and Infant Mental Health. *Infant Mental Health Journal*, 22（1–2）, 201–269.

＊12　Kain, K.L., Terrell, S.J.（2018）*NURTURING RESILIENCE Helping Clients Move Forward from Developmental Trauma An Integrative Somatic Approach*.（『レジリエンスを育む：ポリヴェーガル理論による発達性トラウマの治癒』花丘ちぐさ、浅井咲子訳、岩崎学術出版社、二〇一九年）

＊13　内藤朝雄（二〇〇九）『いじめの構造：なぜ人が怪物になるのか』講談社現代新書

＊14　Gruen, A.（2014）*Wider den Gehorasm*.（『従順という心の病：私たちはすでに従順になっている』村椿嘉信訳、ヨベル、二〇一六年）

＊15　丸山眞男（一九六四）『現代政治の思想と行動』未來社

＊16　Ramachandran, V.S.（2011）*The Tell-Tale Brain.*（『脳のなかの天使』山下篤子訳、角川書店、二〇一三）

＊17　van der Heart, O., Nijenhuis, E., Steel, K.（2006）*THE HAUNTED SELF Structual Dissociation and the Treatment of Chronic Traumatization.*（『構造的解離：慢性外傷の理解と治療　上巻（基本概念編）』野間俊一、岡野憲一郎訳、星和書店、二〇一一年）

＊18　Fisher, J.（2017）*Healing the Fragmented Selves of Trauma Survivors.*（『トラウマによる解離からの回復』浅井咲子訳、国書刊行会、二〇二〇年）

＊19　Putnum, F.W.（1989）*Diagnosis and treatment of multiple personality disorder.*（『多重人格障害』安克昌、中井久夫訳、岩崎学術出版社、二〇〇〇年）

＊20　糸井岳史、岡本泰典、戸田裕之（二〇一九）「被虐待体験と解離体験から見た小児性犯罪者の特徴」『犯罪心理学研究』第五七巻、一三一‐一三三頁

＊21　knight, R.A, Prentky, R.A.（1990）Classifying Sexual Offenders The Development and Corroboration of Taxonomic Models. In: Marshall, W. L., Law, D.R., Bararee, H.E., *Handbook of Sexual Assault*, pp23-52., Plenum Press.

＊22　Smallbone, S.W.（2006）「統合的性犯罪原因論をアタッチメント理論から再考する」：（所収：『性犯罪者の治療と処遇』小林万洋、門本泉訳、日本評論社、二〇一〇年）

＊23　Howells, K. Proeve, M.（2006）「小児わいせつ犯における恥の感情と罪悪感」：（所収：『性犯罪者の治療と処遇』小林万洋、門本泉訳、日本評論社、二〇一〇年）

＊24　名執雅子、鈴木美香子（二〇〇六）「性犯罪者処遇プログラムの成立経緯とその概要」『法律のひろば』第五九巻第六号、四‐一六頁

＊25　小畠秀吾（二〇〇八）「虐待の後遺症―特に性犯罪者における被虐待体験を中心に―」『トラウマティック・ストレス』第六巻第一号、四三‐四九頁

（編集部註）

刑務所では、公認心理師と被支援者という視点で、被支援者の人権を尊重し、指導場面では受刑者の名前に敬称「さん」を付けている。本13章は現場の指導場面をありのままに報告するという趣旨で書かれているため、受刑者を敬称付きで表記した。

第13章　ポリヴェーガル理論から見た性犯罪者の臨床

――現場からの報告

府中刑務所・川越少年刑務所　処遇カウンセラー　中村　修

性犯罪者は世の中から忌み嫌われる存在である。被害者に与える傷の大きさからして、当然である。性犯罪はトラウマの傷を与えるゆえに悪である。幼児に対する加害等、性犯罪者は了解不能であり、世の中は性犯罪者を化け物と見ている。

しかし、性犯罪者は、他の犯罪者と比較して学歴が高く、逮捕前に就業していた割合が高いことが統計上明らかになっている。[*1]

刑事施設における性犯罪再犯防止指導（以下、矯正で使用される略称であるR３指導と称する）は平成一八年度（二〇〇六）から開始された。令和二年（二〇二〇）三月、法務省は、R３指導は受講しない場合と比較して、全再犯で受講者の再犯可能性は〇・七九倍、性犯罪の再犯で〇・七五倍に減少させた等を公表した。[*2]これらの結果から、「指導による全再犯及び性犯罪再犯の抑止効果が確認された」とされた。この効果は数字としては小さいが、激甚で膨大な性犯罪被害を考えるならば、性犯罪の抑止に大きな役割を果たしていると言えるだろう。

しかし、一方では、これまで何度もR３指導を受講しながら再犯を繰り返し、今回は、本人なりに指導にまじめに取り組み、ある程度は自覚を深めたと思われた受講者が、異例の仮釈放で出所したにもかかわらず、出所後、数日で再犯に至るといった例もある。そのような場合、指導に当たった職員は言いようのない落胆や失望を感じる。

アメリカ合衆国司法省は、性犯罪についての情報を、次のようにウェブサイト[*3]に示している。

見解

＊なぜ人が性犯罪の行動を行うのかという質問に対するシンプルな答えはない。
＊性犯罪の問題は、単一の理論だけに帰結させるには複雑すぎる（多くの要因論が有力である）。
＊知られていることは次の通りである。

・性犯罪は学習された行動である。
・発達の初期における負の条件、特に養育者との関係が不良であるという否定的または不利な条件が問題の原因となっている可能性がある。
・性犯罪者は認知の歪みを使っている。
・性暴力的なポルノグラフィに繰り返しさらされる（使用する）ことが影響を及ぼす可能性がある。
・自己統制と衝動統制の問題が影響を及ぼす可能性がある。
・女性との関係が長続きしないことおよび女性に対する否定的な態度が影響を及ぼす可能性がある。

（筆者訳）

「学習された行動である」からこそ、「発達の初期における負の条件…」以下の項目について、認知行動療法によるR3指導が行われている。そして、この「発達の初期における負の条件…」との説明は、比較的新しい説明である。トラウマや愛着理論等の展開がこういった内容に光を当てつつあるのだろう。

性被害について主に扱う本書で、加害者の臨床について述べるのは、やや異質なことになろう。被害者の視点からすれば、性犯罪者は鬼畜である。しかし、行動は悪だとしても、人としての加害者は悪ではない。ほとんどの性犯罪者が「性犯罪をやめたい」と思っているし、性犯罪を行った自分を責める気持ちがある。しかし一方で、多くの性犯罪者が、過去に自分が行った性犯罪をなつかしく思い出すことも事実なのである。R3指導はこの、大きな矛盾に取り組む仕事だと思う。

本書には、ポリヴェーガル理論が性被害を受けた人々の現状を改善するであろうという希望があるだろう。筆者は、同じように、将来、ポリヴェーガル理論が加害者の臨床でも役立つのではないかとの希望がある。筆者はポリヴェーガル理論について深い見識は持ち合わせておらず、現状では、R3指導においてこの理論を役立てることはできていない。そのため、本稿は、R3指導に長く携わった者からの、ポリヴェーガル理論の視点を入れた、現場からの報告といった内容になる。その内容は、やや雑駁《ざっぱく》とし、混乱した内容になることをご容赦いただきたい。

なお、本稿にはいくつかの事例や受刑者の発言が記載されるが、いずれも複数の事例を参考に筆者が創作したものである。また、当然ながら、一個人の報告であり、思い違いやバイアスは避けられない。

1 刑務所という環境と受刑者

R3指導が行われる現場である刑務所という環境について、少し確認しておきたい。「一般的な刑務所生活の問題点は、第一に、個人的な生活領域がなく、食事、作業、休息、運動、入浴や寝ることさえ他人を意識した集団生活であること、第二に、他律的で受動的な生活であるため自分の責任において行動することがなく、主体性が失われ無気力になりがちであること、第三に、外部から隔絶した特殊な刑務所社会に順応しなければならず、そのことが社会復帰の妨げとなっていること、等にある」[*4]とされる。そのような刑務所生活には、独特の雰囲気がある。その雰囲気とは、受刑者同士の、また受刑者と職員との関係の在り方および職員の受刑者に対する関係の在り方である。

「チンコロ」「空気を入れる」「絵を描く」という隠語は、刑務所でよく使われるが、この言葉は刑務所での人間関係を特徴的に表していると思う。以下は筆者の解釈である。

・チンコロ－密告する人、または密告すること
・空気を入れる－人をおだてて、または扇動して何かをさせること
・絵を描く－虚偽や事実を歪曲した風聞を流布させて、時には人を動かし、人を陥れる、または自分を正当化することを企てる、または実行すること

こういった用語から感じられるのは、受刑者の操作性であろう。彼らは「言うと喧嘩になるから」と言うことが多いのであるが、たとえば、「隣の居室の音が響いて眠れなかった」といったことでさえ、それを言葉にすると、それが「何、てめえ。この野郎」といったやりとりになってしまうことを恐れて、我慢するほかないようなのである。自らの感情や意見を相手に伝えて交渉するこ

とが難しいので、最終的には職員を使って、自らの望む関係を得ようとし、または人を排除するように見える。

受刑者は、日常の生活の変調、たとえば、「食事の食器の回収がいつもより早くて、食事がゆっくりとれなかった」「食器が汚れていた」といった出来事に大きく心を動かされ、イライラや不満を募らせることが多い。社会での生活について話が及ぶと、社会では金に困ったことがないといった自慢話の一方で、「社会では気を使って面倒くさい。刑務所のほうがよっぽど楽だ」といった話に落ち着くこともある。

刑務所の現場職員の受刑者に対する指導は「紳士であれ」に尽きるだろう。具体的には、「お互いの生活に口出しをするな。干渉するな。人のことは放っておけ」である。それは、受刑者同士のトラブル、特に支配と服従の関係や、「絵を描く」ことによる混乱を防止し、問題が起こることを避けるという合理性を持っている。受刑者同士の関係は希薄であり、孤独、無力感、恐怖を感じやすく、人を信頼できないことが刑務所の受刑者同士の関係の基本であるが、再犯刑務所ほどその傾向は強くなるように思われる。

表面では平穏であっても、受刑者は侵入されやすく、ビクビクしている。たとえば、Aさんは強制わいせつの性犯罪者であるが、「去年、常磐道で煽り運転していた人が捕まって、テレビでその様子を見たけど、自分、よく、あれやってた。あんなので捕まるのかと思った」という人である。一方で「担当が他の受刑者を叱っているのを聞くと、ビクッとしてしまう。おかしくなりそうだ。工場を出たくなる」と言って、参っている様子なのである。

Aさんは「小学生のとき、兄から虐待された。縛られボコボコにやられた。兄が外でやられて、自分で憂さ晴らしをしているのはわかっていた。母親に言うと『兄がそんなことやるはずない』と言われた。なんで家族も信じてくれないのかと思って、家出して、迎えに来た家族に包丁を向けた。いまだに兄と接するとドキドキする。それから、人間性がおかしくなった。家族なんか信じられなかった。男性が怖い。男性と居るのが怖くなった。付き合いは後輩ばかり」といった内容を開示していた。

刑務所では、ある受刑者が職員に叱られているとき、突然一人が「うるせえ、死ね」と口走り、それを見た他の受刑者が、尻馬に乗ったように職員に反抗するといった事態も起こる。受刑者には、ふだんはやや解離したような反応の鈍い状況にあるが、恐れ等の感情に引き金を引かれ、容易に闘争／逃走の反応に陥り、行動化しやすい人がいる。刑務所という環境は社会的交流に乏しく安全を得にくい環境であると言えるだろう。

2　加害者臨床の困難

R3指導はグループワークによって行われる。刑務所での指導において、対象者の動機付けの低さと抵抗は言い古された感があるが、つねに直面する課題でもある。次に、「架空の（しかし、実体験をもとに構成した）グループワーク」[*5]を一部抜粋する。

P：（いら立たしげに、足を小刻みにゆすりながら）こんな授業に参加したって意味ありませんよ。私は幼い頃の虐待で心に「闇」ができたせいで犯罪をしているのですから。事件は私の責任ではない。受刑者の心の闇を治す治療とか、国にはそういう施策を願いたい。

リーダー：これは認知行動療法という心理療法に基づく、自らの再犯を予防するためのプログラムです。そもそも、あなたは「私の責任ではない」なんて言えるのでしょうか。あなたは弱者である女性にひどい仕打ちを繰り返して、憎まれる立場にあることを忘れてはいけません。

Q：まあまあ、そんなに言い合いをしなくても。性犯罪がこんなプログラムでやめられるわけないでしょ。今日は、わしの大好きな名武将、真田幸村の話でもしてみんな仲良くしましょうや。…

架空の事例であるが、R3指導ではこのようなやりとりは起こりがちである。Pさんは「いら立たしげに、足を小刻みにゆすり」という態度と険しい表情という闘争／逃走の防衛反応を行っている。そのような「危険である」との合図にリーダーも防衛反応を起こすが、それを自ら抑制することは難しい。両者はともに、恐れ、不安、恥、怒りといった否定的感情を生じ、「私はできない」といった自分を否定する認知も生じるだろう。お互いに防衛反応が起こって、社会的交流システムが働かない。そのため、リーダーは、正論を導いているが、それは、社会的交流システムを起こすものではなく、ますますPさんの防衛反応を促すだろう。その意味では、Qさんは、Pさんの心身の状況を察して、社会的交流システムを提供しようとしていると理解できる。

著者（森田）は、このような状況で、動機づけ面接法によって、次のようにPさんに伝えることができるかもしれないとする。

リーダー：Pさんは、幼い頃から辛く苦しい目に遭われて、それが何かこう、心に影響を与えたというか、マイナスの影響を受けてきたと。Pさんはそれが、今回の性犯罪にもつながったんじゃないかと考えているということですね。

そのとおりである。このような言葉は社会的交流を感じさせる。もし、このように伝えたならば、次のような展開が起こるかもしれない。

P：嫌なことがたくさんあった。でも、言っても変わらないと思う。
リーダー：そうだ。嫌なことがたくさんあって、言っても変わらないという気持ちになっているんだ。そうだ。でも、世の中には、変わらなくても言ったほうがいいことってあると思うよ。
P：過去のことを思い出すとムカムカする。思い出していると、嫌になって、おかしくなりそうになる。それで考えるのをやめる。なんで言わなきゃいけないんですか。
リーダー：そうだ。ムカムカして、おかしくなりそうになるんで言いたくないんだ。それ、本当に苦しいね。でも、その思い出しておかしくなりそうになるの、乗り越えられるかもしれない。
P：それ、俺、もう乗り越えてるし。
リーダー：そうだ。乗り越えたんだ。あなたがどんなふうに乗り越えたか知りたいので、教えてください。

この展開では、通常のイエスセットではなくリーダーがイエスと言っていくイエスセット法を行っているが、じつは、リーダーの発言の内容より、「そうだ」といった声掛けが、安全の「合図」となりPさんの発言を促しているだろう。このようなやりとりが成立するためには、「互いの生理学的な状態を協働調整するためには、双方ともに、安全であり、信頼できるという社会交流的『合図』を送りあう必要がある」[*6]のであるが、R3指導では、リーダーが自らの防衛反応を感じながらも、安全であるとの「合図」を示していくことが求められる。

たとえば、R3指導開始前の面接で、受講者は、「女児にやっていたなんて、おかしいと思われる」「男児にやっていたなんて、絶対引かれる」「痴漢だなんて、バカにされる」等の表現をする。そこには無力感と傷つくことに対する恐れが感じられる。彼らは「怖いんです」と言うことができず、そのような表現をするのであり、やはり「そうだね」と言う以外にないのである。そのようにして、受講者が「安全である」と感じたときに、自分の無力感や恐れを自覚する可能性がある。

そして、前記のように、「俺、もう乗り越えている」と、トラウマを乗り越えたとする受講者が多いのであるが、その本人なりの乗り越え方が、性加害と関係していることが多い。

3　スイッチが入るとは

性犯罪者はよく「スイッチが入ると（犯罪を）止められない」という表現をする。そのように言えるグループにはそのように言っても否定されない安全がある。Bさんは比較的初期の第X回のセッションで次のように言っていた。

「バイトに行くのに初めて原付を買った。原付に乗っていると、女の人が歩いていて、これでひったくりくらいできるんじゃないかと思って、ちょっと触ったら楽しかった。大通りから、人通りの少ない道に入って、女性がひとりで歩いているのを見ると行けるかなと思うようになった。暇なときフワーと行って、人通りの少ない道に入ると、スイッチが入る。フワフワしていたのがやるぞという戦闘モードになる。ふだん、自分は外面がよくて、駅なんかでも、おばあさんに親切にしたりする。でもスイッチが入ると、『この人には何をしてもいい。痛かろうが、何だろうが関係ない』と思う。シャブ（覚せい剤）の人から話を聞いたけど、非日常で、シャブの人と似ている。体が変化する。体が覚えている。同じ量じゃ効かなくなると言うけど、慣れてくると心拍数が上がらないので、犯罪がエスカレートする。家に帰るとふつうに戻る。事件のことが話題になっても、『ああ、そう』と他人事みたいな感じになっている」

性犯罪のスイッチが入ると、日常から闘争／逃走モードという非日常になり、加害が行われ、日常に戻るように見える。

性犯罪のスイッチとは「『スイッチの切り替え』は、環境中の特定の『合図』に直面すると反射的に起きます。クライアントは神経系の状態を変える『合図』については、通常意識していません。しかし自分の身体が反応していることには気がつくでしょう。例えば胸がドキドキしたり、汗が出てきたりします[*7]」という、自律神経系の神経制御の「スイッチの切り替え」なのだろう。

このような開示が行われると、それに心を動かされた他のメンバーの開示が起こることが多い。以前に「あることがあるとキュッと切れる。気がつくと周りがぐちゃぐちゃになっている。暴力的になる」と言っていたCさんは、この回のセッションで、Bさんに続いて話しはじめ、セッションを重ねるごとに開示を深めていった。

第X回：「別の自分がやったような気がする。よく覚えていない。会社の帰りに、イライラしているとき、女性が歩いているのを見ると切り替わる。家に帰りたくないとき、家が安らぎではなくなっていた。どこにいてもプレッシャーが自分を押しつぶす」

第X＋一回：「孤独感が一番大きい。親が『子どもをおろさないなら関係を断つ』と言った。小学校のとき、いじめられた。仲良しグループだったのに、自分がヘマして、学校で毎日囲まれて、ひっぱたかれて、無視された。孤独感が一番怖い。傷になっている。視線が集まるのが怖い。成人式で彼らが近づいてくるだけで怖かった。自分が悪いからというのが心にある。自分を苦しめる。（「子どものときのあなたは悪くない」という言葉に）僕が悪でなかったら、誰かが助けてくれるはずだ。じゃ、自分が悪いんだなと思った。自分を責める」

この回で「あなたは、今、視線が集まっているけど、ちゃんと話しているよ」と指摘すると、Cさんは「今も見ないようにしている」と答えており、恐怖を感じながらの開示だと思われた。

第X＋二回：「嫁さんが妊娠してから、ストレスになった。母が子どもをおろせと言った。どちらも大事だけど、どっちかを取らなければいけないのか。母の言うことは全部正しいと思っていた。職場のおばさんに、『子どもできたなら、正社員にならなきゃ。この仕事やめなきゃ』と言われた。バイトだったが仕事はやめたくなかった。母親に『子どもができたら何千万もかかる。だからおろすしかない』と言われた。ボーっとしているのが悪に思えて、ゲームを全部売った。金を稼がなければと思った。病院代でお金が消えた。母子家庭で育ったので、自分の家庭みたいになるのが怖かった。不安しかなかった。何でストレス解消していいかわからなかった。そのとき、バイト先の食材を盗んで楽しかった。女性の胸が見えて『触ってみたい』と思って、一度触ってバレなかった。一回やってバレなかった。おもしろかった。エスカレートしていった。今でもどうしたらよかったかわからない。『ひとりでがんばらされている』と思った。誰もいない家に帰ると、バタンと玄関で倒れて寝た。孤独を感じるといじめられた過去に戻る。わからなくなる。泣き言を言えなかった。姉の誕生日の日、ケーキを自分が食べたことで、父母が喧嘩になって、離婚した。家族を壊したのは自分だ。だからわがままを言えない。頼る人もいない」

「Cさんはお母さんに服従しているよ」「自分を殺し過ぎるよ」「自分もいじめられたので気持ちがわかるよ」とメンバーの反応は共感的であった。Cさんは突然、メンバーに背を向け、「僕は泣いてません」と言って泣いていた。Cさんは、まだ、社会的交流を十分には受け止め切れないのであろう。

Cさんは、このセッションの後、同じ工場の受刑者に、Cさんが担当職員の指示を受けずに、自分の判断で行動したことについて「チンコロ」され、職員の指導を受けたことがあった。その受刑者は、陰でCさんに「お前のこと絶対あげてやる（懲罰にしてやる）からな」と言ったらしい。Cさんは、次のセッションで、「怖かった。でも、土日にセッションの記録を見て、みなの言ってくれたことを思い出して、『自分を嫌っているのは一人だけだ。グループの人たちは嫌っていない』と思って慰めていた」と言っていた。

Cさんは、一〇年近く前に出会った受刑者Dさんを思い出させる。Dさんは次のように言っていた。

「自分は母親からずっと虐待を受けていた。布団たたきで叩かれ、押し入れに隠れていた。母親に背を向けながら、母親を求めていた。母親に虐待を受け、ひとりでは何もできないのだから、まず支援が必要だ」。こう言いながら、Dさんは何度も涙を流した。

そして、Dさんは自分の犯罪を次のように説明した。「本当に拒絶されたとしても、本当は拒絶されていないとしても、自分は、それを拒絶されたと受け取る。自分は必要とされていないと感じる。すると自信を失い、人を怖いと感じ、人を避け、孤立する。すると、犯罪のことしか考えられなくなり犯罪をする。犯罪では、興奮し、受け入れてくれないと感じている気持ちが、相手が受け入れたと感じることによって、気持ちが薄らぐ」

指導後半、Dさんは、自らの虐待経験を語ることはなくなり、他のメンバーの発言を促すようになった。人との関係のスキルに興味を持って、リーダーがセッションでどんな肯定的な言葉を言うかをメモしたりしていた。Dさんは日常の生活の中で感情を調整しながら生活していくことを学んだのであろう。Cさんにもこういう変化を促せるだろうか。

Bさんは、第X＋三回のセッションで次のように言っていた。

「自分は性器の露出もある。小学生から五〇代のおばちゃんが対象。子どもだったら、見つかりにくいと思った。子どもだと反応がおもしろい。必死で逃げていく。AVの無理やりは好きじゃない。必死で逃げる姿に優越感を感じる。自分が上になっている達成感。なぜ、小学生なのかと考えると、ロリコンではない。反応がおもしろいから。相手が怖がっている。ビビっている。自分が恐怖を与えられる。心臓バクバク、血流が上がって、自分が支配している感覚。征服した。主人公になっている。一回やって優越感を得た。欲求を消滅させることはできない。やれそうな空間があったらやるだろう」

Bさんは、比較的、自分の感情や思考をモニターできる人である。だからこそ、加害を行うとき、被害者に共感は生じず、達成感や優越感が生じることを開示している。そして、Bさんにもトラウマの体験があるだろう。しかし、まだたぶん気づいていない。Bさんもそういった経験に気づき、開示して、自分の傷つきに涙を流せるだろうか。変化が生まれるのは、感情を動かしながら、自分の傷つき、トラウマを認めて、それが社会的交流システムの中で受け入れることができるときだと感じている。性犯罪者は、このようにして、トラウマからの安全を得ていかなければ、トラウマによって、防衛反応に入り、犯罪によって自分が主人公になることをやめられないだろう。

4　チカンという犯罪

前記の公表でも、迷惑防止条例違反事犯者（以下痴漢とする）の性犯罪再犯において、再犯の抑止効果についてR3指導は統計的な裏付けが得られなかったとされている。一方で、電車等での痴漢の類型では、約九割が有職者で、大学卒業の割合は約三割、既婚者の割合も過半数を超えている。[*8] 痴漢の類型の性犯罪者の多くが、ふつうの社会人としてまじめに生活しながら犯罪を行い、他と比較し再犯が多いというやや特異な犯罪者なのである。痴漢の人の犯罪の説明は次のようなものである。

「なぜ、チカンが魅力的かというと、非日常、周りに人がいる中でしている。でも、緊張は薄れて、当たり前になったけど、気晴らしにはなっている。ご飯を食べるのと一緒。日常の中にある。目撃したとき、本当にやっている人がいるんだと思った。自分もやってみようかなと思って、やったら、たまたまうまくいった。それでやるようになった。自分でもなぜやるのかわからない」

最初は非日常であったが、日常になっている。痴漢はいつも日常だとするが、そこには闘争／逃走ではなく、「受け入れられた」またはリラックスに近い感覚が感じられる人が多い。そして、自分でもなぜやるのかわからない。性犯罪者は、自分の感情や思考をモニターできにくい人が多いが、特に痴漢の人はそのように感じる。

四〇代前半の痴漢の受刑者であるEさんは、「母親が面会に来たが、案ずるより産むが易しだった」と言っていた。「それはどういうことか」と聞くと、「がんばれと言ってもらえた」とのことだった。見捨てられる不安があったが、「僕、がんばるよ」と伝えて、母はそれを受け止めてくれたと感じたという意味だと思われた。Eさんは、口癖のように「自分は魅力的な人間ではない」「自分はあまり幸せになってはいけない」という言葉が出る人であるが、やはり最初の成功体験が忘れられず、ゲームをクリアするように痴漢をする人である。Eさんは「先日、相撲が始まった。二か月経った。生きのびてこれたんだなあと思った」と言っていた。Eさんはそれほど生きのびることが大変な人なのだろう。本人はそれを意識していないが、Eさんの生きることが大変であることの背景にトラウマがあると思われる。指導終了までに、傷つきの自覚に行き着くことができるだろうか。あるいは見捨てられることを恐れて「まじめないい人」であることは当たり前だとしてがんばり続けて、「うちはふつうの家庭でした」と言い続けるだろうか。傷つきの自覚が得られなければ、「電車に乗らない」「空いた電車に乗る」「もし電車に乗ったらつり革を握っている」「趣味を作る」といった対処を考えるだけで、R3指導は終わってしまうだろう。

5　まとめ

性犯罪の治療において、「対象者が自分の責任に向き合えない段階で、性犯罪行動がトラウマによるものであるというインストラクションのみを与えることは、対象者に都合のよい『被害者』役割を提供し、その認知の歪みを強化することにつながりうるということに治療者は注意を払う必要がある」[*9]といった指摘がある。

しかし、この指摘は、治療者としての筆者の実感とは違っている。むしろ、心の傷やトラウマ反応があることを自覚し、それを訴える人のほうが変化を促しやすく、そういった自覚に乏しい人（痴漢の類型の人たちに多いという印象がある）の変化は促しにくいという印象なのである。

筆者は、性犯罪は心の傷やトラウマ反応への間違った対処であり、自らが傷ついていることと、トラウマ反応のへの間違った対処を行っていることに気づき、そのような自らを批判せずに認めてあげることが、治療につながると考えている。

ポージェス博士は「我々が行動的、生理学的状態を協働調整することができる、信頼に満ちた社会的関わりを持つことによってのみ、我々は『安全』を感じることができる」[*10]とする。それはR3指導におけるグループの目標であり、かつ社会の目標でもあるだろう。R3指導も「哺乳類が『あそんで』いるときは、自分は安全であり、信頼していいという『合図』を、顔の表情を通して絶え間なく相手に伝えています」[*11]という、お互いの安全が得られ、成長を促すようなものでなければならないだろう。将来、ポリヴェーガル理論は、そのような指導の理論的支柱になることだろう。

引用文献

＊1　法務総合研究所（二〇一六）「研究部報告55　性犯罪に関する総合的研究」九〇頁
＊2　令和二年三月法務省報道発表　参考資料1　刑事施設における性犯罪者処遇プログラム受講者の再犯等に関する分析結果　001317461.pdf (moj.go.jp)
＊3　アメリカ司法省ウェブサイトSMARTから：https://smart.ojp.gov/somapi/chapter-2-etiology-adult-sexual-offending
＊4　菊田幸一（二〇〇二）『日本の刑務所』岩波新書、vi頁
＊5　森田陽子（二〇一七）「第2部　各論・実践編　性犯罪者のグループワーク②」（所収：門本泉、嶋田洋徳編『性犯罪者への治療的・教育的アプローチ』金剛出版、一五〇頁）
＊6　S・W・ポージェス（二〇一八）『ポリヴェーガル理論入門：心身に変革を起こす「安全」と「絆」』花丘ちぐさ訳、春秋社、二六頁
＊7　同　四四頁
＊8　法務総合研究所（二〇一六）「研究部報告55　性犯罪に関する総合的研究」一六九頁
＊9　小畠秀吾（二〇〇八）「虐待の後遺症―特に性犯罪者における被虐待体験を中心に―」『トラウマティック・ストレス』第六巻第一号、四七頁
＊10　S・W・ポージェス　前掲書　三〇頁
＊11　同　一五二頁

第Ⅳ部　ポリヴェーガル理論の可能性——癒しを求めて

第14章 ［座談］性暴力をめぐるポリヴェーガル理論的見解

S・W・ポージェス／C・S・カーター／山本 潤／花丘ちぐさ

花丘 今日は、ポリヴェーガル理論の提唱者であるステファン・W・ポージェス博士と、夫人で世界的なオキシトシン学者である、スー・カーター博士にオンラインでお話をお伺いします。

博士、今日は貴重なお時間を私たちのために割いてくださり、ありがとうございます。今日は、一〇〇名を超える日本のセラピストたちが集まっています。臨床心理や精神医学に携わっている方たちと、ボディセラピーの専門家などがいらっしゃいます。そのうち、約三分の二の人たちは、ソマティック・エクスペリエンシング®トラウマ療法（以下SE™）のセラピストです。

博士御夫妻には、当初は二〇二〇年五月に来日していただく予定で、いろいろな分野の専門家の方たちとのパネルディスカッションなども計画していました。しかし残念ながら、新型コロナウイルスのパンデミックにより、来日は延期となりました。今日は、オンラインの画面越しではありますが、私たちのためにお話をご用意くださっています。ありがとうございます。では、早速お伺いしてみましょう。ポージェス博士、パンデミックの中、ありがとうございます。

ポージェス みなさん、私のリビングルームに来てくださってありがとうございます（笑）。日本に行けなかったのはとても残念ですが、オンラインシステムのおかげで、こうしてみなさんと自分の家にいながらお会いすることができます。私たちは、新型コロナウイルスによるパンデミックという体験の中で、とても重要なことを学んでいます。私たちが生きている目的は、人とつながり合うことです。私たちは、愛する人と物理的に会えないことには何とか耐えられますが、人との心のつながりが切れてしまうことは耐え難いことです。私たちの会話は、神経エクササイズであり、今日はみなさんと社会交流できるのを楽しみにしていました。

花丘　さきほど博士とお打ち合わせをさせていただいていたのですが、博士は今までに四〇〇あまりの論文を、査読を経て専門誌に投稿、採用されているとのことですね。すばらしい実績でいらっしゃいます。

ポージェス　そうですね、私が四〇〇、妻のスー・カーター博士も四〇〇あまりの学術論文が、査読を経て専門誌に採用されています。ただ、私たちは、何本の論文が採用されたかということよりも、どのくらい引用されたか、を大切にしています。私の論文が約四万回、カーター博士の論文も約三万回引用されています。

花丘　なるほど、論文がそのように複数回引用されているということからも、ご夫妻のご研究が、他の研究者を大いにインスパイアし、各分野に多大な貢献をしているということがよくわかります。博士は二〇二一年に入り、ポリヴェーガル・インスティテュートを設立されたそうですが、そのことについて少しお話ししていただけますか？

ポージェス　ポリヴェーガル・インスティテュートは、二〇二一年初頭に設立されました。これは、ポリヴェーガル理論をもとにした教育を行う機関です。ポリヴェーガル理論は、世界各地に広がっていきました。そこで、ポリヴェーガル・インスティテュートを設立し、さまざまな専門分野で活躍されていらっしゃる方たちに、ポリヴェーガル理論の原理にもとづいた教育を提供することにしました。ポリヴェーガル理論について学びたい人たちのために、教育を提供し情報源となるように活動していきます。

ポリヴェーガル・インスティテュートでは、医師、教師、メンタルヘルスの専門家、臨床心理士、ヨガ教師、ボディセラピスト、理学療法士、作業療法士などの専門家に対して、教材を提供します。さらに、SE™など、さまざまなトラウマ療法の方法論がありますが、こうした方法論に特化した教育も行っていきます。将来的にはポリヴェーガル・サミットをバーチャルで行う予定です。また、デブ・デイナ氏（花丘注：『セラピーのためのポリヴェーガル理論』春秋社・花丘ちぐさ訳の著者で、心理セラピスト）と一緒にワークショップを行います。今後は、こうした講座を収録したビデオを作成し、教育のために提供していく予定です。

現在までにポリヴェーガル理論は、いくつかの分野に応用されています。ポリヴェーガル・サミットやそのほかのプログラムにおいて、医学、メンタルヘルス、心理学、心理臨床、オステオパシー、理学療法、作業療法、言語聴覚療法などの分野で、専門家の人たちが、臨床現場でどのようにポリヴェーガル理論を応用しているのか、意見交換をする予定です。また、研究者がポリヴェーガル理論を研究の現場でどのように応用しているかなど、科学的な研究についても情報交換します。

私は、ビジネススクールにもポリヴェーガル理論を導入したいと思っています。経営学、組織論においてもポリヴェーガル理論が役に立つと思うのです。ポリヴェーガル理論を導入することで、組織がよくなり、経済的にも成功していくはずです。最近、『ハーバード・ビジネス・レビュー』

という専門誌に、ポリヴェーガル理論についての記事が掲載されました。いずれにしても、今後は、相手の話に耳を傾け、環境と人々を尊重し、やさしく扱うことができる人を養成していくことが必要です。人としてそこが基本ですし、それはまさにポリヴェーガル理論の原理でもあります。私は、この善意と協力の姿勢を、一人でも多くの人に伝えていきたいと思っています。将来的には、日本の専門家のみなさまに対しても、ワークショップを行いたいと思っています。

花丘　そうですか。ビジネススクールでもポリヴェーガル理論が教えられるようになるとは、すばらしいですね。日本でもぜひ普及したいですね。

ポリヴェーガル理論とは

花丘　さて、今日は、性暴力被害とポリヴェーガル理論について、博士からのお話を伺いたいと思います。お打ち合わせの段階で、まだ十分な研究がなされていない分野であるというお話を伺っておりますので、科学的なお話というよりは、博士のご意見などをお伺いしていきたいと思います。私たちは、博士がお書きになり、私が日本語に翻訳させていただいた『ポリヴェーガル理論入門』(春秋社)を読んでいますので、ポリヴェーガル理論の基礎的なことは理解していると思います。ただ、せっかくですので博士から少し、概要を説明していただいてもよろしいでしょうか?

ポージェス　ポリヴェーガル理論では、私たちの生理学的状態は、進化の過程において、個々に異なる形で進化してきた神経回路に支持されていることを明らかにしました。私たち哺乳類は、社会交流システムを支持する迷走神経を持っており、社会的な交流を持つことで、お互いを落ち着かせることができます。他の人と一緒にいることで、私たちはお互いを落ち着かせるのです。そして、システムがチャレンジを受ける、つまり心的外傷を受けるような脅威にさらされると、社会交流システムは働かなくなってしまいます。

脅威に直面すると、身体を動かすシステムがオンになります。闘争／逃走反応を起こしたり、過覚醒や過活動といった状態になります。さらに、脅威が増し、生命の危機を感じるようになると、神経回路がシャットダウンを起こします。日本では、引きこもりが多いと聞きました。社会的な引きこもり、シャットダウン、解離のメカニズムというのは、進化的に非常に古いものです。脊椎動物は、進化の過程で神経系も発達していきました。それでも、人間にはこの進化的に古い祖先から引き継いでいる神経系があります。爬虫類は、不動状態になるときは、身体の資源を温存するモードに入ります。これは擬死状態とも言われています。これは、代謝が非常に低くなるので、それなりに適応的です。哺乳類にも、危機に瀕すると温存モードに入るシステムが備わっています。

社会交流、過覚醒、闘争／逃走、シャットダウン、解離、といった一連の状態がありますが、これは、心理的にも、生理学的にも、行動的にもまったく異なる様相を見せます。これらは、それぞれ異なる神経回路が支配している状態です。社会交流システムがオフになると、表現がまったく異なってきます。たとえば、声の調子や表情などが、社会交流システムがオンのときとオフのときではまったく異なります。社会交流システムがオフになると、声の抑揚が失われ、無表情になります。私たちは時々刻々と、こうした神経回路の各相の特徴を表しているのです。私たちはこうした異なる生理学的状態を行ったり来たりします。

こうした異なる生理学的状態では、私たちの社会に対する印象、見え方も異なってきます。たとえば、あるときは温かく歓迎されていると感じますが、別のときは、世界は怖く、脅威に満ちていると感じたりします。こうした相の移動については、ニューロセプションが働いています。ニューロセプションとは、私たちの神経系が、さまざまな合図を意識的に理解することなく、環境中の安全や危険について察知する能力です。私たちは顕在意識では知覚してはいないものの、つねに安全性について判断していることを意味します。したがって、セラピーやセッションでは、クライアントの生理学的状態を察知するということが非常に重要になります。

花丘　私たちは、このように、社会交流、闘争／逃走反応、そして凍りつきという三つの異なる神経回路が支配する生理学的状態を行ったり来たりしながら生きているのですね。

不動化という反応

花丘　今日は、性暴力被害についてもお話をお伺いしたいのですが、性暴力被害のサヴァイヴァーは、加害行為を受けたときには、声も出ず、身体も動かず、また、加害者から解放されても、ショックを受けており、すぐに何か判断したり行動したりすることが難しい、ということを聞きます。ポリヴェーガル理論では、こうした「不動化」の反応について、どのように考えていますか？

ポージェス　では、ここから、不動化の反応についてお話しします。たとえば、ネコが口にネズミを咥えています。ネコに捕えられたネズミは、ぐったりしていて、死んでいるように見えます。しかし、死んでいるのではなく、脅威にさらされたために、恐れによる不動化を起こしています。交感神経系と、有髄の腹側迷走神経系の働きを抑制することで、このような仮死状態となります。これは、進化的に最も古い無髄の背側迷走神経系が使われたときに現れる身体の防御的反応です。

人間の場合でも、トラウマを受けると同じような反応が起きます。これは、ある女性から送られてきた電子メールです。「私は、あなたが提唱されているポリヴェーガル理論について読み、身体は、戦ったり逃げたりすることに代わって、動けなくなることがあるということを知りました。私は今、六九歳です。一八歳のときに、首を絞められて、性的暴行を受けました。何年もたってから、娘にこの事件のことを話しましたが、娘は、私の反応や凍りついたということを信じられないと言いました。私はとても恥ずかしく、裁かれたように感じました。あなたの理論を読んで、自分の反応がふつうのことで正当であったということがわかり、心から喜んでいます。私は今、泣いています」。

この女性は、ポリヴェーガル理論を知って、自分が攻撃されたときに起きた不動化の反応、つまり凍りついて動けなかったことは、身体に実際にはりめぐらされている神経系の防衛反応として起きてきたことで、ごく自然な身体的反応だったのだということを理解しました。怖れに対する可動化の反応は、逃げるか、あるいは戦うことです。この状態から、腹側迷走神経優位な社会交流の状態に入ると、ニコニコと向き合っている親子のように、顔と顔を見合わせて、私たちはお互いに安全の合図を送り合います。一方、怖れによる可動化をして、戦ったり逃げたりすることを試みても、事態が打開せず、むしろ生命の危機を感じた場合は、無髄の背側迷走神経系が支配する、不動化反応を起こそうとします。

いわゆる凍りつき反応といわれるものにおいては、神経系は、失神するなど完全にシャットダウンを起こしてはいません。筋肉の緊張を保ち、脳にも血流が行く程度の交感神経系からの入力は残っている状態です。したがって凍りつきというのは、背側迷走神経系と交感神経系のハイブリッドな自律神経状態といえます。

トラウマは、社会交流システムの働きを阻害してしまいます。社会交流システムは、私たちの声の韻律を制御しています。ですから、声の調子で心臓の状態がわかります。トラウマがあると、声の韻律が失われ、無表情になります。さらに、顔と顔を見合わせて、アイコンタクトを取ることができなくなります。そのために、社会的コミュニケーションが困難になります。行動状態の調整も困難になります。過覚醒、低覚醒、不安、集中困難、衝動的な行動、かんしゃくなどが起きることがあります。また、迷走神経の調整不全が起きるために、身体の生理学的状態の調整が難しく、消化の問題が起きたり、過敏性腸症候群などの消化器の問題が出ることもあります。さらに、人が話していることを聞くこと、言葉による指示に従うことが困難になり、子どもであれば、発話の遅れが起きることもあります。また、聴覚過敏が起きることもあります。このため、騒がしいレストラン、バー、ショッピングセンターなどに行くことが苦痛になります。さらに、口腔運動に防衛が起きることがあります。そうすると、摂食行動に問題が出ます。具体的には、食べ物を拒否したり、多様なものを試してみることができなくなって、単調な食生活を続けたりします。

花丘　なるほど。生命の危機にさらされると、進化的に最も古い背側迷走神経系が優位になり、シャットダウンが起きるのですね。そうすると、声も出せないし身体も動かないわけですね。そしてこれは、身体の自然な防衛反応であり、生き残る可能性を最大限にするための身体の判断だ、ということですね。

支援に必要なこと

花丘　さて、今日は、この講座にフラワーデモなどの活動をされている性暴力被害者支援看護師の山本潤さんが参加してくださっています。博士にご質問があるそうですので、直接お話ししていただきましょう。山本潤さんは、フラワーデモを通して、性暴力被害に関する刑法の改正を訴えていらっしゃいます。性暴力被害について考えてみると、その問題が私たちにとってあまりにも辛い内容であることから、単純に、「男性が悪く、女性が被害に遭っている」「社会は間違っている」といった攻撃的で視野の狭い意見に偏ってしまうこともあります。しかし、山本潤さんは、誰かを非難したり、攻撃したりするのではなく、花を手に、平和的に話し合いを進めていくことを求めています。これ自体がとてもポリヴェーガル的ではないかと思います。では潤さん、ご質問をどうぞ。

山本 山本潤です。看護師・性被害当事者として性暴力サヴァイヴァーのための刑法改正の活動を行っています。私は、長年活動家としてサヴァイヴァーの体験や必要な支援について訴えてきています。話す中で、サヴァイヴァーが話すと伝わるのですが、心理士さんなどの専門家や支援者が話しても、なかなか性暴力の実態や被害の深刻さが十分伝わらないことがよくあります。当事者が自分の辛い体験を話すことは、しんどいこともあるので、可能なら専門家からも伝えられたらよいと思うのですが、なぜ、専門家が話しても伝わらないのでしょうか？ 私たちは、一般市民や、司法関係の専門家にも訴えてきていますが、同じことを言っても、支援者が言った場合はあまり伝わらないのです。しかし、当事者が言うと伝わり、変化に関心を持ってもらえます。博士から見て、これは何が起きていると思われますか。

ポージェス この会話の中にはたくさんの要素が含まれています。まず、トラウマ的な体験をされた人の話を聞くときには、よき立会人になるということを学ばなくてはなりません。心理療法家であっても、よき立会人になれていない人も多いです。たとえば、「そのようなことはトラウマ的である」といったコメントにも、すでに事態についての評価が入っています。ですからまず、評価せずに聞くことが大切です。また、サヴァイヴァーのニーズと、加害者を処罰するという社会・文化的に知覚されたニーズは、別々のものなので、この二つは、はっきりと分けていかなくてはなりません。

サヴァイヴァーの方が自分の体験について誰かにお話をされると、二重に被害を受けることがあります。虐待を受けた方に対応するときは、サポートを提供する必要があります。しかし、サポートを提供するのではなく情報を得ることを目的として話を聞く人もいます。それは、加害者を処罰するために、情報を収集しようとしているのです。しかし、このような目的で情報収集されても、サヴァイヴァーにとってはリソースにはなりません。

花丘　なるほど、サヴァイヴァーの方のお話を聞くときに、加害者を処罰するための情報収集と、サヴァイヴァーの方のリソースになるための聴き方があり、その二つは違うということですね。

ポージェス　そうです。ポリヴェーガル理論では、トラウマのサヴァイヴァーにとって、どのようなリソースが必要なのか、という点についてよく説明しています。ポリヴェーガル理論では、サヴァイヴァーが必要としているのは、信頼できる人とのつながりと安全の合図であると説いています。よき立会人になるということは、サヴァイヴァーが戦慄を感じた恐ろしい体験について語るときに、その体験の苦しみを再演することなく、痛みを表現し、聞いてもらう必要があります。そうでないと、サヴァイヴァーは二重に傷つけられてしまいます。まず最初は、加害者から傷を受けます。また、皮肉なことに、助けようとしている支援者たちからも傷つけられることもあります。サヴァイヴァーが自分の体験を話しているときに、私たちは、共感し、痛みも共有しながら反応します。サヴァイヴァーは、彼らをサポートしようとしている支援者たちの感情も受け取ります。支援者も、話を聞きながら痛み、悲しみ、怒りなどを感じます。サヴァイヴァーは、その聴き手の感情も受け取ります。ですから、支援者はよき立会人である必要があるのです。

私は、インディアナ大学の付属機関として、トラウマ・リサーチ研究所という団体を設立しました。この研究所では、一〇〇〇人以上の世界のトラウマセラピストを対象とした調査を実施しました。セラピストの五〇％は、重度の、あるいは中程度のトラウマを経験していました。この数字は、一般人のトラウマ受傷率の約二倍になります。トラウマセラピストたちは、自分の体験が、トラウマ・サヴァイヴァーを理解することにおいて助けになると考えています。また、自分もサヴァイヴァーであることが、クライアントとの関係性の助けになると考えています。トラウマセラピストたちは、クライアントを助けたいという強い熱意を持っていることがわかっています。

山本　ありがとうございます。当事者が話すとなぜわかってもらえるのか、という点については、私は、当事者は痛みを感じながら話すから伝わるのかな、と思ったりもします。現在法務省では、日本の刑法性犯罪改正の議論をしています。そこでいつも言われることは、サヴァイヴァーのサポートを十分にすれば、加害者への処罰は必要ないのでは、ということです。サヴァイヴァーは、セラピーのなかでは安全を感じることができるかもしれません。しかし、セラピー以外の場でも、安全安心に社会とつながるためにも、社会全体として、性暴力に対してどういう態度を持っているか、という姿勢を示すことも重要だと思っています。特に、ポリヴェーガル理論を学んでから、そう思うようになりました。

ポージェス　そうですね。さらにもう一つ別の点について述べます。話が伝わるかどうか、ということですが、政治家や法律分野の専門家など、あなたが話をする対象の人たちが、トラウマを持っていると、あなたの言っていることを理解してもらうことは難しくなります。トラウマがないと、神経系は他者からの働きかけに応えることができますので、あなたからもアクセスできます。ポリヴェーガル理論の観点からすると、あなたが話そうとしている相手も安全であると感じないと、あなたの言うことを聞いてくれません。相手が、安全であると感じると、あなたの存在と共にいて、あなたとつながり、話を聴こうとする意図ができます。彼らは、安全であると感じれば、よき立会人になってくれます。

私たちは、認知的な存在であるという前提のもとに、他者を説得しようとしています。そして、人間は認知的な存在で、判断は、理性的に行われると思っています。しかし、私たちの決定はもっと内臓的なものです。問題解決のためには、聴く側がアクセスを持つことができる状態になるということです。彼らが、恐怖を感じている状態ではないということが大切です。

花丘　わかりました。誰かに何かをわかってもらおうとするときは、相手の神経系が人の話を受け入れる準備ができているかどうか、確認しないと効果がないということですね。相手の神経系が、アクセス可能かどうかが重要ですね。そして、神経系にアクセスするためには、相手が安全であると感じていることが必要なのですね。特に、内臓から安全であると感じてもらう必要があるわけです。そういう意味では、抗議するのではなく、花を手にして当事者の方たちが集まって、自分の思いを語るフラワーデモは、とてもポリヴェーガル的ですね。自分に敵意がないことを示し、相手の神経系と協働調整し、相手側に、安全であるという合図を伝えて、そして大切なことを伝えていますね。フラワーデモによって新しい一般常識が形成されていけば、間接的に、司法の場においても影響を与えることが可能であるという見方もあります。大切な活動だと思います。

ポージェス　日本のフラワーデモについては、二つの目的があるように見えます。一つは、法改正、そしてもう一つは、サヴァイヴァーの方たちのコミュニティができるということです。トラウマの問題点は、トラウマを被った人が、社会から押し出されてしまい、孤立することです。しかし、今のお話では、フラワーデモは、性暴力という大変な状態を体験された人たちを孤立状態から抜け出させています。これは、非常に重要な動きです。ですから、フラワーデモは、刑法改正についてよい影響を与えるとともに、サヴァイヴァーの方たちを孤立から救うという、二つのレベルで効果があると思います。

山本　今日はたくさんのお時間を取っていただきありがとうございます。これからも、ポリヴェーガル理論を学んでいきたいと思います。

花丘　博士、潤さん、ありがとうございます。これからも、科学的な研究が待たれるとともに、サヴァイヴァーの方たちの声がちゃんと聴いてもらえる社会、そしてサヴァイヴァーの方たちが安心・安全に社会と関われるような、新たな常識の形成、そして現実をきちんと反映する刑法になるような法改正が行われることを期待し、私たちも支援を続けたいと思います。

社会的行動を調整するオキシトシン

花丘　さて、今日は、ポージェス博士夫人で、世界的なオキシトシン学者のスー・カーター博士にもご参加いただいています。カーター博士から、オキシトシンについてもお話を伺いたいと思います。オキシトシンは、人と人とをつなげる「愛のホルモン」とも言われていますし、痛みを和らげる作用もあります。天然の化学物質であり、人とつながることを助け、痛みを和らげるオキシトシンですが、重篤なトラウマを被った人はオキシトシンの分泌が変化してしまうといわれています。本来であれば、トラウマを被った人は、オキシトシンを分泌して、人との関係性をうまく使いながら自分を癒して、社会と再び関われるようになるのが理想的ですが、重いトラウマを体験する人の中には、オキシトシンの分泌が減り、さらに孤立を深めてしまう傾向性を持つ人もいます。ですので、私たちセラピストとしては、クライアントさんたちにもっとオキシトシンを分泌してもらうようにしたいのです。そのためにはどのようなことができるでしょうか?

カーター オキシトシンは迷走神経に関係する内分泌物質です。トラウマに直面したときに身体と脳を守る化学物質がオキシトシンです。オキシトシンは神経化学物質で、その起源は何十億年前にもさかのぼります。二億〜一億五千万年前に哺乳類が出現しました。私たちの祖先は、オキシトシンと呼ばれる分子を使うようになっていったのです。哺乳類が地球上に最初に現れたとき、彼らの祖先は爬虫類でした。爬虫類は哺乳類のように社会的な行動を上手に行う能力は持っていません。爬虫類は、闘争/逃走反応を用います。哺乳類は、危機に対応するためにポジティブな社会的な行動と社会的な合図を用いることができます。オキシトシンという、この新しい化学物質は、人生のさまざまな側面、たとえば、出産にも役に立ちます。出産は哺乳類特有のものです。

哺乳類は、オキシトシンという内分泌物質を出すことで、社会的な行動を調整することができるようになりました。セラピストが、安全であるといった社会的な合図をクライアントに送ると、クライアントだけではなく、セラピスト自身の脳もオキシトシンで満たされる可能性があります。こうしたオキシトシンの分泌は、トラウマの結果としてしばしば起きてくる炎症に関わる脳内の神経の発火を抑えます。オキシトシンは、消防士のようなものです。私たちを、脅威から、安全であるという感覚に移行させることができます。私たちの生理学的状態をシフトさせてくれます。私たちがこのシフトを起こすと、癒しが起こります。よきセラピストは、安全であるという感覚を作り出し、それが風船のようにクライアントとセラピストの双方を包みます。クライアントをより心地よい場に動かしてあげるのです。このような場においては、クライアントの身体に変化が起き、クライアントは癒されていきます。その癒しは、行動を変えるだけではありません。人間の身体では、全身がオキシトシンの恩恵を受けます。

もし健康な人であれば、トラウマ的な出来事が起きている間にも、オキシトシンが放出されます。オキシトシンは、自然界の薬なのです。安全であると感じられると、オキシトシンは最もよく働きます。安全であると感じることができる状況を作ると、身体は、自身のオキシトシンを生成することができます。残念ながら、何回もトラウマを体験した人や深刻なトラウマを体験した人は、安全を感じることが難しいのです。ですから、セラピストは、クライアントに安全であると感じてもらうために、安全の合図を出すことが必要なのです。クライアントは、セラピストという安全な存在を感じることができると、次第に、自分は安全であるという感覚に移行していくことができます。SE™をはじめ、いろいろなトラウマ療法がありますが、成果をあげている療法というのは、クライアントが安全を感じられるようになっていくのを助けています。

トラウマを受けた人は、自分ひとりで癒しを進めていくことが難しいのです。トラウマを経験した人は、他者の力を借りる必要があります。また、スティーブ（ポージェス博士の愛称）が話しているように、癒しの過程では、立会人が必要なのです。私たちは、非常に社会的な創造物です。身体は、安全だと感じているときには、トラウマを被って、脅威を感じている状態とは違うかたちで行動します。私はセラピストを尊敬しています。セラピストは、トラウマを体験した人たちが、生理学的状態を移動して、安全を感じられるような状態に入ることを助けています。これはすばらしいと思います。オキシトシンを薬物として投与する試みもあります。この場合、すべてのケースとはいえませんが、場合によっては、よいセラピストがクライアントと関わる中でオキシトシンを投与したほうが、さらによい結果を生む可能性があります。その後で、クライアントが自分の力でオキシトシンを分泌できるように導きます。いずれにしても、クライアントが自分の力でオキシトシンを分泌できるようにサポートしていくことが大切だと思います。

花丘　カーター博士、ありがとうございます。重篤なトラウマを被ったり、繰り返しトラウマを被った人は、オキシトシンの分泌も減少してしまい、人と関わることが難しくなる上に、社会的にも孤立しがちなのですね。そして、孤独なままだと、神経生理学的に癒しをひとりで進めるのは難しいということですね。ですから、一緒に協働調整してくれる神経系が必要で、セラピストがその役目を果たすことが重要であるということです。クライアントさんたちのオキシトシンの分泌を促進できるようなセラピーをやっていきたいと思いました。すばらしいコメントをありがとうございます。

迎合について

花丘　最後に、一つ質問してもよろしいでしょうか。性暴力においてサヴァイヴァーが、シャットダウンや凍りつきを起こすということがわかりました。脅威にさらされたときに、神経系が、生き残りの可能性が最も高い反応として凍りつきを自然に選択し、そのような状態を引き起こすというわけですね。こうした、シャットダウンを起こすこととは別に、迎合という反応もあるといわれています。つまり、加害者に対して、戦ったり逃げたりできないときに、相手が気に入るような言動をするということです。この迎合については、日本ではあまり知られていないので、少しお話しいただくことはできますでしょうか。まだこの分野については研究がほとんど行われていないということでしたので、科学的根拠があるお話をしていただくことは難しいかもしれませんが、博士は、ご自身のご経験から、迎合についてどのような印象を持っていらっしゃるでしょうか？

ポージェス たしかに、まだこれは研究がなされていない分野です。一つ言えることは、迎合することができる人は、「機能的な社会交流システム」を駆使しているということです（花丘注：周囲の友好的な安全の合図に反応して自然に社会交流に入るのではなく、生命の危機に瀕している場面でも、意図的に自分を調整して社会交流することをポージェス博士は「機能的な社会交流システム」と呼んでいる）。そのために、加害行為をする人に対し、従順であると感じさせることができたということです。私は、長い年月にわたって誘拐、監禁された経験を持つ人と関わりがあります。その女性は、子どものときに拉致され、のちに、加害者の子どもも産んでいます。ですから、社会的には、その女性は加害者のことを愛していたのではないか、ストックホルム症候群になっていたのではないか、と非難されました。（花丘注：ストックホルム症候群とは、拉致監禁のサヴァイヴァーや、捕虜になった人が、加害者と心理的関係性を持つようになることをいう。サヴァイヴァーが加害者に対して好意を持つという解釈をされることも多い。ストックホルムで起きた人質事件から命名された）。しかし、この女性は、ストックホルム症候群だったと言われることには、ひどく腹を立てています。彼女は、加害者のことは嫌悪していたといいます。彼女は、加害者に極度の嫌悪感を抱いていましたが、加害者に対して、「私はあなたの脅威ではない」と信じ込ませたのです。これが迎合です。つまり、最も過酷な状況であっても、「機能的な社会交流システム」を駆使して生き残ったのです。これは、特別な能力を持った人ができることです。

この話題については、もう一つ重要な側面があります。誰もが、効果的に迎合する能力を持ってはいないということです。迎合するには、加害者を信じ込ませるほどの社会交流システムを持っていなくてはならないのです。それほどまでのリソースをもって「機能的な社会交流システム」を駆使することができる人は多くありません。もし、加害者にとって脅威ではない、ということを納得させることができなかったら、その人はおそらく殺害されてしまうでしょう。拉致誘拐等に遭った人の多くは、生き残れなかっただろうと考えます。ですから、考えうるかぎり最も過酷な、恐ろしい状況の中で、加害者に脅威を感じさせず、脅威ではないと加害者を信じ込ませる力があるわけですから、迎合できる人というのは、奇跡的な適応的リソースを持っている、非常に稀な人であると考えます。

花丘　なるほど、ここでも、ポリヴェーガル理論によって、サヴァイヴァーの名誉が回復されましたね。ポリヴェーガル理論の観点からすると、迎合できるということは、たぐいまれな力を持っていたのであり、それが、生き残る道を開いたのだ、ということですね。サヴァイヴァーの中には、加害者に迎合してしまったことで自分を責めている人がいます。しかし、自分を責める必要はないのですね。

ポージェス　そうです、サヴァイヴァーとは「生き残った人」という意味ですが、生き残れた、ということ自体がすばらしいことなのです。こうしたサヴァイヴァーの人たちが、どれほどの苦しみを営《な》めてきたか、私たちには想像もつきません。それを思うと、文字どおり、胸もつぶれる思いです。でも、彼らは生き残ったのです。さらに、彼らはすばらしい資質を持っているのです。彼らは、自分の優れた社会交流システムを用いて、加害者に対する激しい怒りと嫌悪を落ち着かせ、さらには、加害者の神経系と協働調整し、加害者の神経系を落ち着かせる力があったのです。

花丘 ポリヴェーガル理論の視点からいいますと、こうしたサヴァイヴァーの方たちは、たぐいまれな優れた社会交流システムを持っていたわけですね。ところが、法的な場では、こうした迎合については、非常に厳しい目が向けられ、非難されることも多いのです。「あなたは、加害者に抵抗するどころか、迎合していた」「嫌なのに嫌と言わずに、相手のことを受け入れている」「加害者の行為を容認していたのではないか」「むしろ望んでいたのではないか」といった心ない解釈がなされることがあります。これは、私は個人的にはまったくフェアではないと思います。この点についてはいかがお考えですか？

ポージェス サヴァイヴァーの人たちは、自分たちの声を聴いてもらうことを望んでいます。彼らは、ストックホルム症候群、つまり、サヴァイヴァーが加害者に好意を抱く、という概念について、ポリヴェーガル理論を用いて反論しようとしています。

花丘 ぜひ、この動きが広がっていくといいですね。日本でも今、性被害についての刑法改正に向けての動きが起きています。私たちは、暴行脅迫要件の撤廃を求めています。

ポージェス 特に性暴力被害において、サヴァイヴァーが加害者に抵抗するなどというのは、ほとんどの場合不可能です。そういった反応が起きることを期待するなどは論理的ではありません。先ほど説明した女性を思い出してください。彼女は、ポリヴェーガル理論を読んで、性被害に遭ったときに身体が動かず、凍りついたことは、身体の自然な反応だったことを知りました。彼女は、長年にわたり、自分が抵抗しなかったこと、何もできなかったことを恥ずかしいことだと思っていました。しかし、身体は凍りつき反応を起こします。こうしたことを理解しておくのはとても重要です。アメリカでは、サヴァイヴァーの神経系がどのような状態であるか、といったことについて、司法関係者にポリヴェーガル理論の講義をしている心理臨床の専門家がいます。レベッカ・ベイリー博士という人です。この人を紹介しますので、話を聞いてみるとよいでしょう。

花丘　ありがとうございます。ベイリー博士からも、ぜひ、アメリカでの動きについてお聞きしてみたいと思います（第15章参照）。

「何があったか」ではなく「どう感じたのか」

ポージェス　ポリヴェーガル理論では、トラウマ的な体験に関しては、何があったのかという出来事ではなく、どう感じたのか、という感覚を重視します。クライアントの物語をドキュメンタリー的な側面、つまり、何が起きたのかといった出来事や物事に焦点を当てるのではなく、生き残りをかけ、安全を求める無意識の身体的衝動の物語として理解します。ポリヴェーガル理論は、どう感じたのかということを重視します。

花丘　博士、すばらしい講義をありがとうございます。何があったのかということよりも、自律神経系がどのように反応したかが重要だということですね。今日教えていただいたことはセラピーを変えることになりますね。単に個々の出来事に目を向けるのではなくて、そのような状況に対して神経系がどう反応したか、ということを理解することが重要だとおっしゃっていますね。さらに、私たちは、社会交流システムの方向に向かっていけばよいということで、今後私たちが何を目指していけばいいのか、ということについてもすでにお答えもいただいているわけです。

ポージェス これから世界は、社会交流システムを活発にすることが大切だということを次第に理解していくでしょう。そして、ポリヴェーガル理論の知識をもって、より効果的に癒しが起きる環境を創造していってもらいたいと思います。

花丘 自律神経系の反応が、介在変数になる、つまり、何が起きたのか、ではなくて、神経系がどのように反応したのかが重要であるという視点は、今後の心理臨床のあり方も変えていくと思います。

今日は貴重なお話をありがとうございました。ポリヴェーガル理論を活かして、これからもがんばっていこうと思います。まだパンデミックの最中ですので、どうか、ポージェス博士、カーター博士、お気をつけてお過ごしください。いつか、日本にもお呼びしたいですね。

ポージェス いつか日本に行ってみなさんにお目にかかりたいです。

カーター 本当にお会いしたいですね。実際に会えたときは、ぜひ、みなさんをハグしたいと思います。

花丘 ありがとうございました。

（翻訳：花丘ちぐさ）

第15章 ［対談］性的暴行、拉致監禁、迎合についての観察

R・ベイリー／花丘ちぐさ

花丘　レベッカ・ベイリー博士を紹介しましょう。彼女はカリフォルニア州ソノマ在住の心理学者で、拉致監禁され、解放された女性のセラピーをしています。被害者とその家族のために、再統合のための幅広い心理療法や馬と触れあう療法を提供しています。

こんにちは、ベイリー博士。今日はZoomでの対談に参加していただき、ありがとうございます。性的暴行、拉致監禁、迎合についてポリヴェーガル理論の観点からいくつか質問をしたいと思います。本題に入る前に、日本とのつながりをお聞きしてもよいですか？

ベイリー　お会いできてうれしいです、テレサ（花丘の愛称）。じつは、私は日本とつながりがあります。両親は戦後七年間京都に住んでいて、京都が大好きでした。私はボストンで育ち、日本には行ったことがありません。でも一〇代の頃、母は最高にすばらしい日本料理を作ってくれて、ボストンで本格的な日本食を食べるのは少し変な感じがしましたが、大好きでした。二〇〇七年の悲しい話をしなければなりません。その年、私は北カリフォルニアにあった家とオフィスを火事で失いました。そのとき、大事にしていたものを一つ失いました。それは一九四九年に母が京都で手に入

れて私に贈ってくれた美しい人形です。私の子どもは日本に住んでいます。三一歳です。彼が一六歳になった夏、世界をいろいろ見て回るように日本に送り出したのですが、そのときに彼は日本が大好きになりました。

花丘 人形の件は残念でしたね。新型コロナウイルスの状況が落ち着いたら、ぜひ京都にお招きしたいと思います。そこで同じように美しい人形が見つかるといいですね。息子さんのお話は、素敵ですね。日本での生活を楽しんでいることを知ることができてうれしいです。

ストックホルム症候群

花丘 さて、あなたはどのようにポリヴェーガル理論と関わっていますか？ また、あなたの仕事とポリヴェーガル理論は、どのように関係していますか？

ベイリー では、私の専門について少しお話ししましょう。私は拉致監禁された女性のケアを行っていますが、これは明らかに対象となる人が少ないです。一八年間監禁されていたジェイシー・デュガードと一緒に「ストックホルム症候群」という言葉を言い換える作業をしているときに、ポージェス博士と短いやりとりをしました。私のセラピーを受けた被害者はみな、その言葉にうんざりしていました。被害者は加害者に恋をしたのでしょうか？ していません。絶対にしていません。ポージェス博士に連絡を取り、この問題についての博士の考えを理解し、概念化しようと思いました。三人で一緒に夕食をとったのですが、博士は夕食中に「なぜストックホルム症候群について書かないのか」と聞かれました。私たちは、スティーブ（ポージェス博士の愛称）にストックホルム症候群に他の名前をつけてほしいとお願いしました。その席で私は「融通」ではどうかと言いましたが、スティーブは「迎合」という言葉を思いつきました。彼は、生物学的な観点から見て、迎合がぴったりだと言っていました。それは私たちにもしっくりきました。

裁判官との仕事も多いです。彼らは被害者や事件に対してそれぞれのポリヴェーガル的反応をしています。彼らは声のトーンの使い分けを学び、自分を大切にしているか、していないかに注意を払う必要があります。裁判官や弁護士を教育するには、ポリヴェーガル理論が鍵になります。裁判官を納得させるためには科学的根拠が必要です。しかし、迎合についての論文はまだ出ていません。一、二か月後には発表されることを期待しています。スティーブにリードしてもらいたいと思っています。スティーブは著名な科学者で、論文に彼の名前が載れば注目されるでしょう。過日エリザベス・スマートとジェイシー・デュガードと一緒にポッドキャストをしました。二人とも監禁されていた若い女性で、エリザベスは一八か月間、ジェイシーは一八年間監禁されています。エリザベスから、テレビ番組に出て迎合について話してほしいと頼まれたのです。

花丘　そのように長い間監禁されていたというお話を聞くと、胸が痛みます。それにしても、神経系から問題点を考えていくことは、大変に興味深いです。

被害に遭うということ

花丘　質問です。性的暴行を受けた後、被害者がすぐに警察署に助けを求めに行かないのはなぜだと思いますか？

ベイリー　テレサ、あなたはどう思いますか？

花丘　そうですね。被害者はとても怯えていて、混乱しているのだと思います。助けを求める行動を起こすような準備ができていないようです。大脳新皮質、特に物事を理論立てて考える言語野に十分な血流がなく、警察に行って報告することが効果的だと状況を分析し、考えることができないのではないでしょうか。

ベイリー そうですね。とても単純なことです。被害者はとても怯えています。生死に関わる状況です。彼らの身体システムはかなり混乱しています。身体システムはまさに助けを求めることができない状況です。交感神経系の興奮状態にあるか、背側迷走神経系のシャットダウン状態にあります。身体システムはまさに助けを求めることができない状況です。何が助けになるのか、自身を助けるために何を求める必要があるのかを考えることができません。生物学的に考えても、そのような状態のときに高次脳機能にアクセスすることは不可能です。

怯えた被害者は恐怖の中で立ち往生していて、暴行後すぐに警察に通報しに行かないことが多いのです。被害者のニューロセプションは、自分は安全ではないと言っているのです。宇宙のすべてのものが安全ではないのです。被害者がずっとフリーズしているかどうかはわかりません。人それぞれ大きな違いがあるようです。それは、自分は死んでしまうかもしれない、というような、生命の危機を感じているかどうかによります。死が目前に迫っていると考えているなら、神経系も死を感じています。

加害者が逮捕されないかぎり、被害者は決して安心できません。だからこそ、加害者を逮捕して刑務所に入れることがとても重要なのです。それは被害者にとって、とても重要なことです。加害者が逮捕されずに、そのまま外をうろついていたらどうなるでしょうか？　逮捕されなければ、いつでも再び自分のところにやって来るように思えてしまう。それはとても怖いことです。

被害者は「自分はダメだ」という、どこか根源的な信念を持っています。それは、世界とのつながりが侵害されていることを意味します。私がケアしてきた被害者の女性や少女から、自分はまったく動けない状態だったという話を聞きます。彼女たちはかなりの期間、背側迷走神経系のシャットダウン状態にあったようです。今、私がケアを提供している少女がいますが、彼女は長い間、背側迷走神経系のシャットダウン状態だったと言っていました。あまりに怖い体験をしたら、身体が動かなくなるのはごく自然なことです。被害者であること自体が怖いことで、被害者と呼ばれたくないくらいです。被害者と呼ばれること自体が怖すぎるのです。実際、被害者は「被害者」という言葉が好きではありません。「サヴァイヴァー（生存者）」という言葉も好きではありません。被害者と呼ばれたり、サヴァイヴァーと呼ばれること自体が恐ろしい体験なのです。被害者と呼ばれ続けるということは、暴行が終わった後も自分は安全ではないということになってしまいます。それは本当に恐ろしいことなのです。

花丘　暴力を振るわれた人のことを、どんなふうに呼んだらいいでしょうか？　被害者でもなく、サヴァイヴァーでもなく。

ベイリー　それは興味深い質問ですね。恐怖から戻ってきた人たちを受け入れるためには、その呼び方を世間に広めることが重要かもしれません。私たちは彼女らが経験してきたことを理解し、彼女らを受け入れ、自分が巻き込まれてしまったことについて、自分を恥じる必要がないことを明確にしなければなりません。彼女らにとって、自分が被害者であったということを知るのは、とても怖いことです。たとえば、ＤＶの場合、自分が被害者であることを知ったら、恐怖で麻痺してしまいます。そこから前に進むためには、自分が被害者であることを受け入れなければならない。しかしそのためにも、自分がもう弱者ではないと知ってもらうことは絶対に大切なことなのです。想像してみてください。被捕食動物、つまり獲物（pray）という言葉はどうですか。それは絶対に怖いですね。何かもっと素敵な名前があるはずです。何か一つでも思いつくといいですね。

花丘　おっしゃる通りですね。これからご一緒に、被害者の方に寄り添ったよい呼び方を考えていきたいです。

馬と触れあう療法の可能性

花丘　さて、次に、あなたの馬をつかった療法について少し教えてもらえますか。

ベイリー　私は馬をつかった療法を数多く行っています。馬と触れあうポリヴェーガル・エクササイズについての本も書いています。また、みなさんにも見てもらえるように、いくつかのビデオを使います。馬は迷走神経反応の申し子なのです。そうであることが、非常にはっきりしています。馬と人間には共通点がたくさんあります。馬はすばらしい。馬はびっくりすると交感神経系の驚愕反応に入り、そして非常に早く静まり、腹側迷走神経反応、つまり他の人とのつながりを求める反応に戻ってきます。彼らは「大丈夫だ」ということをクライアントに伝えます。馬は、非人道的な方法で監禁されていた人たちが、安心・安全を感じ、人とつながることができる状態に戻ってくるのを助けているのです。

花丘　なるほど、そうなんですね。日本では、特に都市部では馬を飼えるところがあまりありません。でも、そのビデオはぜひ見てみたいですね。日本に来てワークショップをすることがあれば、ぜひシェアしてください。

迎合は愛ではない

花丘 それでは、次に迎合についてお聞かせください。犯罪の場面で、被害者が加害者に迎合したと解釈されるようなことがあると、法律的な視点からは、混乱を招いてしまうことがあります。そして、加害者が被害者の同意なく、犯罪行為を行ったのだということを立証することが、法律的には非常に難しくなってしまいます。被害者が暴行されているときに、加害者に対して迎合したと解釈されるような行為があると、加害者は法廷で、被害者は性交に応じる気があったと主張します。もちろん、同意などはなかったのですが、安全な場所から想像すると、被害者が取った行為が、あたかも同意があったかのように見えたり、抗拒できたのにしなかったと解釈されてしまうことがあります。これが法律の専門家を混乱させて、加害者を刑務所に送ることを難しくしてしまうのです。

ベイリー では、迎合の問題に触れましょう。テレサ、あなたが言っていることはよくわかっています。拉致被害者の一人からの興味深い反応を紹介しましょう。拉致された人は、たいてい加害者から逃げることができません。なぜ逃げなかったのか、安全なところにいる人には理解し難いので、混乱を招くことがあります。

拉致被害者の一人であるエリザベスとテレビに出演したときのことですが、彼女は自分が拉致されたときに、ある深い気づきを得たと話しました。「この人とは戦えないだろう。自分にはできることは何もない。だから、この人にやさしくしてあげたほうがよいだろう。やさしさが自分の命を救うかもしれない」。これは本当だと思います。

迎合を理解するには、いくつかの動画で動物の反応を見ることが参考になります。犬が攻撃的な主人に虐待されている動画では、犬は恐ろしい主人に取り入るかのように、仰向けに寝転んだり、お腹を見せたりします。降参しました、と意思表示します。じつは、犬たちは愛情深い飼い主にやさしくされるときも、同じようなことをします。仰向けに寝転んだり、お腹を見せて撫でてもらいます。行動は同じですが、意味はまったく違うのです。認知プロセスが被害者に「自分は戦うか逃げるかの反応から抜け出さなければならない。生きていくために必要なのは、この加害者にやさしくすることだ」と伝えている可能性があります。

私は一二〜一五件の非常に悪辣な拉致事件の被害者のケアに当たる仕事をする機会がありました。仕事をする前は、なぜ彼女らが迎合するのか理解できませんでした。しかし、彼女らが教えてくれたのは、生きのびようとする強い衝動があったということです。それは、「加害者に親切にしてあげれば、自分を生かしておいてくれるだろう」というものです。囚われの身から出て行こうとするなら、殺されてもおかしくないといいます。囚われの身となったとき、生存の可能性を最大限に高める状態に移行するのです。私ははじめ、このような状態に、無意識に、身体の反応として移行するという概念が理解できませんでした。その状態に移行するためには、何か強い原動力があるはずです。そして、それを実現するためのより高いレベルの理性的思考があるようです。スティーブは闘争／逃走・凍りつき反応を論じています。迎合の場合は、大脳皮質のいくつかの領域が、心身の状態の変化に影響を与えるように関与しているようです。

スー・カーター博士に聞いてみるのもおもしろいかもしれません。オキシトシンか、あるいはほかのホルモンが体内で放出されて、加害者にやさしくなれるほどに自分を落ち着かせてくれるのだと思います。長期間監禁されていた女性は、愛と迎合を混同したことはないといいます。彼女たちは加害者を愛したことはありません。彼女たちは、それをよく知っています。彼女たちは、加害者に対して強い怒りを抱いています。彼女らに、「加害者を愛していたのではないか」などと聞いたら、本当に腹を立てるでしょう。決して加害者を愛してはいません。彼女らはまず、恐怖に直面するとシャットダウンします。その後で、凍りついた状態から出てくる。それは無意識の反応です。意識的なコントロールはしていません。そして、どうにかして自分自身の中の深いところに入って、何らかのかたちで深いところの自己とつながり、自分の安全と幸福について考え、母親がするようなことをします。それは母親のすることにとても似ています。命に関わるような極度のプレッシャーにさらされている状況を考えれば、おそらく理解できると思います。もしあなたに子どもがいて、母子ともに命の危険にさらされたとしたら、あなたは子どもを救うために、まず自分自身をなだめ落ち着かせるでしょう。これはまさに彼女たちに起こっていることです。どこか深いところに行って自分を落ち着かせるわけです。しかしそれは、加害者の目には迎合にしか見えないのです。

私が難しく感じるのは、迎合が、生きていく上での生命力よりもずっと複雑であるところです。人間には、何かしらの根源的な生存欲求があります。ある人が、なぜ被害者は拉致監禁された場所から離れないのか、と聞きます。たしかに、その監禁場所では、ひどい虐待と暴力が行われました。たしかにそれはその通りなのですが、この質問者が理解していないことが一つあります。それは、このような場面では、彼女たちの身体システムにあまりにも多くの情報が溢れていたということです。このような極限的な状況では、彼女たちは加害者と共に留まることを選択します。危険を冒さないことを選ぶのです。しかもその選択は、無意識の反応です。意識的な思考によって動かされているわけではありません。この点について、社会を教育していく必要があります。「この国には、今まで社会を騒がせてきた加害者たちのような、恐ろしい人間がまだ数多く潜んでいます。そうした心の問題を抱えた人たちは、これからも若くて弱い立場にある人たちを犠牲にしていく危険がある」ということを、社会に広く知ってもらう必要があります。

拉致された女性は、加害者を喜ばせるために腹側迷走神経系を使っているように見えるかもしれません。それは驚くべき無意識の生存反応ですが、喜んでしているわけではありません。それは生存のためです。要はただ生きのびるためなのです。ストックホルム症候群では、被害者が加害者に恋をしたといわれています。しかし、その考えは、あくまでも加害者の目を通してのものです。そのような解釈は、私たちが置かれている社会のヒエラルキーから来ています。それは愛や慈しみとは関係ありません。今回は、男性の被害者については触れません。しかし、この社会、そして私たちが置かれている暗黙のヒエラルキーの中では、強くて虐待的な加害者を前にして、女性はそれほど多くの選択肢を持っていません。エリザベスが「やさしくすることしかできない」と言っていたように、彼女が選択したのは自身の生存のためであったことは明らかです。

これは正直なところ、驚くほど単純な話なのです。彼女たちには選択の余地がないのです。私たちはそれを複雑にしがちですが、そうではありません。彼女たちに選択の余地がなかった、というあまりにも単純なことなのです。私がポリヴェーガル理論を高く評価している点は、生理学的プロセスに焦点を当てているところです。それは、あなたの生理学的状態が生命の危機に直面すると、それに対応するように変化するという、非常に単純な現象です。心理学者は、母親や父親に殴られると、暴力的な人と結婚するという説を支持する傾向があります。それは理論です。現実の生活はもっとシンプルです。被害者が迎合するのは、困難な幼少期を過ごしたからではなく、主に生存のためです。幼少期の逆境的な経験は多くの人に影響を与えるかもしれませんが、命に関わるような状況であれば、誰でもただ迎合するでしょう。

回復力には個人差がある

ベイリー　ある女性が、誘拐されました。彼女は母親との関係が悪かったのです。彼女の母親は、アルコールの問題を抱えていた母の母、つまり祖母との関係が悪かった。しかし、彼女は母親からの愛をあまり経験していなかったおかげで、回復力がありました。しばしば人々は、母親から愛情を受けていたためにその人が生き残ったといいます。それは本当かもしれません。しかし、このケースでは、彼女は母親との困難な状況から柔軟性を得たからこそ、生きのびることができたのです。愛情深い母親から強さを得る人もいるかもしれません。しかし、困難な子ども時代から強さを得る人もいます。物事はそんなに単純ではありません。猛烈に戦う女性もいる。また、簡単に打ちのめされてしまう女性もいます。幼少期の逆境も一因かもしれませんが、いろいろな要因が絡み合っているのです。しかし、ジュディス・ハーマンがこの問題についてさまざまなレベルに焦点を当てたことには意味があります。まだ社会は男性優位な視点を持っていましたが、彼女はいろいろな視点を持ち込んだのです。これは非常に重要なことです。私はスティーブとジェイシー・デュガードと一緒に論文を書いていますが、私たちのメッセージを社会に発信することはとても重要です。スティーブの名前は、私たちのメッセージを広め、より多くの人に届くようにしてくれるでしょう。

花丘　なるほど、そうなんですね。被害者は、逃げ出したら殺害されることを無意識のうちに悟るんですね。ですから、自分を落ち着かせながら、加害者のもとに留まることを選択するのですね。

また、人によってもさまざまな反応が起こりえるのですね。ここでは、ステレオタイプは通用しないようですね。個人の違いやそのほかの要因について、幅広く検討していく必要があるようです。

ベイリー　戦う女性もいれば、圧倒されてしまう女性もいます。個人差が鍵を握っています。瞬間ごとに生理学的状態がシフトしていくので、それぞれの瞬間を見ていかなければなりません。どのように、いつシフトしていくかも個人差があります。たとえば、若い頃に拉致されて縛られたことがあると、彼らのニューロセプションは時間の経過とともに変化し、さまざまな状況にどのように対応するかに影響を与えます。私はまた、クリーブランド監禁事件で、何年も加害者に縛られていた少女の一人と話す機会がありました。彼女は、そのときにそこから抜け出すにはどうしたらいいか考えていたと話してくれました。そしてついに抜け出しました。これだけの個人差があるんですね。公には言いませんが、彼女らが回復力を得たのは、よい子ども時代を過ごしたからなのかどうかはわかりません。私には知る由もないのです。

一九六〇年代の、母親を責める風潮に逆戻りしてはいけません。私はこれに挑戦したいと思います。子ども時代、愛情に恵まれていたら、レジリエンスが高まるといわれています。もちろん、レジリエンスを練習する機会が多ければ、よりレジリエンスが高くなる可能性は高いでしょう。しかし、レジリエンスを支える他の要因はどうなのでしょうか？　じつは、私は「レジリエンス」という言葉が特に好きではありません。私はそれを「強さ」とか「適応力」と呼びます。あるいは、「柔軟性」とでも言いましょうか。レジリエンスと言うと社会の隅っこにいる少数派のように感じてしまいます。

私は母親を責めることを支持していません。幼少期のストレス体験が生物学的に影響を与えることは理解しています。しかし、私たちは母親を非難する癖から抜け出して、そこから成長していくべきだと思います。

花丘 そうですね、私も「柔軟性」という言葉が好きです。単純に母親のせいにする風潮については、反省していかなければなりませんね。

凍りつき反応の幅

花丘 では次に、凍りつき反応について議論したいと思います。性的暴行事件について、裁判所に訴え出る勇敢な日本の女性たちもいます。しかし裁判では、「あなたは襲われたときに完全に気を失っていたわけではありません。失神してたわけではありませんね。意識はあった。目も開けていた。被告人にも応答していました。あなたは被告人の指示に従っていた。被告人はあなたが性交に同意したと主張しています。あなたは目を覚ましていたし、意識もあった。なぜ『嫌』と言わなかったんですか？　なぜ助けを求めなかったんですか？　暴行事件の後、歩いて警察署の前を通り過ぎたときに、なぜすぐに通報しなかったのですか？　明らかな生命の危険があったことをどうやって立証するんですか？」と質問されてしまいます。被害者はなぜそうしなかったのか、自分でもわからないので、こういった質問に答える準備ができていません。彼女たちは、自分で決めて声を出さなかったわけではないのです。そのような状況をどう説明できますか。女性がフリーズしている間に、加害者に応答することがあるのはなぜでしょう？

ベイリー これはとても大切な点です。凍りつき反応には幅があるようです。被害者は恐怖で身体が麻痺している間にも、目覚めていることができます。身体を動かすことができなくても、話すことができることもあります。凍りつきには幅があります。フリーズはただの失神ではありません。

ここアメリカでも、裁判官や陪審員を教育するのに苦労しています。だからこそ、彼らに説明するために科学的な専門の論文を発表する必要があるのです。法廷では、何度も何度も同じ質問をされます。法律の専門家にとっては、女性が麻痺しているのにもかかわらず、なぜある程度機能して迎合できるのか理解するのが難しいのです。私はまず、裁判官であろうと被害者であろうと、私たちには自分の身体があるという事実を教育することから始めます。自分の命が奪われようとしていると感じたら、大声で助けを求めるでしょうか？　それを理解してもらうのが最初のステップです。若い裁判官の中には話を聞く人もいます。でも、年配の方は、なかなか話を聞いてくれません。私は、彼らに身体で納得させようとしています。この非常に深い恐怖と凍りつきについて教育しようとしています。もし、あなたが心の深い深い奥底で、今、自分の生命が奪われていくことを悟ったら、そのときはどうするでしょうか。まさにここなのです。死の恐怖の中で、まだ叫ぶことができるでしょうか？　そのようなときは、言葉が出てこないでしょう。それは無意識の反応であり、自律神経系によってコントロールされているのです。

こういうときに、解離という概念を持ち込むことで、事態をややこしくしてしまうことがあります。解離という言葉も、別のものに言い換えなければなりません。解離という言葉には、じつは恥の要素が入っています。だからそれを言い換える必要があります。命の危険があって叫ぶことができない。これは生理学的なことで、とても単純なことなのです。ところが、実際の法廷では、生命の危機のもとでは声が出ないのだということを、裁判官に知ってもらうのは非常に難しいことなのです。

自分の意思で身体をコントロールできる領域を超えて、神経系が活性化してしまうと、身体は完全にシャットダウンします。その状態では、口から言葉は出てきません。オポッサムなどの動物の動画を見てください。シカは、恐怖に直面すると凍りつきます。そして、凍りついた状態から出ることができると、素早く逃げていきます。しかし、拉致された女性たちは逃げる機会がなかったのです。シカのように、走って逃げることができませんでした。なぜ走ることができなかったのか、それは、ポリヴェーガル理論を知ることで明らかになります。

拉致された女性たちは、「何が起こったのかわからない。突然すべてが変わってしまった。幸せだった人生が突然奪われた。彼らが誰なのかわからない。自分がどこにいるのかわからない。逃げ道がわからない。両親に何が起こったのかわからない」。この極限状態では、誰も悲鳴をあげることができません。無意識のうちに、自分の人生は、今この瞬間にも終わるかもしれないと知覚します。彼女たちは何が起こったか認識できませんでした。時には、レイプされたことを理解していないこともあります。自分が殺されそうになったと思っていたのに、後になってそれがレイプだったと気づくことがあります。彼女たちはショック状態に入っており、そのような状態では何もできません。そして、自分の身体をコントロールできないことに気づく。身体が動かないのです。そのような状態は解離と区別できますが、それよりひどい状態です。

花丘　おっしゃるとおりですね。日本でも、夜道で若い女性が年上の男性に脅され、後でレイプされた事件がありました。その女性は帰宅途中に男に捕まってしまいました。男は、「言う通りにしないと殺すぞ」と脅し、自分についてくるように言いました。彼女はとても怯えていたので、逃げることができませんでした。彼女は、言われるままにその男の後をついていき、その後、レイプされました。日本では、町の安全を監視するために、通りには警察が設置した防犯カメラがあります。その防犯カメラには、加害者の男の後ろについていく彼女の姿が映っていました。彼女はのちに裁判所に提訴しましたが、加害者は無罪が確定しました。裁判官は、防犯カメラの映像を見て、女性が自分の意思でその男の後をついていった可能性があると判断したため、加害者は無罪となったのです。私たちは、この判決に対しては本当に腹を立てています。私たちから見れば、女性が極度の恐怖状態に陥っていたことは明らかでした。でも法廷では、そうは見てもらえませんでした。裁判官にとっては、女性が、嫌なのに、自分の意思に反して加害者の後をついていくなどということは、想像を超えたことのようです。なぜ悲鳴をあげたり、逃げたり、隣家のドアを叩いて助けを求めなかったのか理解できなかったのです。そのときの彼女には、声を出して助けを求めることができなかったのです。この件について、何かご意見はありますか？

ベイリー　アメリカでも同じことがあります。飛行機の墜落事故の調査をしていた宇宙飛行士から聞いたことがあります。副操縦士が飛行機が軌道から外れていることに気づいていたのに、結局墜落してしまった飛行機事故があります。そのとき、副操縦士は機長に警告しませんでした。機長には権威があるというのが、彼らプロの世界では当たり前だったのです。副操縦士は機長の判断に異を唱えることはありません。そのため、飛行機は墜落して三〇〇人が死亡しました。これが「正常性バイアス」と呼ばれるものです。我々はあらゆる種類の偏見を含んだ文化の中で生きています。「これが我々の仕事だ」「これが私たちに求められていることだ」「機長には権限があるが、私にはない」「私は彼の指示に従う」そして、ここにさらに恐怖心の要素が加わります。極端な恐怖状態になると、そのバイアスがさらに強く働きます。

その日本の被害者の若い女性は、「この人は年上の人だから」と思って加害者についていったのかもしれません。「自分よりも年が上の男性は、権力者だ。彼は権力者だから、言うことを聞くべきだ。そうすれば、私を生かしておいてくれるに違いない」と思って、加害者に従ったのかもしれません。それは何かというと、「私はいい子にしている。そうすれば殺されない」ということです。裁判官や陪審員は、目に見えるものの裏にはこんなにも複雑な心理、生理、そして社会的作用があることを理解する必要があります。そこで私は、裁判官にこうしたことを教えようと試みているところです。先ほども言いましたが、若い裁判官の中には、私が教えたことを喜んで聞いてくれる人もいますし、実際に私の教えを評価してくれる人もいます。しかし、年配の裁判官は、こんなことを言うこともあります。「何をおっしゃっているのですか？　私はいつも、自分の認知力を駆使し、明確な判断をしています」。こうした思い込みは、とても旧式な考え方です。私はときどき、彼らのところに走り寄って叫びたくなります。でも、理解を求めることは、一歩一歩やっていかないといけません。

生存への強い衝動と戦略

ベイリー　ポリヴェーガル理論はアメリカでもまだ新しいものです。ソマティック・セラピーなどの研究や治療法はありますが、法廷では広く受け入れられていません。生存への強い衝動について、人々の理解を深める必要があります。この生存への衝動は、大脳新皮質の思考プロセスではありません。既存の心理学も、母親を非難することも、ここでは役に立ちません。安全な場所で作られた思い込みから、生存への衝動がどれだけ強いかという理解へ、根本的にシフトする必要があります。

これは、幼少期に何があったかではなく、生理学的なものです。「ママから戦い方を学ばなかったから、戦えなかった」という考え方は、もう卒業しましょう。私たちは前に進むべきです。

花丘　セラピストである私たちは、幼少期の問題や、特に虐待などに原因を探す傾向があります。しかし、そのような極端な生命の脅威の中では、母親にされてきたこととは関係なく、生存のための強い生理学的な衝動があるということですね。生命の危機につねにさらされながら監禁されているような状況では、生存のために最善と思われるものを選ぶわけです。私たちは、単なる母親のせいにすることから前に進むべきでしょう。既存の心理学では、十分説明できない、こうした生理学的な現象について理解を深める必要があるのですね。安全な場所にいる状態で考えた枠組みから脱して、危機の生理学、神経学についてしっかりと社会が認知する必要があるのですね。

ベイリー　そうです。私はこうした極限状況下でのオキシトシンの役割を知りたいと思っています。これはスー・カーター博士が説明してくれるでしょう。私にとってはとても名誉なことですが、スーは私にとって、幸運にも友人と呼べる人です。彼女はオキシトシンとバソプレシンなどの内分泌物質の研究を専門としています。これらのホルモンは迎合反応に一定の作用を及ぼしていると思います。DVや誘拐の被害者は、加害者に恋をするといわれています。しかしそれは愛ではありません。その女性たちは、自分たちが加害者を愛していないことをよく知っています。しかし、彼女たちはおそらく、怒りや嫌悪感を抑えるためにホルモンを使って、その環境に適応していると思われます。これは「愛」ではなく、生きようとする強い意志を持った生存戦略のようなものです。

ニューロセプションはそれだけ強い力を持っていて、それが生存を支える生理学的状態を決定するのです。以前、ソマリアの海賊の捕虜となった人の本を読んだことがあり、彼と会う機会がありました。多くの生存者が希望について語っています。希望を持っていたから生き残ったと。しかし彼は毎朝目が覚めても、希望を持つことを自分に許さなかったと言っていました。なぜなら、希望を持つにはあまりにも無力だったからです。目を覚まして、ただただ希望を持とうとせず、時間が過ぎるのを待っていたそうです。これは極端な監禁状態の例です。これには興味をそそられます。彼は毎朝、自分の心の中で、自分はこの状況で、まったく無力であると思っていたと語りました。

花丘　彼のニューロセプションは希望を持つことを許さなかったわけですが、実際には、それが彼を助けたんですね。それは興味をそそられます。希望を持つことを許さない、その独自の生理学的状態が、その彼の生存を支えていたのですね。

社会への働きかけ

花丘　さて、もう一つ質問があるのですが、どうやって裁判官にポリヴェーガル理論を教えているのですか？　ご自分の講演会に裁判官たちを招待しているのですか？　よろこんで来てくれますか？

ベイリー　私は、全米少年・家庭裁判所裁判官協議会と家庭調停裁判所裁判官協会の二つの団体に所属しています（二〇二〇年当時）。私は通常、少人数で活動を始めることが多いです。よろこんで話を聞いてくれる裁判官を相手に、少人数のグループから始めるのがお勧めです。このグループが核になり、彼らに同僚を誘ってもらいます。そうすると、そのようなグループがどんどん大きくなっていきます。かつて三〇〇人の裁判官を前に話をしたことがありますが、楽しくありませんでした。相手に、進んで聞こうとする気がなければ、何を話してもうまくいきません。彼らの多くは大脳新皮質を中心に機能しており、自分は、身体の状態などには影響されないと信じています。これは、自分には身体があるという考えに慣れていないだけです。限られた時間の中で専門家と仕事をする必要がある場合、あなたは何をしますか？　私はいくつかのパワーポイントを用意して、共有し、自分の身体がどのように感じているかに気づくように促しています。自分が何かを感じることにＯＫを出してもらうのです。それは非常にハードルが高く、とても難しいことです。しかし、司法の専門家に働きかけることは非常に重要です。

花丘　アメリカでの性暴力被害に関する訴訟は、勝訴する確率は高いのでしょうか？　うまくいっていますか？　加害者を刑務所に送ることはできていますか？　日本では、加害者の罪を証明するのは非常に難しいのです。しっかりとした証拠をもって、絶対に有罪であることを証明しなければなりません。そうしないと、たとえ有罪である可能性が非常に高くても、無実だとされてしまいます。「疑わしきは罰せず」という原則なので、どうみても疑わしくても、それだけでは不十分です。加害行為であったことを証明しなければならないのですが、アメリカではどうですか？

ベイリー　正直言って、アメリカでも難しいですね。白人で金髪のかわいい女性のほうが、陪審員を納得させやすいです。残念ことですが、正直なところ、そういうことがあるのです。外見がどんなふうであるべきなのか、どのようにふるまうことが被害者らしいのか、という目に見えない文化的な規範のようなものがあります。それもまた、私たちが挑戦するべきことの一つです。世界全体を一度に変えることはできませんが、そうした先入観や偏見を、話題に上らせることから始めましょう。このような反応には普遍性があり、私たちもまた、先入観を持っているのです。それに気づくと、いつも驚かされます。

花丘 加害者を有罪にする魔法の呪文のようなものがあれば、と思うのですが、現実は厳しいものがあります。女性が性的暴行を受けたことを証明するのは非常に困難です。特に、加害後すぐに届け出ずに、恐怖や深い悲しみ、混乱の中で過ごした後で訴え出たとしても、証拠がないことがネックになり、事件化できないことも多いのです。また、たとえ警察の取り調べや裁判に進んだとしても、加害者はしばしば、同意を得ていたと主張します。アメリカではこのあたりはどうなのでしょうか？　血液や残された精液を採取したりして、証拠を固めるのでしょうか？　女性が性的暴行を受けて被害者となり、その性交が女性の同意なしに行われたことを証明するのに役立つものは何でしょうか？

ベイリー とても難しいですね。特に、過去に起きたことについて証明するのはとても難しいです。ある意味、粘り強さだけといってもよいでしょう。私たちのような人たちがもっと必要です。また、神経系や行動についての科学的な論文がもっと必要です。より多くの論文が、よりアクセスしやすい形で発表されなければなりません。

花丘 なるほど。アメリカでも、有罪を勝ち取ることは難しいのですね。

日本でも、一つの事例があります。ある女性が、一〇代の頃から実父から性的虐待を受けていました。その後、性的虐待を受けた女性は、父親を訴えました。地方裁判所で、裁判官は無罪を宣告しました。裁判官は、原告が戦うことも逃げることもできない状態であったということに、ある一定の合理的な疑いがあると論じて、絶対に抵抗できない状態であったと結論づけることは難しいとしました。彼女は敗訴し、高裁に控訴しました。その後、精神科医が報告書を書いて裁判所に提出し、父親から長期にわたり性的虐待を受けていたことから、その女性は「学習性無力感」に陥っていた可能性が高いと論述しました。高裁では、加害者は有罪になりました。勝訴です。この事件では、被害者の心理状態を説明した専門家の意見が裁判官を納得させたようです。初めに敗訴したことについては、裁判官は自分の先入観や生理学的な情報の不足に影響されているのかもしれません。自分は安全な場所にいるので、なぜ被害者が叫ばなかったのか、逃げなかったのか想像できないのではないでしょうか。

ベイリー　極限的な恐怖に追い込まれた場合、身体は生き続けるための意思決定をするということを、裁判官に明確に伝えなければなりません。大きな脅威のもとでは、身体は無意識のうちに生き続けるための決断をするということを、男女を問わず裁判官に理解してもらいたいと思います。これは私たちにとっては明白なことなのですが、まだ世間では受け入れられていないことに驚かされます。やはり、科学的な学術論文が必要なのです。

花丘　わかりました！　論文、論文、論文！ですね。まだ、こうした探求は始まったばかりなのですね。まだまだ、これからであるということを知ってよかったです。日本もアメリカも、似たり寄ったりのようです。アメリカでは、ポリヴェーガル理論についての理解が非常に進んでいて、日本の先を行っているのではないかと想像していました。

ベイリー　そんなことはありません。アメリカでも、こうした議論はまだ始まったばかりです。話し合いを続けましょう。ポリヴェーガル理論についても、アメリカではまだまだ知られていません。人間にとって、生存本能が最も強く、生存のための最良の選択をするように駆り立てるという基本的なことを、広く社会の人々に知ってもらう必要があります。このような、戦慄を起こさせる恐ろしい体験をし、そこから生還してきた人たちのことを、私たちは、思いやりと温かさを持って理解し、彼らが自分の生存のために最善を尽くしたことを肯定するように願っています。思いやりを支える科学がもっと必要です。私たちは今、新しい時代にいます。私たちがいるのは興味深い時代です。

花丘　そうです！　これからも対話を続けましょう。ベイリー博士、すばらしいお話をありがとうございました。あなたの洞察力と愛に満ちた存在に感謝しています。私たちは、人間が極端な恐怖にさらされたときに、どのように感じるかを理解するために、知性を働かせ、オープンに学ぶべきです。そして、認知だけでなく、身体と生理学、神経学のレンズを通して学んでいく必要があります。私たちは今、ともに興味深い時代にいるようです。

（翻訳：花丘ちぐさ）

おわりに

花丘ちぐさ

本書編集の経緯

二〇一八年に春秋社より、ポージェス博士の著書『ポリヴェーガル理論入門――心身に変革を起こす「安全」と「絆」』(拙訳)が出版されました。この本はあっという間に重版され、本書を編集した二〇二一年にはすでに七刷となり、一万人以上の方に手に取っていただいたことになります。ポージェス博士が提唱されるポリヴェーガル理論は、もともとは神経系の働きに関する専門的な見解ですが、私たちの幸福や人間性に直接的に関わってくるものであるために、心理学、精神医学、医学、教育、福祉など、さまざまな分野に影響を与えています。ポリヴェーガル理論は、「私たちは何者なのか」「生きるとは何か」といった哲学的な問いにも重要な洞察を与えてくれます。

私たちの中では、日に日に、ポージェス博士にお会いしてお話を聞いてみたい、という思いが大きくなっていきました。ポージェス博士の夫人であるスー・カーター博士も、オキシトシンの研究で世界的に知られており、ポリヴェーガル理論の中でも、オキシトシンの役割が言及されています。そこで、ぜひポージェス・カーター博士御夫妻を日本にお招きしたいと考え、二〇二〇年五月に来日講演を企画しました。来日がかなったそのときには、さまざまな分野の専門家の方たちとのパネルディスカッションも企画していて、なかでも「性暴力被害とポリヴェーガル理論」というテーマで専門家の皆様と大いにディスカッションしたいと考えていました。二〇二〇年は、折しも、性犯罪に関する刑事法の検討が始まる年でした。ポリヴェーガル理論では、自律神経系に含まれる三つの神経系と、それぞれに対応する生理学的状態が説明されています。その状態とは腹側迷走神経優位な「社会交流」、交感神経優位な「闘争／逃走反応」、そして、背側迷走神経優位な「シャットダウン」と「凍りつき」です。

性暴力被害のサヴァイヴァーたちは、性暴力を受けたときには、往々にして生命の危機を感じて凍りつきます。つまり、身体が動かず、声を出すこともできず、意識が遠のき、遠くから自分を見ているような感覚になったり、あるいはまったく意識を失ってしまうこともあります。また、加害者から解放されても、しばらくはこうした凍りつき状態が続くこともあり、すぐに理性的な判断をしたり、助けを求めたりすることができないこともあります。しかし、この凍りつき反応については、まだ社会的にも、また司法の場でも十分理解されていません。ましてや、長期にわたる危機的状況を体験したために、何もかもすっかり諦めてしまう「学習性無力感」に陥って、何をされても逃げることなく、無抵抗になる神経系の状態があることについてはあまり知られていません。ポリヴェーガル理論は、トラウマ、そして性暴力被害のトラウマについても、新しい光を当ててくれます。そこで、ポージェス・カーター博士御夫妻からもポリヴェーガル理論に根差したアドバイスをいただこうと考えていました。

性暴力被害の専門分野についてはありがたくも知人でフェミニストカウンセラーの椹木京子氏が

豊かな人脈をお持ちなので、性暴力被害、当事者支援、法律などに関わる最前線の方々に声をかけ、あっという間に素晴らしいパネリストの皆様を集めてくれました。このように満を持して企画していたポージェス博士御夫妻の来日講演ですが、残念ながら、二〇二〇年初頭、新型コロナウイルスによるパンデミックが発生し、ポージェス博士御夫妻の来日も延期となってしまいました。

二〇二〇年当初、私はパンデミックはすぐに収まるのではないか、と考えており、来日計画は続行するつもりでした。ところが、博士御夫妻からは早々に、来日延期のお申し出がありました。御夫妻は研究者として、コロナはそんなに早く収束しないと判断されていました。私はまったく理解できませんでしたが、今となってはその慧眼には感服します。博士は、パンデミックが始まったころから積極的に、無料でオンラインのビデオ講義を発表され、未体験のソーシャル・ディスタンスでストレスをためていた私たちに、「オンラインでもよいので、社会交流しよう」と呼びかけていらっしゃいました。そこで、私たちも博士御夫妻とオンラインでつながろうと考えました。博士にお願いしてみましたら、「実際に会えないのは残念だが、日本のセラピストのために喜んで講義しましょう」とご快諾いただきました。本書では、この博士御夫妻のご講演をもとに原稿を作成し、博士御夫妻のご承諾を得て第Ⅳ部に盛り込んでいます。

本書から見えてきたこと——多岐にわたる性暴力と社会の偏見

本書では、まず性暴力が「性暴力」として語られるようになったのは二〇世紀に入ってから、というショッキングな事実が提示されました。女性は人権が認められておらず、家父長の所有物としての存在であり、その女性への性暴力は、主に所有物への侵害行為として扱われていたとのことです。女性の人権が認められ、性暴力が「性暴力」として認知されるようになり、刑法に反映されるようになったのは、ひとえに先達の方々が声をあげ続け、血のにじむような努力を続けてくださったおかげなのです。また、人類の歴史と共にずっと存在してきた性暴力被害の破壊力を考えると、今日刑法改正の端緒をひらくまでに至ったことは、幾多の人々の慟哭を経て勝ち得た機会であることをあらためて認識したいと思います。

まず、私たちは性暴力とは何か、ということについての理解を深める必要があります。性暴力にもさまざまな形があり、突然見知らぬ人から性暴力を受けることだけではなく、身近な人からの継続的な加害行為、地位を利用したもの、罠にかけるようなエントラップ型の加害行為、痴漢、リベンジポルノ、デートレイプ、性産業、セクシュアル・ハラスメント、養育者や近親者からの子どもへの性的虐待、障害者への性暴力など、被害の実態は多岐にわたります。また、サヴァイヴァーは女性だけと思いがちですが、男性やセクシュアルマイノリティなどのサヴァイヴァーも相当数いると思われます。さらに、性的指向の多様性を認めない社会においては、こうした多様性を持つ方たちへの偏見、差別、性加害、人権侵害といった問題もあります。

また同様に、性暴力に対する誤った思い込みや偏見にもさまざまなものがあります。広く社会一般に流布する誤解や偏見については、正しい情報の提示が必要です。また、苦しんでいるサヴァイヴァーが自罰的になることを責めるのではなく、そう思わなくても良いのだということを根気よく理解してもらうよう、支援者が丁寧に寄り添う必要があります。

ポリヴェーガル理論で偏見を是正する

サヴァイヴァーは、逃げたり抵抗したりできなかったことについて、自分を責めていることがあります。サヴァイヴァーの心理・生理学的状態については、ポリヴェーガル理論をもとに、被害時には凍りつき反応が起き、抵抗できないことがほとんどであることを広く社会に知らしめていく必要があります。また、たとえどのような状況であっても、同意のない性交を強いることは犯罪であるのは明らかだと考えます。したがって、犯罪の被害に遭った人の責任を問うたり、恥の感情を植えつけたりするようなことは、社会から一掃する必要があります。

子どもの性被害

さらに、性被害には身近な人からの被害も多く、残念なことに家庭内でも発生します。家庭内で、子どもが性加害を行う養育者に迎合するのは、性的虐待順応症候群の状態であることが推測されます。また、子どもが家族の行為を犯罪として告発することは、心理的ハードルも高く、家族や親族までもが経済的損害や社会的制裁を被るなど、複雑な問題をはらんでいます。子どもへの性的虐待についても、現状を理解し、子どもを守る社会的仕組みを作らなくてはなりません。

また、子どもたちにも早くから性についての知識を持ってもらい、性犯罪をはじめ、あらゆる犯罪から子供たちを守れるような仕組みづくりが必要です。養育者も、親の気持ちとしてはあってほしくないことですが、子どもが万一性被害に遭ったときには、どのような対応を取ることが望ましいのか学んでいく必要があります。養育者が子どもに素早く安全の感覚を与えるとともに、必要に応じて医療機関を受診し、警察とも連携していくことが望まれます。子どもや家族のプライバシーが守られ、安心して相談できる場も必要です。性被害では早期に適切な対応を取ると、予後が良いことも知られています。養育者からの性的虐待を口止めするためや、性被害があったことを人に知られないようにするために、子どもに、このことは誰にも言ってはいけないなどといって、あとは何事もなかったように過ごそうとするような風潮がありますが、これでは子どもが後々ＰＴＳＤを引き起こす恐れがあります。養育者への教育も必要ですし、社会が、サヴァイヴァーや家族に愛と敬意をもって安全な場所を提供することが絶対に欠かせません。

性被害と警察・裁判

被害者支援の現場からの報告では、性暴力被害については、警察で被害届を受理してもらうことからして困難であることがわかりました。サヴァイヴァーは、被害を回避する行動をとり、逃げる努力をし、加害行為に対して死ぬほど抵抗し、解放されたら直後に警察に助けを求めていることで性被害に遭ったと認められる、というのが現在の司法の傾向性であることもわかりました。サヴァイヴァーは、自分が性暴力被害に遭ったのだということがわかるまでにも時間を要することもありますし、ショック、混乱、恐怖の中で、すぐに行動することを期待することは非現実的です。さらに、消極的な抵抗では、男性的な「闘争」とは異なるため、不同意だったことが認められにくいようです。特に女性はジェンダーの視点から、被支配的立場に甘んじ、自己主張しないことが良しとされることも多く、こうした傾向性が根強くあるところに、裁判所では、性被害時に男性的な闘争反応を起こすことを期待されるのは、女性が置かれた現状とは乖離があります。

裁判では、サヴァイヴァーが立証責任を負わされ、サヴァイヴァーの供述の信頼性が問われます。

過去の裁判においては、後に有罪に転じたものもありますが、加害者から見て不同意であることがわかるような抵抗をしていない、あるいは、拒むことができたと推測できる状況だったのにもかかわらず拒んでいないということで、加害者が無罪とされる事例が多くあるようです。車の中で性被害に遭ったサヴァイヴァーについて、車が止まっていた状態だったのに、なぜ逃げなかったのか、といった質問がなされます。これはあくまでも通常の状態を前提とした常識であり、自分がどうなるのかわからない、殺されるかもしれないという恐怖の中では、車が止まっていようが走っていようが、凍りついて動けなくなることが推測されます。

被害時のサヴァイヴァーの心理・生理学的状態についてポリヴェーガル理論をもとに専門精神科医が鑑定書を書くなど、今後は科学的な論拠を法の場に提供することで、現状をよく反映した判決が下ることへの期待が高まります。それとあわせて、厳しすぎる暴行脅迫要件について見直すとともに、「そもそも同意なき性交を強いることは犯罪である」という考え方を普及させたいと思います。

現在の、サヴァイヴァーの心理的負担が大きい捜査や裁判の在り方についても改善が必要です。性被害後は、サヴァイヴァーの心身のケアと、加害者を法的に裁くという二つの重要な要素が出てきます。この二つを可能な限り切り分けて、サヴァイヴァーが適切なケアを受けられるとともに、二次被害を避けながら必要な法的手続きが進められるようなシステムが必要です。

サヴァイヴァーが、性被害に遭ったことを理解し、自分の内面を整理して、勇気をもって訴えるまでにはそれなりに時間がかかります。さらに、幼少期の性的虐待については、数十年間、原因不明の心身の不調に悩まされ、心理カウンセリングなどを受けた後に、「あれは性的虐待だったのだ」

とようやく気づくことも多くあります。したがって、性暴力被害については、公訴期間や時効についても見直していく必要があります。

一方で、冤罪をなくす努力も必要です。都市部の通勤電車では、朝のラッシュ時には、片手でつり革につかまり、片手は胸に当てる、あるいは両手を上にあげるといったスーツ姿の男性たちの姿が見られます。これはハンズアップといって、痴漢に間違われないようにする乗車姿勢です。痴漢を働く人がいる一方で、多くの男性は冤罪の危険とも隣り合わせになっています。冤罪は、罪のない人の人生を奪うだけではなく、家族や親族にまで困難が及びます。法的整備や科学的根拠の導入などによって冤罪をなくす努力も必要ですし、社会全体が性暴力について問題意識を持ち、そもそも性暴力のない社会を作る姿勢が必要です。

地位を利用した性加害

次に、地位や立場を利用した性加害については、事件化しにくいことがわかりました。セクハラなどの場合は、笑顔で受け流していたことで、不同意ではなかったとみなされることも多いようです。地位や立場を利用した性加害については、不同意を表明したり、訴えたりすると、サヴァイヴァーのほうが社会・経済的基盤を失ったり、キャリアを断念しなくてはならなくなったりします。研究者が当該の分野で研究を続けることができないとか、スポーツ選手が競技生活の継続を断念しなくてはならないことも起こり得ます。就職活動をしている学生が、意中の企業に就職できなくなったり、あるいは、シングルマザーが仕事を失うことになって生活の糧が得られなくなってしまうこともあります。そのために、やんわりと笑顔を見せたり、ときには迎合するようなメールのやり取りをしたりすることもあり、事件化を難しくします。これは、法的な問題を突き詰めていくことも必要ですが、それと同時に、社会的弱者を作らない、力の格差を生まない、地位や立場の低い人たちを社会が守る仕組みづくりが必要です。

サヴァイヴァーの姿

サヴァイヴァーの状態もさまざまですので、一つの類型に収めてしまうのは不適切ですし、被害後に適切なケアを受けて、心の傷を癒し、ご本人が幸福だと思える生活をしている人もいます。また、家族がまったく機能しておらず、むしろ加害的な状況であっても、第三者の支援を受けて、加害者を訴え、法的な場で戦う人もいます。しかしよく見られるパターンとしては、性暴力被害を受け、ＰＴＳＤを発症し、生活がままならなかったり、社会的に不適応な状態となり、経済的に困窮したり、脆弱な立場に置かれることで再被害が起きやすい状態に陥ることがあげられます。不安障害、統合失調症、双極性障害、発達障害といった診断を受けたり、そもそも不安定な性格だと解釈されたりして、性暴力被害という根本的な問題に気づかれることなく対症療法を繰り返し、適切なケアに結び付かない人も多数いると考えられます。このように、根っこにある問題に対するケアに結び付かないと、苦しみが長期化し、被害が長引くことになってしまいます。精神科におけるケアにたどり着くまでに二〇年、三〇年経過している人も多くいます。

そのなかで、自分を責め、苦しみ、とにかく怖くてつらい、と訴える人もいます。こうした苦しみを落ち着かせるために、アルコールや薬物などを使用し、依存症に陥る人も少なくありません。また、自分に何が起きたのかを確かめるかのように、性的逸脱を繰り返し、性依存に陥る人もいます。性暴力被害後に性依存になることは理解しづらいかもしれませんが、意識の混乱がそういう形で表出する人もいるのです。これもトラウマの表れですので、自分を責めずに適切なケアに結び付くことを祈ります。意識がはっきりしているときは、自分を責めたり、加害者を責めたり、こうしていればよかったといった後悔の念にさいなまれたり、ぐるぐる思考（反芻思考）にからめとられることもあります。そうして苦しみがピークに達すると、ポリヴェーガル理論でいうように、今度は背側迷走神経系によるシャットダウンが起きます。そして、解離を起こします。

トラウマ的出来事を身体的に体験したので、その身体につながること、意識すること、感じることだけでも、刺激が強すぎて解離することもあります。また、幼少期からの虐待などの場合には、人格を複数に分裂させ、負荷を負った子どもの自分は記憶の奥にしまい込み、適応的な自分を出して社会生活し、時に攻撃的であったり、性的に挑発的であったりする自我状態が表面化して人格が入れ替わるＤＩＤ（解離性自己同一性障害）を発症することも多くあります。

被害などなかったかのように日常生活を送りながら、さまざまな身体表現性疾患や、不安症、恐怖症、パニック障害などに苦しんでいることもあります。一見無関係と思われる問題の根に性被害が隠れている可能性があるのです。多くのサヴァイヴァーが、被害を受ける前の自分に戻りたいと訴えます。それがかなわないだけに、懊悩がさらに深くなります。

苦しみの表れ方は一人ひとり違うので、ひとくくりにはできませんが、性暴力被害を受けた後、このような反応が見られることが多くあると言われています。

こうしたサヴァイヴァーの状況は、個人の幸福の追求を圧倒的に阻害するとともに、深刻な公衆衛生上の問題であるにもかかわらず認知度が低く、往々にして個人の責任の問題として処理されがちです。性格の問題であるとか、問題行動としてひとくくりにするのではなく、根底にあるトラウマに目を向け、適切なケアに結び付ける必要があります。また、サヴァイヴァーに「病んだ人」という烙印を押すことも不適切です。サヴァイヴァーが見せるさまざまな反応は、生き延びるための才能であり叡智です。スティグマを排し、社会が支えていく必要があります。

支援者側の問題

性被害を含むトラウマの支援者や治療者は、自身が当事者でもあるケースが多くあります。自身がケアに結び付いて癒された体験があるので、今度は支援の側に回りたいと思ったということをよく耳にします。多くの人が、持てるものを出し合い、熱い思いで支援に当たっている姿は、尊敬に値します。精神科医や心理療法家は、プロとしての技能を高めていくとともに、自身の問題にも目を向け、真摯にトラウマ解放につとめ、ケアを必要とする人の良き伴走者として包容力を高めていく必要があります。しかし、支援者、治療者の中には、重いトラウマを負っているにもかかわらず否認と解離の中にあって、自分は問題ないという姿勢をもってふるまい、クライアントや患者を傷つけるような言動を繰り返す人もいます。なかには、サヴァイヴァーのケアに当たりながら、さらに性加害を行う治療者や支援者もいます。精神医学、心理学の分野でも、専門家対クライアント、専門家間でも、地位を悪用した性加害が行われています。皮肉なことに、治療者でありながら、自らの傷つきを認めず、支配することの快感を求めて加害行為を繰り返す姿は、刑務所での臨床で明らかにされた加害者の姿と重なります。治療側の倫理も問われています。また、治療の際に被害を生まないシステム作りも必要です。

加害者はどのような人たちなのか

本書では、性暴力を未然に防ぎ、あるいは再犯を防ぐために、ポリヴェーガル理論を軸に加害者像にも迫りました。加害者についても単純にパターン化することはできず、その動機や犯行も多様であるということが報告されました。しかし、刑務所での加害者臨床から報告された加害者像には、一貫して発達性トラウマ障害というベースがあることが明らかになりました。加害者には、自らがトラウマを受け、そこで失われたものを性加害によって回復しようとする試みが潜むと指摘されています。また、解離傾向があり、日常ではやや反応が鈍く、自慢話をするようなところもある一方で、無力感や怖れを抱いており、力を持つ支配的な人の顔色を見て行動するところがあり、脆弱な感情に触れたことがトリガーとなって犯罪に走る傾向があるとされています。自身のプライドや尊厳を捨てざるを得なかった怒りが内在化しており、性加害においては、支配しているという快感や優越感を覚えるようです。

さらに、自身に傷つきの自覚が見られず、問題はすでに乗り越え、解決したと主張し、解離傾向が強いことがわかりました。加害者は、親密な人につらさを聞いてもらって、心を落ち着け、つながりを感じるという体験がなく、ポリヴェーガル理論でいう社会交流の体験を持たず、つねに闘争/逃走反応と解離の状態であったことが推測されます。また、スイッチが入ると止められない、という表現からわかることは、恐怖に順応して支配者の顔色を見る自我状態から、相手に恐怖を与えたいという衝動にかられ、加害行為による強烈なドーパミンによる脳内報酬系の刺激を渇望する自我状態へと移行することが示唆されています。性暴力を防ぎ、再犯を防止するためには、加害者の心理・生理学的特徴を理解し、加害行為を必要としない状態へと導くことが必要です。ポリヴェーガル理論が、性被害の心理・生理学的状態についての理解や、サヴァイヴァーのケアだけではなく、刑務所での加害者臨床にも新たなパラダイムを拓く可能性があることがわかりました。

アメリカの性被害裁判とポリヴェーガル理論

ベイリー博士の報告では、アメリカでも法曹界では、ポリヴェーガル理論はまだ十分理解されておらず、ベイリー博士が積極的に法曹関係者へのレクチャーを行っていることが明らかにされました。アメリカでは、サヴァイヴァーが適正に保護され、加害者には法の裁きがあるのではないかという思い込みがありましたが、サヴァイヴァーが泣き寝入りすることも多く、性被害においては、裁判でも、サヴァイヴァーの人種や見た目の印象などでも裁判員の心証が左右されることがあるとのことです。また、長期にわたる拉致監禁サヴァイヴァーに対しては、加害者に迎合したことについて社会からの批判を浴びることもあるとのことでした。こうした報告から、アメリカも決して理想郷ではなく、今も支援者や専門家が地道な努力を続けていることがわかりました。

ポージェス博士御夫妻からのエール

ポージェス御夫妻からは、ポリヴェーガル理論に基づいたサヴァイヴァーの理解や、凍りつきという生理学的現象が理解されることで、裁判における新たな判断基準が生まれてくる可能性があることをお話しいただきました。また、社会交流の大切さに繰り返し言及され、サヴァイヴァーを孤立からつながりへと連れてくることの大切さ、安全であると感じられることの大切さについて論じられました。また、セラピストが安全を提供することで、クライアントが自然につながりのホルモンであるオキシトシンを分泌することができるように支援することの大切さもご教示いただきました。また、裁判で不利になりがちな迎合反応についても、ポージェス博士は、「機能的社会交流」という概念について言及され、迎合は命を救うことに役立ったと論じられました。凍りつきの概念を明らかにすることでサヴァイヴァーから「恥」を取り除き、さらに、機能的社会交流という概念をもって、迎合反応についてもスティグマを取り除いてくださいました。

ソマティックな介入の可能性

ポリヴェーガル理論を軸に性暴力被害を考えると、トラウマの解放には、何があったのか信頼できる人に話し、怖さやつらさをわかってもらうことと同時に、神経系に働きかけることが重要であることがわかります。私たちの「自己」の認識は、認知的なものもありますが、基本的な部分はソマティック（身体的）です。何年何月に生まれて、仕事は○○をしている、といった認知的な自己もありますが、私たちは、自分の内臓から来る感覚で自分の機嫌がわかりますし、耳の三半規管や、足首など身体のいろいろな部位からもたらされる平衡感覚で、自分が今どのような方向を向いているのかを理解します。皮膚からの感覚もあります。そして自律神経系が今どのような状態になっているかによっても私たちの様子は大きく変わります。朗らかに人と関わることも、攻撃的になることも、引きこもることも、自律神経系の状態が関与しています。つまり、私たちはソマティックな自己でもあるわけです。

トラウマを受けると、私たちはソマティックな自己から切り離されてしまいます。私たちがしっかりとソマティックな自己に留まることができ、身体が良い状態であれば、快食、快眠、快便というように、生きることは基本的に快の感覚から成り立ちます。「生」が快であるように、「性」の営みも快となります。しかし、トラウマ、特に性被害を受けると、身体からはつねに危険と恐怖、不快の信号が送られてきますので、それを感じないように身体感覚を切り離し、解離する傾向が多く見受けられます。そうすると私たちは、生きることの喜びから切り離されてしまいます。

私たちの世界観も、ソマティックな状態に大きな影響を受けます。理性で、いくらここには加害者はいないと考えても、身体に刻まれた恐怖の記憶は、適切に介入しないといつまでも消えない上に、何回も怖いと思うことでさらに記憶が強化されてしまいます。こうなると、不本意ながらも自分を怖がらせる無限のループに落ち込んでしまう恐れがあります。怖いと思うと身体にそれが刻みつけられ、身体が怖いと反応すると、怖いという認知が強化されます。身体が恐怖や無力感に包まれていると、世界は脅威となり、世界への信頼が失われます。そして、思うようにならない自分についても信頼を失っていきます。やがて、トラウマを受けた人は世界を信じることをやめてしまいます。そして、自分を信じることをやめてしまいます。さらに悲しいことに、世界を愛することをやめ、自分を愛することをやめてしまうのです。

こうした状態に介入するには、ソマティックな自己を取り戻すためのソマティックなアプローチが必要です。私が用いているソマティック・エクスペリエンシング®トラウマ療法では、未完了の自己防衛反応の完了を行います。被害時には圧倒され、凍りついたとしても、トラウマ解放セッションの中で、安全を確保しつつ未完了の自己防衛反応を完了させ、打ち負かされた記憶を上書きし、シナプスの組み換えを促します。これは、サヴァイヴァーの方にもぜひ使っていただきたい手法です。

サヴァイヴァーは、「性暴力被害さえなければ、人生はこんなふうにならなかった。被害に遭う前の自分に戻してほしい」と言います。もちろん、それは痛いほどわかりますが、残念ながら時間を巻き戻すことはできません。ただし、適切なケアを受けることによって、新しい自分を獲得することができます。トラウマなど被りたくないというのは自然の道理です。ただ、犯罪被害に遭ったことが元に戻せないとしたら、その次の自分に移行していく必要があります。それは、ポリヴェーガル理論を軸に考えると、実現可能です。次のステージに進み、誰にも文句を言わせない、新しい自分になることは可能なのです。

さらに言うと、自分のプライドや尊厳を捨てざるを得なかったことへの怒りを内在化させている加害者にもSE™は有効です。今後は、加害の危険のあるハイリスク群を同定し、犯罪に走る前にSE™を施すことができたら、未完了の衝動を罪のない人々に向ける行為を防ぐことができるのではないかと考えます。SE™は、認知的な抵抗が強くても、身体に働きかけるので、自らの弱さに向き合うことができない受刑者にも応用可能であると考えます。

SE™では、交感神経系の高まりを上手にかわす方法も身に着けることができます。そのために、パニック障害や恐怖症の症状を和らげることをサポートすることもできます。交感神経系の興奮が一気に進むことをキンドリング（燃え上がり）といいます。燃え上がると、不安でたまらない感覚にもなりますし、過食や自傷の欲求や、飲酒、薬物使用への渇望が抑えられないほど高まります。加害者に至っては、性加害を欲するスイッチがオンになります。SE™では、この燃え上がりを回避する方法もあります。ポリヴェーガル理論を軸に考えると、調整を失った自律神経系に働きかけることで、枝葉ではなくて問題の根っこを抑えることができるのです。

こうしたトラウマ解放の技法に加えて、支援側もまた、ソマティックな自己を豊かに保つ必要があります。支援者も当事者も、セラピストもクライアントも、精神科医も患者も、同じ台木から育つ木のように、人間であるという根っこでつながり、ソマティックな自己として関わり合い、育ちあうことが必要です。サヴァイヴァーと加害者を同一化しようとする意図は一切ありません。ただ、社会の安全は保ちつつ、社会とは隔絶された場所で、加害者にもこうした介入がなされることが可能であれば、私たちが望む再犯防止に近づくのではないかと思います。

社会が担い手となる

私たちが人間という根から育つ木々であるならば、社会は一つの大きな有機体であるともいえます。身体の一部が傷つき、癒しを求めているとしたら、全身が作用してその傷を癒します。傷を負った直後は、出血を少なくするために背側迷走神経優位となって心拍数や呼吸数を減らし、痛みの閾値を下げます。傷を癒す過程では、身体全体が反応し、発熱して白血球などが細菌と戦うのに適した体温を保ちます。心臓は血液を循環させ、傷の癒しに必要なものを傷口に運びます。腎臓は懸命に老廃物を濾し取ります。神経が傷ついて修復が難しいときは、別の神経が同じような作用をするのを買って出ることもあります。社会もまた、身体の働きをまねるべきではないでしょうか。

ポリヴェーガル理論を軸に考えると、私たちは、社会が助け合いで構成され、安全であると感じられることで、自律神経系が健やかに調整され、健康を享受し、幸福になることができます。もし、社会が助け合わなければ、私たちは安全とは言えなくなってしまいます。皆が貢献することも必要で、一人ひとりが責任を持つことも重要ですが、かといって、公衆衛生上の重大課題である性暴力被害について、自己責任を強要することは不適切です。システムとしても、社会が負荷を担う必要があります。他人事だと思っていると、私たちが重い負荷を負うことになります。たとえば、世界の貧困問題を他人事だと思っていると、紛争、テロ、砂漠化、オゾン層の破壊、気候変動などによって、やがて地球に住めなくなってしまうかもしれないのと同じです。

それと同様に、傷ついた人たちを、「病んでいる人たち」「自分とは違う」と切り捨てると、指先の小さな傷から敗血症を起こして命を落とすように、社会が機能しなくなってしまいます。みんなで少しずつ担い合って、安全であるという合図を互いに出し合いながら、自律神経系を互いに調整し合い、癒しを進めていきたいと思います。

加害者については、サヴァイヴァーの方たちの気持ちを考え、また新たに別の機会で論じたいと思います。ただ、彼らを個人として見て鬼畜であると糾弾するよりも、社会病理として捉えて、社会が治療の担い手となることこそ、犯罪を未然に防ぎ、再犯を防止することに寄与すると考えます。テレビのワイドショーのコメンテーターが、加害者について「人間とは思えない」と発言することがあります。そう言いたい気持ちは私にもありますが、こうしたマスコミの報道は、加害者を疎外し、燃え上がりを起こさせ、かえって犯行へと駆り立てる危険があります。このように、闇を他人事とすることで社会の安全は守れません。私の心の中にも闇があります。人間の歴史は、光の歴史でもありますが、闇の歴史でもあります。私たちの多くは善意の人でありたいと思って生きています。しかし、人間は残酷にもなれます。その残酷になれる自分とも向き合っていくことが、社会の良心であると考えます。

詩人の峠三吉は、原爆被害の凄惨なありさまを目の当たりにし、『原爆詩集』の冒頭で「にんげんをかえせ」と詩いました。同じように、性暴力被害のサヴァイヴァーの多くが、「わたしをかえせ」「にんげんをかえせ」という叫びを心の中に秘めながら、焼土に生きています。被害者が「わたしを取り戻すこと」を、社会がサポートしていくことが待たれます。本書がその一助となれば幸いです。

花丘執筆章（第2章・第8章・おわりに）の主な参考文献

- Bell, K.M. et al.（2008）. The Role of Emotion Recognition Skills in Adult Sexual Revictimization. *The Journal of Behavior Analysis of Offender and Victim Treatment and Prevention, 1*（4）, 93–118.
- Bernet, C.Z. & Stein, M.B.（1999）. Relationship of childhood maltreatment to the onset and course of major depression in adulthood,*Depression and Anxiety, 9*（4）, 169–174
- Chartier, M, Walker, J.R., & Naimark, B.（2010）. Separate and cumulative effects of adverse childhood experiences in predicting adult health and health care utilization, *Child Abuse and Neglect ,34*（6）, 454–464.
- Chapman, D.P., Whitfield, C.L., Felitti, V.J., Dube, S.R., Edwards, V.J., & Anda, R.F.（2003）. Adverse Childhood Experiences and the Risk of Depressive Disorders in Adulthood. *Journal of Affective Disorders, 82*（2）, 217–225
- Desai, S. et al.（2002）. Childhood Victimization and Subsequent Adult Revictimization Assessed in a National Representative Sample of Women and Men. *Violence and Victims 17*（6）, 639–53.
- Dube, S.R., Anda, R.F., Felitti, V.J., Chapman, D.P., Williamson, D.F., & Giles, W.H.（2001）. Childhood Abuse, Household Dysfunction, and the Risk of Attempted Suicide Throughout the Life Span-Findings from the Adverse childhood Experiences Study. *Journal of American Medical Association, 286*（24）, 3089–3096.
- Dube, S.R., Fairweather, D., Pearson. W.S., Felitti, V.J., Anda, R.F., & Croft, J.B.（2009）. Cumulative Childhood Stress and Autoimmune Diseases in Adults. *Psychosomatic Medicine, 71*（2）, 243–50.
- Fellitti, V.J., & Anda., R.F.,（2010）. The Relationship of Adverse Childhood Experiences to Adult Medical Disease, Psychiatric Disorder, and Sexual Behavior: Implications for Health care, in *The Effects of Early Life Trauma and Health and Diseases: The Hidden Epidemic*, edited by Lanius, R., Vermetten, E., Pain, C., New York: Cambridge University Press.
- Felitti, V.J., Anda, R.F., Nordenberg, D., Williams, D.F., Spitz, A.M., Edwards, V., Koss, M.P., & Marks, J.S.（1998）. Relationship of Childhood Abuse and Household Dysfunction to Many of the Leading Causes of Death in Adults. *American Preventive Medicine, 14*（4）, 245–258.

- Nanni, V., Uher, R., & Danese, A.（2011）. Childhood Maltreatment Predicts Unfavorable Course of Illness and Treatment Outcome in Depression: A Meta-Analysis. *American Psychiatric Association Publishing, 169*（2）, 141–151
- Nemeroff, C.B., Heim, C.M., Thase, M.E., Klein, D.N., Rush, A.J., Schatzberg, A.F., Ninan, P.T., McCullough, J.P., Weiss, P.M., Dunner, D.L., Rothbaum, B.O., Kornstein, S., Keitner G., & Keller, M.B.（2003）. Differential responses to psychotherapy versus pharmacotherapy in patients with chronic forms of major depression and childhood trauma. *Proceedings of the National Academy of Science, 100*（24）, 14293–14296
- Nikulina, V., Gelin, M., Zwilling, A.（2017）. Is There a Cumulative Association Between Adverse Childhood Experiences and Intimate Partner Violence in Emerging Adulthood?. *Journal of Interpersonal Violence, 36*（3–4）, 1205–1232.
- Porges, S.W. & Ferman, S.（2011）. The Early Development of the Autonomic Nervous System Provides a Neural Platform for Social Behaviour: A Polyvagal Perspective. *Infant and Child Development, 20*（1）, 106–118.
- Porges, S. & Dana, D.,（2018）. *Clinical Application of the Polyvagal Theory*, W.W. Norton & Company, New York.
- Roodman, A. & Clum, G.（2001）. Revictimization rates and method variance: A meta-analysis. *Clinical Psychology Review, 21*（2）, 183–204.
- Selzer, L.J., Ziegler, T., Connolly, M.J., Prososki, A.R., & Pollak., S.D.（2013）. Stress-Induced Elevation of Oxyticin in Maltreated Children: Evolution, Neurodevelopment and Social Behavior. *Child Development, 85*（2）, 501–512.
- Shalve., I., Entringer, S., Wadhwa, P.D., Wolkowitz, O.M., Puterman, E., Lin, J., & Epel, E.S.（2013）. Stress and Telomere Biology: A Lifespan perspective, *Psychoneuroendocrinology, 38*（5）, 835–42.
- 宅香奈子（二〇一四）『悲しみから人が成長するとき：ＰＴＧ』風間書房
- Ｐ・Ａ・ラヴィーン（二〇一七）『トラウマと記憶：脳・身体に刻まれた過去からの回復』花丘ちぐさ訳、春秋社
- Ｓ・Ｗ・ポージェス（二〇一八）『ポリヴェーガル理論入門：心身に変革を起こす「安全」と「絆」』花丘ち

ぐさ訳、春秋社
・L・K・ケイン&S・J・テレール（二〇一九）『レジリエンスを育む：ポリヴェーガル理論による発達性トラウマの治癒』花丘ちぐさ・浅井咲子訳、岩崎学術出版
・D・デイナ（二〇二〇）『セラピーのためのポリヴェーガル理論：調整のリズムとあそぶ』花丘ちぐさ訳、春秋社
・花丘ちぐさ（二〇二〇）『その生きづらさ、発達性トラウマ？：ポリヴェーガル理論で考える解放のヒント』春秋社
・S・ローゼンバーグ（二〇二一）『からだのためのポリヴェーガル理論：迷走神経から不安・うつ・トラウマ・自閉症を癒すセルフ・エクササイズ』花丘ちぐさ訳、春秋社
・厚生労働省（二〇二一）「令和二年度児童相談所での児童虐待相談対応件数」https://www.mhlw.go.jp/content/000824359.pdf

編著者あとがき

私たちの前にはまだまだ問題が山積していますが、それでも、私が子どもだったころに比べると、少しずつですが世の中が変化してきたのを感じます。私は昭和三〇年代に子ども時代を過ごしましたが、まだそのころは女性の裸が写っている、いわゆるポルノ映画のポスターが町中にでかでかと貼ってありました。男性が性的なことにあからさまに興味を持つことは当然のこととして、それを受け入れない女性は偏狭であるとされていました。女性は男性の要求に応えるのが仕事、というような風潮でもありました。

ある日、習い事でお菓子が出されたので、「いただきます」といって手をのばすと、師匠から、「男の人が先でしょう?」とたしなめられたりしました。一〇代の頃、昭和四〇年代のことですが、JRの駅のトイレに入ったら、隣のボックスに痴漢がいて、仕切り壁越しに覗かれたことがありました。恐怖に震えましたが、私は負けん気も強いので、すぐに男性の駅員さんに「女子トイレに痴漢がいます」と伝えたのですが、二〇代くらいの若い駅員さんは、「あははは~」と笑い出し、詳しく話を聞こうともせず、冷たくあしらわれました。当時は、痴漢被害を訴えても、取り合ってももらえませんでした。またそのころは、職場で上司におしりを触られたくらいで目くじらを立てるのは女らしくない、笑って許してあげるのがわきまえた女だ、などと言われていました。

私は、アメリカの大学院で修士号を取得後に帰国し、一九八五年、二五歳のときに日本で就職活動をしました。企業の役員面接を受けましたが、会議室には壮年の男性役員たちがずらりと並んでいて、女性役員はいませんでした。私が席に着くと、ある役員が開口一番、「あなたね、二五歳でしょう？　仕事を探すよりは、旦那さんを探したほうがいいんじゃないの？」と言われて、男性役員たちがいっせいに大笑いする、というようなこともありました。そういう暗黒時代を考えれば、今ようやく夜明けが近づいてきた予感がします。女性の人権も、まだまだ名目的とはいえ、認められるようになってきましたし、痴漢は犯罪であるということも、社会通念になりつつあります。性被害に関する刑法も見直されようとしています。セクシュアルマイノリティの方々についても、知り、理解し、共に生きようという機運も見られます。それは、このように過酷な状況にあっても、声をあげ続けた人々がいたからであり、私たちも大切なことはきちんと社会に伝え、次の世代によりよい社会を手渡していきたいと思います。一方、長い時間をかけて変化が見られるようになってきたものの、世界における日本のジェンダーギャップ指数は一二〇位（二〇二一年）です。これは、まだまだ私たちの「当たり前」が、実は世界の非常識であることを示唆しているのではないでしょうか？　これからも、世界に視野を広げ、学び、改善の努力を続けていきたいと思います。

当事者の方たちの思いはさまざまです。自分のつらさをわかってほしいという方もいれば、そっとしておいてほしいという方もいます。どれほどの苦しみを被ったか訴えたいという方、消えない傷がついたとばかりに憐れんでほしくないという方もいます。本書では、みなさまの思いをできるだけ汲み取り、表現を配慮したつもりですが、至らない点がありましたらご寛容の御心でご指導いただければ幸いです。本書は、性暴力被害についてポリヴェーガル理論を軸に理解し、サヴァイヴァーの回復を助け、刑法改正の支援を行うとともに、再犯を防止し、性暴力の発生を防止することを検討することを主旨としています。その点をご理解いただけますよう重ねてお願い申し上げます。

パネリストをご紹介いただいた椹木京子氏に心からの謝意を表します。本書にご寄稿いただいた先生方には、この場を借りてあらためて御礼申し上げます。みなさまの叡智と慧眼によって、社会に適正な情報を提供し、人類の歴史と共にある根深い問題である性暴力にまつわる諸問題ついて、希望の灯火をともすことができると信じております。ベイリー博士においても、先駆的な活動について惜しみなく情報を提供していただきました。また、ポージェス・カーター博士御夫妻にも、日本の現状をお話しし、ぜひお力をいただきたいとお願いしたところ、ご快諾いただきました。私が、「日本には一一〇年生きている〝恐竜〟がいて、日本女性がたいへん苦労している。さらに、光はまだ当たっていないが、男性も、さまざまなジェンダーの方たちも苦しんでいる。そこにポリヴェーガルの光を当てて恐竜と化した刑法を進化させたい」と申し上げたところ、「ポリヴェーガル理論について、一人でも多くの人に知ってもらいたい。それが必ずや人類のためにもなる。今後も、本理論の普及に努めていく所存である」と力強いお言葉をいただきました。

さらに、ポリヴェーガル理論という先駆的な情報をもとに、今までタブー視されてきた性暴力という分野に取り組むことは、二重の意味で冒険ですが、そこに理解を示してくださった春秋社に深く感謝します。春秋社がポリヴェーガル理論の真価を信頼し、専門家たちに社会に資する議論の場を与えてくださった功績は、歴史に刻まれることと信じます。また、ポリヴェーガル理論の可能性を誰よりも理解しているのは、実は編集者の手島朋子氏ではないかと思います。理解力、洞察力に優れ、さらに編集者としての卓越したバランス感覚を持たれている手島氏が、ポリヴェーガル理論を手掛けてくだされば、すべて盤石であると確信しております。最後に、研究的視点をもって著述できるように私を成長させてくださった桜美林大学教授の山口創氏に感謝します。またつねに影のように私のそばにいて見守ってくれるパートナーの山田岳氏、いつも笑いと明るさを与えてくれる娘に愛と感謝の思いを伝えたいと思います。

花丘ちぐさ

二〇二一年一〇月吉日

本書の第I部および第14章・第15章は、左記の講演・対話をもとに加筆修正のうえ再構成したものである。その他の章は書き下ろしである。

第I部　国際メンタルフィットネス研究所主催シンポジウム「性被害・凍り付き反応・ポリヴェーガル理論―生理学的視点からの理解と癒しの可能性―」二〇二〇年三月二七日

第14章　国際メンタルフィットネス研究所主催「ポージェス博士のポリヴェーガル理論講座」二〇二〇年四月五日、五月二四日、八月二日、二〇二一年一月三〇日

第15章　R・ベイリー博士との対話　二〇二〇年四月一四日

糸井岳史　*Takeshi Itoi*
川越少年刑務所処遇カウンセラー、路地裏発達支援オフィス代表。臨床心理士、公認心理師。著書に一般社団法人日本臨床心理士会監修『臨床心理士のための医療保健領域における心理臨床』（共著、遠見書房、2012年）、田中康雄監修『発達障害とキャリア支援』（共著、金剛出版、2014年）、高橋依子・津川律子編著『臨床心理検査バッテリーの実際』（共著、遠見書房、2015年）など。

中村　修　*Osamu Nakamura*
府中刑務所、川越少年刑務所処遇カウンセラー、公認心理師。著書に門本泉・嶋田洋徳編著『性犯罪者への治療的・教育的アプローチ』（共著、金剛出版、2017年）など。

◇

ステファン・W・ポージェス　*Stephen W. Porges*, Ph.D.
インディアナ大学キンゼー研究所名誉大学研究員、ノースカロライナ大学精神医学教授。ポリヴェーガル理論提唱者。インディアナ大学キンゼー研究所トラウマティック・ストレス研究コンソーシアム、ポリヴェーガル・インスティチュート創設者。邦訳書に『ポリヴェーガル理論入門——心身に変革を起こす「安全」と「絆」』（花丘ちぐさ訳、春秋社、2018年）など。

C・スー・カーター　*C. Sue Carter*, Ph.D.
インディアナ大学キンゼー研究所名誉大学研究員、ルディ生物学名誉教授。行動神経生物学。

レベッカ・ベイリー　*Rebecca Bailey*, Ph.D.
犯罪専門心理学者。拉致・監禁被害者のための「トランジショニング・ファミリー・プログラム」創設者。ソノマ・カウンティー警察「若者と家族サービスプログラム」元ディレクター、National Center for Missing and Exploited Children（全米失踪および搾取された子どものためのセンター）コンサルタント。

山本 潤 *Jun Yamamoto*
性暴力被害者支援看護師（SANE）。一般社団法人 Spring 幹事。法務省性犯罪に関する刑事法検討会委員（2020 年 3〜5 月）、法務省法制審議会刑事法（性犯罪関係）部会委員（2021 年 11 月〜）。著書に『13 歳、「私」をなくした私――性暴力と生きることのリアル』（朝日新聞出版、2017 年）。

中島幸子 *Sachiko Nakajima*
特定非営利活動法人レジリエンス代表理事。米国博士（法学）、米国修士（社会福祉学）。著書に『マイ・レジリエンス――トラウマとともに生きる』（梨の木舎、2013 年）『性暴力　その後を生きる』（レジリエンス、2011 年）、訳書に L・バンクロフト『DV・虐待加害者の実体を知る――あなた自身の人生を取り戻すためのガイド』（共訳、明石書店、2008 年）など。

松本 功 *Isao Matsumoto*
精神科医。依存症専門病院赤城高原ホスピタル勤務。EMDR Part2 修了、東京サイコドラマ協会認定サイコドラマティスト、ソマティック・エクスペリエンシング®プラクティショナー（SEP）、NARM™ プラクティショナー。訳書に M・クレイトン、P・カーター『いのちのサイコドラマ』（群馬病院出版会／弘文堂、2013 年）、L・ヘラー、A・ラピエール『発達性トラウマ　その癒やしのプロセス』（監訳、星和書店、2021 年）、著書に竹村道夫・吉岡隆編集『窃盗症クレプトマニア――その理解と支援』（共著、中央法規出版、2018 年）など。

長江美代子 *Miyoko Nagae*
日本福祉大学看護学部教授、精神看護学、国際看護学担当。博士（看護学）。一般社団法人日本フォレンジックヒューマンケアセンター（NFHCC）副会長、特定非営利活動法人女性と子どものヘルプライン MIE 理事。精神看護専門看護師（ANCC 認定）、性暴力対応看護師 SANE-J、公認心理師。性暴力救援センター日赤なごや なごみ 非常勤リエゾン看護師。著書にフォレンジック看護学会『フォレンジック看護――性暴力被害者支援の基本から実践まで』（共著、医歯薬出版、2016 年）、訳書に R・E・コンスタンティノ、P・A・クレイン、S・E・ヤング『フォレンジック看護ハンドブック――法と医療の領域で協働する看護実践』（柳井圭子監訳、福村出版、2020 年）など。

執筆者略歴

執筆順。＊は編著者

花丘ちぐさ＊ *Chigusa Theresa Hanaoka*
国際メンタルフィットネス研究所代表。トラウマセラピスト。博士（学術）。公認心理師、社団法人日本健康心理学会公認専門健康心理士、ソマティック・エクスペリエンシング®プラクティショナー（SEP）。A級英語同時通訳者。著書に『その生きづらさ、発達性トラウマ？――ポリヴェーガル理論で考える解放のヒント』（春秋社、2020年）、訳書にS・W・ポージェス『ポリヴェーガル理論入門――心身に変革を起こす「安全」と「絆」』（春秋社、2018年）、D・デイナ『セラピーのためのポリヴェーガル理論――調整のリズムとあそぶ』（春秋社、2021年）など。

椹木京子 *Keiko Sawaragi*
特定非営利活動法人博多ウィメンズカウンセリング代表。日本フェミニストカウンセラー協会理事、日本フェミニストカウンセリング学会認定フェミニストカウンセラー、公認心理師、ソマティック・エクスペリエンシング®プラクティショナー（SEP）。

宮地尚子 *Naoko Miyaji*
一橋大学大学院社会学研究科教授。精神科医。博士（医学）。著書に『環状島＝トラウマの地政学』（みすず書房、新装版、2018年）、『トラウマにふれる――心的外傷の身体論的転回』（金剛出版、2020年）、『環状島へようこそ――トラウマのポリフォニー』（編著、日本評論社、2021年）など。

周藤由美子 *Yumiko Suto*
ウィメンズカウンセリング京都フェミニストカウンセラー。日本フェミニストカウンセリング学会認定フェミニストカウンセラー、公認心理師。著書に『疑問スッキリ！セクハラ相談の基本と実際』（新水社、2007年）、種部恭子編著『性暴力救援マニュアル――医療にできること』（共著、新興医学出版社、2020年）など。

田中嘉寿子 *Kazuko Tanaka*
東京高等検察庁検事。著書に『性犯罪・児童虐待捜査ハンドブック』（立花書房、2014年）、論文に「改正刑法の性犯罪の暴行・脅迫要件の認定と被害者の『5F反応』」（『甲南法務研究』第14号、2018年）、「性犯罪の被害者の供述の信用性に関するあるべき経験則について」（『甲南法務研究』第11号、2015年）など。

なぜ私は凍りついたのか

ポリヴェーガル理論で読み解く性暴力と癒し

2021年12月10日　第1刷発行

編著者――――花丘ちぐさ
著者――――――椹木京子　宮地尚子　周藤由美子　田中嘉寿子　山本 潤　中島幸子　松本 功　長江美代子　糸井岳史　中村 修　S・W・ポージェス　C・S・カーター　R・ベイリー
発行者――――神田　明
発行所――――株式会社 **春秋社**
〒101-0021東京都千代田区外神田2-18-6
電話03-3255-9611
振替00180-6-24861
https://www.shunjusha.co.jp/
印刷所――――株式会社 太平印刷社
製本所――――ナショナル製本協同組合
装丁――――――鎌内　文
装画――――――横村　葵

ISBN978-4-393-36564-9　C0011
定価はカバー等に表示してあります